**STARK**

# ABITUR 2013

Prüfungsaufgaben
mit Lösungen

## Französisch

Grund- und Leistungskurs
Gymnasium • Gesamtschule
Nordrhein-Westfalen

2007–2012

STARK

ISBN 978-3-8490-0106-3


6. ergänzte Auflage
www.stark-verlag.de

# Inhalt

Vorwort
Stichwortverzeichnis

**Hinweise und Tipps zum Abitur**

**Schriftliche Abiturprüfung** .......... I
1 Ablauf der Prüfung .......... I
2 Inhalte .......... I
3 Aufgabenarten .......... III
4 Anforderungsbereiche und Operatoren (mit praktischen Tipps) .......... IV
5 Kriterien der Leistungsbewertung .......... VI
6 Praktische Tipps für die Prüfung .......... VII
7 Wichtige Ausdrücke und Redewendungen .......... X
**Mündliche Abiturprüfung** .......... XIII
1 Aufgabenstellungen .......... XIII
2 Bewertungskriterien .......... XIII
3 Praktische Tipps für die Prüfung .......... XIV

**Abiturähnliche Übungsaufgaben zur mündlichen Prüfung**

**Grundkurs** (neu einsetzend)
Aufgabe 1: *Les vacances* .......... 1

**Grundkurs** (fortgeführt)
Aufgabe 2: *Etre partagée...* .......... 5

**Leistungskurs**
Aufgabe 3: De Gaulle : *L'Appel du 18 juin 1940* .......... 9
Aufgabe 4: Charpentreau : *Le bœuf et la grenouille* .......... 13

**Abiturprüfungsaufgaben Französisch**

**Grundkurs 2007** (neu einsetzend)
Aufgabe 1: Regards croisés .......... GK 2007-1

**Grundkurs 2007** (fortgeführt)
Aufgabe 1: Entre deux cultures .......... GK 2007-6
Aufgabe 2: Eric-Emmanuel Schmitt, « L'enfant de Noé » .......... GK 2007-11

Fortsetzung siehe nächste Seite

**Leistungskurs 2007**
Aufgabe 1: Tahar Ben Jelloun, « Partir » .............................. LK 2007-1
Aufgabe 2: Molière, « L'Avare », Acte V, Scène 3 .................. LK 2007-6

**Grundkurs 2008** (neu einsetzend)
Aufgabe 1: « Pas de Boche chez nous, ma fille », Les années 50 .... GK 2008-1
Aufgabe 2: « Au début, l'enthousiasme occulte les difficultés » ..... GK 2008-6

**Grundkurs 2008** (fortgeführt)
Aufgabe 1: Marc Cantin, « Moi, Félix, 10 ans, sans papiers » ........ GK 2008-10
Aufgabe 2: Jean Moulin, « Premier combat » .......................... GK 2008-15

**Leistungskurs 2008**
Aufgabe 1: Diderot, « Supplément au voyage de Bougainville » .... LK 2008-1
Aufgabe 2: Bienvenue à Boboland ! .................................. LK 2008-7

**Grundkurs 2009** (neu einsetzend)
Aufgabe 1: Les enfants ont-ils une vie meilleure que la vôtre au même âge ? ................................................ GK 2009-1
Aufgabe 2: Vivre ensemble. Talieh, alias Mathilde ................... GK 2009-6

**Grundkurs 2009** (fortgeführt)
Aufgabe 1: Regine Deforges, « La bicyclette bleue » ................. GK 2009-11
Aufgabe 2: Tous les jours le même cauchemar ! ...................... GK 2009-16

**Leistungskurs 2009**
Aufgabe 1: Paris occupé ................................................ LK 2009-1
Aufgabe 2: Robert Sabatier, « Les Enfants de l'été » ................. LK 2009-6

**Grundkurs 2010** (neu einsetzend)
Aufgabe 1: Anna Gavalda, « 35 kilos d'espoir » ...................... GK 2010-1
Aufgabe 2: Jeanne Benameur, « Samira des Quatre-Routes » ........ GK 2010-5

**Grundkurs 2010** (fortgeführt)
Aufgabe 1: Tahar Ben Jelloun, « Les yeux baissés » .................. GK 2010-9
Aufgabe 2: Marseille – Bouches-du-Rhône : 467 avis sur Marseille ...................................... GK 2010-14

**Leistungskurs 2010**
Aufgabe 1: Jules Romains, « Knock ou Le triomphe de la médecine » ............................................... LK 2010-1
Aufgabe 2: Les naufragés du silence dans le métro .................. LK 2010-6

**Grundkurs 2011** (neu einsetzend)
Aufgabe 1: « En France, si on est polyvalent, on est tout de suite dévalorisé » ........ GK 2011-1
Aufgabe 2: Mireille Disdero, « 16 ans et des poussières » ........ GK 2011-6

**Grundkurs 2011** (fortgeführt)
Aufgabe 1: Jean-Paul Sartre, « Morts sans sépulture » ........ GK 2011-10
Aufgabe 2: Le retour au bercail entre réussite, problèmes et déception ........ GK 2011-16

**Leistungskurs 2011**
Aufgabe 1: Les artistes contre la tour Eiffel ........ LK 2011-1
Aufgabe 2: Lucie Aubrac, « Ils partiront dans l'ivresse » ........ LK 2011-6

**Grundkurs 2012** (neu einsetzend)
Aufgabe 1: Les étudiants n'envisagent plus de partir à l'étranger ... GK 2012-1
Aufgabe 2: Brigitte Smadja, « Il faut sauver Saïd » ........ GK 2012-6

**Grundkurs 2012** (fortgeführt)
Aufgabe 1: Éric-Emmanuel Schmitt, « Oscar et la dame rose » ...... GK 2012-11
Aufgabe 2: Thuram sans concession ........ GK 2012-16

**Leistungskurs 2012**
Aufgabe 1: Molière, « Dom Juan ou Le festin de Pierre » ........ LK 2012-1
Aufgabe 2: « La Provence, ce n'est plus qu'un produit, une étiquette » ........ LK 2012-7

**Autoren:**

Übungsaufgaben: Rainer Haberkern (mündliche Prüfung)
Lösungen 2007: Rita Hochstein-Peschen (LK Aufgabe 2)
Lösungen 2008: Ursula Müller-Fischbach (GK (f) Aufgaben 1 und 2)
Almut Teckenburg (LK Aufgaben 1 und 2)
Lösungen 2009: Ulrike C. Lange (LK Aufgaben 1 und 2)
Isabelle Pierre (GK (f) Aufgabe 2)
Lösungen 2010: Tanja Hepperle (GK (n) Aufgaben 1 und 2)
Sven Meyhoefer (GK (f) Aufgaben 1 und 2)
Sandra Krä (LK Aufgaben 1 und 2)
Lösungen 2011: Sven Meyhoefer (GK (f) Aufgaben 1 und 2)
Tanja Hepperle (LK Aufgaben 1 und 2)
Lösungen 2012: Sven Meyhoefer (GK (f) Aufgaben 1 und 2)
Tanja Hepperle (GK (n) Aufgabe 2, LK Aufgabe 2)
Sandra Krä (GK (n) Aufgabe 1)

# Vorwort

**Liebe Schülerin, lieber Schüler,**

der vorliegende Band bietet Ihnen die Möglichkeit, sich optimal auf das **Zentralabitur 2013** im Fach Französisch vorzubereiten.

- Der Band enthält die **Original-Prüfungsaufgaben** der vergangenen Jahre. So bekommen Sie einen guten Eindruck vom Aufbau der Prüfungen und der Art der Aufgabenstellungen.
- Zusätzlich finden Sie in diesem Band **Übungsaufgaben** im Stil der **mündlichen Prüfung**.
- Zu jeder Aufgabe gibt es vollständige, auf Französisch ausformulierte **Lösungsvorschläge**, anhand derer Sie abschätzen können, was von Ihnen erwartet wird, und die Ihnen Anregungen zu eigenen Formulierungen geben. Vor einigen Lösungsvorschlägen finden Sie zudem mit grauen Rauten markierte **Hinweise** in deutscher Sprache, die die Lösung noch transparenter machen.
- Im Kapitel **„Hinweise und Tipps zum Abitur"** können Sie sich über die Schwerpunkte des Abiturs 2013 informieren sowie über die Erwartungen, die im Rahmen der Prüfung an Sie gestellt werden. Dazu erhalten Sie viele praktische Tipps, wie Sie die schriftliche und mündliche Prüfung erfolgreich bewältigen können.

Sollten nach Erscheinen dieses Bandes noch wichtige Änderungen in der Abitur-Prüfung 2013 vom Schulministerium bekannt gegeben werden, finden Sie aktuelle Informationen dazu im Internet unter:
www.stark-verlag.de/info.asp?zentrale-pruefung-aktuell

Viel Erfolg bei Ihrer Abiturprüfung!

# Stichwortverzeichnis

## mots-clés


école/université
- colonialisme GK 2012-16 f.
- conflit GK 2012-6 f.
- échec scolaire GK 2010-1 f.
- partir à l'étranger GK 2012-1
- université GK 2012-1

famille
- conflit GK 2010-1 f.
- filles GK 2010-5 f.

France
- Marseille GK 2010-14 f., GK 2011-6 f., LK 2012-7 f.
- Midi 3 f.
- Paris LK 2008-7 f., GK 2009-15 ff., LK 2009-1 ff., GK 2011-1 f., LK 2011-1 f.
- Provence 3 f., LK 2009-6 ff., GK 2011-6 f., LK 2012-7 f.

histoire
- collaboration GK 2009-11 f., LK 2011-6 f.
- colonialisation LK 2008-1 f., GK 2012-16 f.
- De Gaulle 9 f.
- Résistance GK 2007-11 f., GK 2008-15 f., GK 2009-11 f., GK 2011-10 f., LK 2011-6 f.
- Seconde Guerre mondiale 9 f., GK 2007-11 f., GK 2008-1 f., GK 2008-15 f., GK 2009-11 f., LK 2009-1 ff., GK 2011-10 f., LK 2011-6 f.

immigration
- Afrique noire GK 2008-10 f., GK 2012-16 f.
- Algérie GK 2010-5 f., GK 2012-6 f.
- arabe GK 2010-5 f.
- entre deux cultures GK 2007-6 f., LK 2007-1 f., GK 2009-6 f., GK 2010-5 f.
- Espagne GK 2011-1 f.
- identité GK 2009-6 f.
- intégration GK 2008-6 f., GK 2009-15 ff., GK 2009-1 f., GK 2010-9 f., GK 2011-16 f.
- Maghreb 5 f., GK 2007-6 f., GK 2009-6 f., GK 2010-9 f.
- Maroc GK 2010-9 f., GK 2011-16 f.
- travail GK 2011-1 f.
- xénophobie GK 2008-10 f., GK 2011-6 f., GK 2012-16 f.

jeunes
- identité 5 f., GK 2009-6 f.
- études GK 2008-6 f., GK 2009-1 f., GK 2012-1
- liberté GK 2010-5 f.
- travail GK 2011-1 f.
- violence GK 2011-6 f., GK 2012-6 f.

monde du travail
- autorité LK 2012-1 f.
- difficultés GK 2009-1 f.
- immigration GK 2011-1 f.
- inégalités sociales GK 2009-15 ff.
- Paris GK 2011-1 f.

philosophie
- existentialisme GK 2011-10 f.

politique
- Front National LK 2008-7 f.

rapports humains
– amour LK 2007-6 f., GK 2008 1 f., GK 2009-11 f., GK 2011-6 f.

relations franco-allemandes
– génération d'après-guerre GK 2008-1 f.
– jugement GK 2007-1 f.

religion LK 2012-1 f.
– christianisme GK 2012-11 f.
– islam 5 f., LK 2007-1 f.

santé
– médecine LK 2010-1 f., LK 2012-1 f.

société
– anonymat LK 2010-6 f.
– logement GK 2009-15 ff.
– misère LK 2010-6 f.
– mort GK 2012-11 f.
– sport GK 2012-16 f.
– valeurs LK 2007-1 f., LK 2012-1 f.
– violence GK 2008-10 f., GK 2011-6 f.
– xénophobie GK 2008-10 f., GK 2011-6 f., GK 2012-16 f.

tourisme
– Méditerranée 3 f.
– Midi 3 f.
– Provence LK 2012-7 f.
– tourisme de masse 1 f.

**personnes**

Aubrac, Lucie LK 2011-6 f.
Benameur, Jeanne GK 2010-5 f.
Ben Jelloun, Tahar LK 2007-1 f., GK 2010-9 f.
Cantin, Marc GK 2008-10 f.
Charpentreau, Jacques 13
Déforges, Régine GK 2009-11 ff.
De Gaulle, Charles 9 f.
Diderot, Denis LK 2008-2 f.
Disdero, Mireille GK 2011-6 f.
Gavalda, Anna GK 2010-1 f.
Malle, Louis GK 2009-12 ff.
Molière LK 2007-6 f., LK 2010-3, LK 2012-1 f.
Moulin, Jean GK 2008-15 f.
Romains, Jules LK 2010-1
Sabatier, Robert LK 2009-6 f.
Sartre, Jean-Paul GK 2011-10 f.
Schmitt, Éric-Emmanuel GK 2007-1 f., GK 2012-11 f.
Smadja, Brigitte GK 2012-6 f.

# Hinweise und Tipps zum Abitur

## Schriftliche Abiturprüfung

### 1 Ablauf der Prüfung

In der Abiturprüfung Französisch werden Ihnen sowohl im Leistungskurs als auch im Grundkurs je zwei Prüfungsvorschläge unterbreitet, von denen Sie selbst einen zur Bearbeitung auswählen.

**Bearbeitungszeit**

Die Gesamtprüfungszeit (Auswahlzeit + Bearbeitungszeit) beträgt im Leistungskurs 285 Minuten, im Grundkurs 210 Minuten. Diese zeitlichen Vorgaben umfassen bei allen Kursarten eine Auswahlzeit von 30 Minuten.

**Erlaubte Hilfsmittel**

Für die Bearbeitung der Abituraufgabe wird ein ein- und zweisprachiges Wörterbuch bereitgestellt.

### 2 Inhalte

Für Französisch sind im Hinblick auf das **Abitur 2013** folgende inhaltliche Schwerpunkte verbindlich:

**Fortgeführte Fremdsprache**

| Themen | Übungsaufgaben |
|---|---|
| • *La France et l'Allemagne en Europe*<br>– *Idées reçues et clichés*<br>– *Occupation et Résistance*<br>– *Le couple franco-allemand dans l'Europe unie* | GK (f) 2007, 2<br>GK (f) 2008, 2<br>GK (f) 2009, 1<br>GK (f) 2011, 1<br>LK 2009, 1<br>LK 2011, 2 |

| **Themen** | **Übungsaufgaben** |
|---|---|
| • *Points chauds de la société française*<br>– *La culture banlieue*<br>– *Immigration et Intégration* | GK (f) 2008, 1<br>GK (f) 2010, 1<br>GK (f) 2010, 2<br>GK (f) 2011, 2<br>GK (f) 2012, 2<br>LK 2007, 1<br>LK 2012, 2 |
| • *Réalité et fiction*<br>– *Paris*<br>– *Provence : beauté, diversité et problèmes d'une région à facettes multiples* | GK (f) 2007, 1<br>GK (f) 2009, 2<br>GK (f) 2010, 1<br>GK (f) 2010, 2<br>GK (f) 2011, 2<br>LK 2008, 2<br>LK 2009, 1<br>LK 2009, 2<br>LK 2010, 2<br>LK 2011, 1<br>LK 2012, 2 |
| • *Existence humaine et modes de vie*<br>– *Problèmes existentiels de l'homme moderne*<br>– *Conceptions de vie* | GK (f) 2011, 1<br>GK (f) 2012, 1<br>GK (f) 2012, 2<br>LK 2010, 1<br>LK 2010, 2<br>LK 2012, 1<br>LK 2012, 2 |

Im Unterricht müssen dabei sowohl **Sach- und Gebrauchstexte** (Reden, Zeitungsartikel, Internetauszüge) als auch folgende **literarische Texte** herangezogen werden:

- Roman
  Didier van Cauwelaert : « Un aller simple »
- Theater
  J. P. Sartre : « Huis clos »
  Molière : « Le Malade imaginaire » *(nur LK)*
- Lyrik
  Ausgewählte Chansons und Gedichte zu den Themen *« Points chauds… »*, *« Paris »* und *« Provence »*.

**Neu einsetzende Fremdsprache**

| Themen | Übungsaufgaben |
|---|---|
| • *La vie quotidienne*<br>– *L'école et le monde du travail*<br>– *Amour et amitié* | GK (n) 2007<br>GK (n) 2008, 1<br>GK (n) 2009, 1<br>GK (n) 2010, 1<br>GK (n) 2010, 2<br>GK (n) 2011, 1<br>GK (n) 2011, 2<br>GK (n) 2012, 1<br>GK (n) 2012, 2 |
| • *Points chauds de la société française*<br>– *La culture banlieue*<br>– *Immigration et Intégration* | GK (n) 2008, 2<br>GK (n) 2009, 2<br>GK (n) 2010, 2<br>GK (n) 2011, 1<br>GK (n) 2011, 2<br>GK (n) 2012, 2 |
| • *Présentation d'une région française :*<br>*La région parisienne*<br>– *Son histoire et sa géographie*<br>– *Ses atouts et ses inconvénients* | GK (n) 2008, 2<br>GK (n) 2011, 1 |

Neben **Sach- und Gebrauchstexten** (Reden, Zeitungsartikel, Internetauszüge, Werbeanzeigen) müssen folgende **literarische Texte** berücksichtigt werden:

- Erzähltexte
  Jeanne Benameur : « Samira des Quatre-Routes »
- Lyrik
  Ausgewählte Chansons und Gedichte zu den Themen: *« La vie quotidienne »* und *« Paris »*.

## 3 Aufgabenarten

Bei den beiden Prüfungsvorschlägen, die Sie im Abitur 2013 bekommen, handelt es sich, unabhängig von der Kursart, die Sie gewählt haben, um **Textaufgaben**.
Diese Textaufgaben umfassen nur noch die **Aufgabenarten A und A +**, wobei A + bedeutet, dass anstelle eines *commentaire* ein produktiv-gestaltender Auftrag gegeben wird. Zu beachten ist weiterhin, dass in allen Kurstypen, d. h. im LK, im Gk (f) und im GK (n) – den LK (n) gibt es in NRW nicht mehr – nur noch 4 Arbeitsaufträge gestellt werden und der Schwerpunkt der zu erbringenden Leistung im Anforderungsbereich 2 *(analyse)* liegen muss. Dies bedeutet in den meisten Fällen, dass zwei Aufträge zur *analyse* gestellt werden müssen. Somit kommt es in den Abiturklausuren in allen Kurstypen fast ausschließlich zu der Kombination 1 + 2 + 1, d. h. 1 Auf-

trag zur *compréhension*, 2 Aufträge zur *analyse* und 1 Auftrag entweder zum *commentaire* oder zur gestaltenden Textproduktion.
Ausnahmen zu dieser Regelung können lediglich für den Fall gelten, dass im Beurteilungsbereich Inhalt im Rahmen der 60 zu verteilenden Punkte eine Aufgabe zur *analyse* gestellt werden kann, die mindestens 24 Punkte (4 Kriterien zu jeweils 6 Punkten) ausweist.
Aufgaben, die sich auf auditive oder audiovisuelle Materialien stützen, sind für das Abitur 2013 nicht vorgesehen.

## 4 Anforderungsbereiche und Operatoren (mit praktischen Tipps)

Die Textaufgaben umfassen drei Bereiche *(compréhension, analyse, commentaire)*, die unterschiedlich hohe Anforderungen an Sie stellen. An die Stelle einer Aufgabe zum *commentaire* kann auch eine produktiv-gestaltende Aufgabe treten. Die Operatorenliste ist abrufbar unter:
www.standardsicherung.nrw.de/abitur-gost/fach.php?fach=5

### Anforderungsbereich 1: *Compréhension*

Im Rahmen der Informationsaufnahme geht es um das Erfassen der im Text explizit geäußerten Information.

| | |
|---|---|
| **résumer** | Résumez la discussion entre Léa et Laure. (GK (f) 2009, 1, 1) |
| **indiquer** | |
| **exposer brièvement** | Exposez brièvement les avis de Nathalie et d'Angeline sur Marseille. (GK (f) 2010, 2, 1) |
| **décrire** | Décrivez la situation dans laquelle se trouve le narrateur. (GK (n) 2010, 1, 1) |
| **présenter** | Présentez les étudiants, leurs projets et leurs expériences. (GK (n) 2012, 2, 1) |

### Anforderungsbereich 2: *Analyse*

Im Rahmen der Informationsverarbeitung geht es um das Erfassen der versteckten Information. Bei der Bearbeitung der die *analyse* betreffenden Aufträge ist es sinnvoll, den Text selektiv oder intensiv zu lesen.

| | |
|---|---|
| **analyser** | Analysez l'image de la Provence donnée ici par le protagoniste. (LK 2009, 2, 3) |
| **caractériser/ faire le portrait de qn** | Caractérisez Lucie Aubrac. (LK 2011, 2, 3)<br>Faites le portrait de Fernanda. (GK (n) 2008, 2, 3) |
| **préciser** | « Tout est devenu plus compliqué. » (l. 4/5). Précisez en quoi consistent les problèmes auxquels les jeunes sont confrontés aujourd'hui. (GK (n) 2009 1, 2) |

| | |
|---|---|
| **examiner** | Examinez les problèmes et les chances d'intégration de Nasser. (GK (n) 2007, 1, 3) |
| **dégager** | Dégagez les raisons que les auteurs donnent pour expliquer leur attitude. (LK 2011, 1, 2) |
| **expliquer** | Expliquez les raisons qui poussent Samir et Hatim à rentrer au Maroc. (GK (f) 2011, 2, 1) |
| **comparer** | Comparez les jugements que les deux femmes portent sur Marseille et leur façon d'argumenter. (GK (f) 2010, 2, 2) |
| **étudier** | Étudiez les réactions de l'enfant pendant l'entretien avec Mamie Rose. (GK (f) 2012, 1, 3) |

**Anforderungsbereich 3: *Commentaire***

Der *commentaire* betrifft den Bereich der Informationsbewertung. Hier wird erwartet, dass Sie zu den zuvor im Rahmen der *compréhension* und *analyse* bearbeiteten Inhalten nunmehr wertend Stellung beziehen oder in größere thematische Zusammenhänge einordnen. Dabei kann die im Ausgangstext dargestellte Wirklichkeit einerseits mit eigenen Vorstellungen und Werten in Beziehung gesetzt werden. Andererseits können Sie aufgefordert werden, die Wirklichkeit des Ausgangstextes in größere Zusammenhänge einzubetten. Es kann darum gehen,

- Ansichten, Haltungen und Überzeugungen des Autors/der Autorin, die im Unterricht der Qualifikationsphase thematisiert worden sind, im Text nachzuweisen bzw. zu belegen, zu bewerten und zu kommentieren,
- Inhalte des zuvor bearbeiteten Textes mit anderen, in den Jahrgangsstufen 12 und 13 bearbeiteten Texten zu vergleichen, Parallelen zu ziehen oder Unterschiede auszumachen,
- im Ausgangstext handelnde Personen, deren Verhaltensweisen und Wertvorstellungen in größere, z. B. soziale, historische, religiöse Kontexte zu integrieren und zu bewerten.

| | |
|---|---|
| **comparer** | Comparez Sganarelle aux médecins du *Malade imaginaire* de Molière. (LK 2012, 1, 4) |
| **commenter** | Commentez l'attitude des artistes en vous référant à l'image que la tour Eiffel suscite aujourd'hui. (LK 2011, 1, 4) |
| **discuter/<br>peser le pour et le contre** | Vous devez faire un stage de six mois dans une entreprise en France. Vous avez plusieurs offres, entre autres celle d'une entreprise à Marseille. Pesez le pour et le contre d'une vie à Marseille en partant des textes. (GK (f) 2010, 2, 4) |
| **juger** | Jugez les attitudes différentes des Français vis-à-vis de l'occupant allemand en vous basant sur le texte présent et sur le film de L. Malle *« Au revoir, les enfants »*. (GK (f) 2009, 1, 4) |
| **justifier** | |

### Aufgaben zur produktiv-gestaltenden Textproduktion

Beinhaltet eine Aufgabe einen produktiv-gestaltenden Auftrag, wird von Ihnen erwartet, dass Sie in thematischer Rückkoppelung zum Ausgangstext etwas Neues in Form eines eigenständigen Textes erstellen.

In thematischer Anlehnung an den zuvor bearbeiteten Text können z. B. folgende produktiv-gestaltende Aufträge gestellt werden:

- Umschreiben eines vorgegebenen Textes
  Beispiel: *L'extrait de ce texte de Maupassant est un texte du XIX^e^ siècle. Placez-le dans un contexte actuel.*
- Fortsetzung eines unvollständigen Textes
  Beispiel: *Ecrivez une fin possible de l'histoire.*
- Umformung eines Textes in eine andere Textform
  Beispiel: *Le texte que vous avez traité est l'extrait d'un récit. Transformez-le en fait divers.*
- Schreiben eines Antitextes
  Beispiel: *Le texte sur la Provence donne une image parfaite de cette région. Ecrivez un anti-texte sur cette région.*
- Ausfüllen von Leerstellen
  Beispiel: *« Ce restaurant est interdit aux youtres ». Mettez-vous à la place du client (juif) et exprimez ses pensées en ce moment précis.*
- Perspektivenwechsel
  Beispiel: *Racontez le début du récit en adoptant la perspective de M. d'Arnelles.*
- Ausgestaltung eines Erzählkerns
  Beispiel: *Tiraillé entre le plaisir et son devoir, M. d'Arnelles hésite. Exprimez ses hésitations en adoptant le style indirect libre.*

## 5 Kriterien der Leistungsbewertung

Bewertet werden Sprache und Inhalt, wobei der sprachlichen Leistung (60 %) gegenüber der inhaltlichen (40 %) ein größeres Gewicht zufällt.

### Sprache

Bei der sprachlichen Leistung (Darstellungsleistung) wird nach Sprachrichtigkeit, Ausdrucksvermögen und kommunikativer Textgestaltung differenziert.

### Inhalt

Die Ermittlung einer Zensur für eine Teiloperation (z. B. für die *analyse*) ist nicht vorgesehen, vielmehr wird eine Gesamtnote für den inhaltlichen Bereich erstellt.

## 6 Praktische Tipps für die Prüfung

Um eine Prüfung erfolgreich bewältigen zu können, ist es häufig sinnvoll, sich zuvor bestimmte Strategien und Techniken zurechtzulegen. Außerdem sollte man sich bereits vorher mit den Operatoren in den Aufgabenstellungen vertraut machen und sich darüber klar werden, welche Erwartungen an die Lösung sich dahinter verbergen.

### Bearbeitungsschritte

Da innerhalb einer bestimmten Zeit eine umfangreiche Aufgabe gelöst werden muss, ist es ratsam, gewisse Strategien einzusetzen und folgende Schritte zu beachten:

1. Nach Möglichkeit schnelle Entscheidung für einen der beiden Texte → die Auswahlzeit für die Bearbeitungszeit nutzen.
2. Erste (kursorische) Lektüre des Textes → Überblick über den Text verschaffen: Hauptgedanken bzw. inhaltlichen Schwerpunkt, Textsorte, Textintention formulieren bzw. festlegen.
3. Aufgabenstellung verstehen → mehrmaliges intensives Durchlesen der Aufträge.
4. Intensive Bearbeitung des Textes (intensive bzw. selektive Lektüre des Textes) → Markierungstechniken anwenden, Text mit Symbolen bearbeiten.
5. Bearbeitung der Arbeitsaufträge → Reihenfolge der Aufträge beachten, die eine Progression berücksichtigen *(compréhension → analyse → commentaire)*; Zeitlimits für die Bearbeitung der jeweiligen Teiloperationen setzen.
6. Nachkorrektur der Arbeit → genaues Durchlesen der Arbeit; intensive sprachliche Korrektur (persönliche Fehlercheckliste anwenden).

### Lesestrategien

Wenngleich es sich bei allen Aufgabenformen um gelenkte Textproduktionen handelt, sind Sie in der Abiturprüfung zunächst einmal mit einem unbekannten Text konfrontiert, den Sie erschließen und anschließend bearbeiten sollen. Dazu ist es erforderlich, dass Sie diesen unbekannten Text gut verstehen. Zuvor angeeignete, im Unterricht erprobte Strategien und Techniken erleichtern Ihnen die Texterschließung.

Folgende Lesetechniken können bei der Erschließung des Textes greifen:

- Das orientierende Lesen hat den Zweck, durch schnelles und überfliegendes Lesen einen ersten Überblick zu gewinnen und herauszufinden, worum es im Text überhaupt geht. Wesentliches wird herausgearbeitet, Details werden nicht beachtet.
- Beim selektiven Lesen tasten Sie wie ein Scanner den Text nach einer bestimmten Information ab; entsprechend dem Auftrag werden spezifische Aspekte aus dem Text gefiltert.
- Das intensive Lesen ist eine Leseform, die vor allem bei der *analyse* angewendet wird. Ziel ist es, auch bei kürzeren Passagen den Text vollständig zu erfassen.

Beim ersten Kontakt mit dem unbekannten Text sollten Sie zunächst durch orientierendes Lesen den Hauptgedanken des Textes *(l'idée centrale)* erfassen, ohne dabei auf Details einzugehen und das Wörterbuch hinzuzuziehen. Unterstreichen Sie mithilfe von Textmarkern Wesentliches wie Schlüsselbegriffe und/oder Schlüsselsätze.

### Résumé

Bevor Sie sich an die Erstellung des Resümees begeben, ist es sinnvoll, den Text mehrfach gründlich durchzulesen. Wenn Sie ein Wort nicht kennen, versuchen Sie, die Bedeutung des Wortes durch den Kontext, durch die Ableitung von einem Fremdwort oder auch durch Wortbildungsregeln zu erschließen. Das Nachschlagen im Wörterbuch kostet Zeit. Bei der Erstellung des Resümees sind insbesondere folgende Punkte zu beachten:

- Geben Sie in einem kurzen Einführungssatz den Hauptgedanken des Textes an.
- Behalten Sie die gedankliche Anordnung des Originaltextes bei.
- Formulieren Sie mit Ihren eigenen Worten; verwenden Sie eine einfache, klare und neutrale Ausdrucksweise.
- Verwenden Sie die 3. Person Singular und das Präsens.
- Seien Sie kurz und bündig: Ihr Resümee sollte nicht ein Drittel des Originaltextes überschreiten.
- Vermeiden Sie Zitate, direkte und indirekte Rede, eigene Kommentare und jedwede Ausschmückung Ihres Textes.

### Personencharakteristik

Innerhalb des literarischen Textes gibt es zwei Möglichkeiten, Figuren zu charakterisieren. Der Erzähler beschreibt die Person, ihre Eigenschaften und Gefühle explizit oder er lässt diese Person Aussagen treffen oder Handlungen ausführen, die dem Leser somit implizit Rückschlüsse auf dessen Persönlichkeit ermöglichen. Häufig ist es möglich, diese – teilweise versteckten – Informationen dem Text zu entnehmen. Folgende Aspekte können dabei zum Tragen kommen:

- Name, Alter, Beruf, Status
- Sozialer Kontext: Familie, Wohnumfeld, Bildung, Werdegang
- Äußeres Erscheinungsbild, Ausdrucksweise, Verhalten
- Charaktereigenschaften, Gedanken und Gefühle
- Bindungen und Beziehungen zu Mitmenschen

Hilfreich für die Erstellung einer Personencharakteristik kann die vorherige Anfertigung eines Rasters sein, in das die jeweiligen Elemente eingetragen werden. Es ist wichtig, dass ausgewertete Elemente als Textbelege angeführt und durch entsprechende Zeilenangaben in Klammern am Text belegt werden.

### Betrachtung der Erzählperspektiven und deren Funktion

Bei der Bearbeitung von narrativen Texten, aber auch im Rahmen produktiv-gestaltender Aufgaben kann die Wahl der Erzählperspektive bzw. deren Wechsel von Bedeutung sein. Unter dem *point de vue* ist der Blickwinkel, aus dem eine Geschichte erzählt wird, zu verstehen. Durch die Wahl einer Erzählperspektive ergibt sich für den Erzähler somit die Möglichkeit, auf den Leser einzuwirken. Grundsätzlich unterscheidet man zwei Erzählweisen:

- Die Geschichte wird in der 1. Person erzählt, der Erzähler ist in der Erzählung als *narrateur-personnage (biographie)*, als *personnage-héros* (Protagonist in der Fiktion) oder als *narrateur-témoin* (Beteiligter, jedoch kein Protagonist) zugegen.
- Die Geschichte wird in der 3. Person erzählt; der Erzähler tritt in der Geschichte als handelnde Person nicht auf. Drei Perspektivierungen *(focalisations)* sind bei der Erzählung in der dritten Person möglich:
  *La focalisation zéro:* Ein allwissender (auktorialer) Erzähler lenkt das Geschehen, er kommentiert und wertet, er schaut voraus und blickt zurück. Er weiß mehr als der Leser.
  *La focalisation interne:* Die Geschichte wird aus der Perspektive einer handelnden Person erzählt. Der Erzähler identifiziert sich mit dieser Person, er weiß nicht mehr als sie. Im Verlauf der Geschichte kann diese Perspektive auch auf andere Personen übertragen werden.
  *La focalisation externe:* Die Geschichte wird weder von einem allwissenden Erzähler noch aus der Perspektive einer handelnden Person erzählt. Das Geschehen wird objektiv übertragen, lediglich konkret erfahrbare Elemente werden geschildert. Gefühle, Kommentierungen, Wertungen; Vor- bzw. Rückschau entfallen.

Häufig wird ein Auftrag gestellt, neben den zu charakterisierenden Personen die Rolle des Erzählers *(le narrateur)* zu klären. Dabei geht es darum, dessen Einmischungen im Text ausfindig zu machen, diese als Belege anzuführen und explizit bzw. implizit getroffene Aussagen zu analysieren bzw. zu interpretieren, um damit seine Sicht der Dinge zu verdeutlichen.

**Sprachlich-stilistische Analyse**

Im Rahmen dieser formalen Analyse setzen Sie sich mit dem Stil des Textes auseinander und erklären die Funktion der sprachlichen Mittel. Folgende Aspekte können dabei untersucht werden:

- Registerwahl (langue soutenue, langue standard, langue familière, argot)
- Syntax (einfach → komplex; parataktische ↔ hypotaktische Strukturen)
- Sprechweise wie z. B. distanziert, sachlich, humorvoll, ironisch
- Textsorte (expositorisch, narrativ, deskriptiv, argumentativ, instruktiv)
- Textfunktion (fonction référentielle, expressive, appellative, ludique)
- Stilistisch-rhetorische Mittel: im Leistungskurs sollten Stilmittel erkannt und funktionalisiert werden (comparaison, métaphore, personnification, symbole, image, litote, exagération/hyperbole), répétition, énumération, ironie, paradoxe, parallélisme, gradation, allitération, antithèse, question rhétorique)

**Produktiv-gestaltende Aufgaben**

- Lesen Sie sich den Auftrag genau durch; kreativ sein heißt nicht, dass man schreiben kann, was man will.
- Wenngleich Grundlage der Textproduktion der Basistext ist, sollten Sie sich beim eigenständigen, kreativen Neuansatz davon lösen und nicht bereits Geschriebenes reproduzieren.

- Ordnen Sie Ihre Ideen, strukturieren Sie Ihren Text und seien Sie in Ihrer Gedankenführung logisch und schlüssig.
- Beachten Sie bei der Abfassung textsortenspezifische Ausprägungen; einem Brief, Zeitungsartikel oder Sonett unterliegen formale Kriterien.
- Achten Sie auf eine adressatengerechte Abfassung: Sollen Sie einen Werbetext schreiben, muss die Appellfunktion deutlich werden.
- Verwenden Sie – je nach Textsorte – gängige Stilmittel: Ihr Text wird dadurch ansprechender und ausdrucksstärker.
- Geben Sie Ihrem Text eine persönliche Note: Fantasie und Originalität machen Ihren Text interessanter.

## 7 Wichtige Ausdrücke und Redewendungen

***Compréhension***

- *Dans le texte présent, il est question de…*
- *Dans l'extrait présent, il s'agit de…*
- *Dans le texte intitulé (…), l'auteur parle de…/présente…*
- *Dans ce passage, le lecteur apprend/remarque/voit…*
- *Le texte présent parle de…/traite de…/pose la question de savoir si…*
- *L'auteur informe sur…/aborde le phénomène de…/expose le problème…*
- *Le/la journaliste dit/révèle/exprime/constate/affirme qc*
- *Il/elle donne des informations/renseignements sur…/évoque qc*
- *Dans la première partie du texte, le narrateur raconte/décrit/fait allusion à qc*
- *Il décrit/dépeint/énumère qc ; il donne une image de…*
- *Il/elle donne son opinion sur/critique/discute…*
- *Il/elle se prononce sur/contre qc*
- *Il/elle invite à faire qc/fait appel à qc ou qn*
- *Il/elle tire la conclusion/termine/conclut ses propos*

***Analyse***

- *Le texte présent se compose de quatre parties/comprend/contient six paragraphes*
- *On peut diviser/subdiviser le texte en plusieurs parties*
- *L'auteur met en relief le contraste/souligne la différence fondamentale entre…*
- *Il parle du désaccord entre…/explique le décalage/la disproportion entre…*
- *Il fait voir une analogie/établit un parallèle entre/présente une relation bizarre…*
- *L'auteur explique/caractérise/analyse/dépeint de façon détaillée…*
- *Il se concentre sur/il met l'accent sur/il met en relief/en lumière/en valeur…*
- *L'auteur énumère/répète à plusieurs reprises/il met en opposition/il accentue la différence entre…*
- *Pour souligner ses idées il choisit des images frappantes/*
  *il utilise une métaphore/ une image/le symbole de…/*
  *il emploie des structures antithétiques/il choisit des structures parallèles/*
  *il accumule des exemples/il se sert d'une comparaison…/*
  *les parallélismes font ressortir les aspects communs entre…*

- *L'histoire est racontée par un narrateur-personnage/*
  *la perspective du récit est celle d'un narrateur personnage/*
  *le narrateur adopte le point de vue de…*
- *La vision est celle d'une caméra/le narrateur est absent du récit…*
- *La perspective est celle d'un narrateur omniprésent/*
  *il intervient souvent dans le récit sous forme de commentaires/de jugements personnels/d'appréciations et de réflexions intimes*

***Commentaire***

| *Indicatif* | *subjonctif* |
|---|---|
| – *je pense que* | *je ne pense pas que* |
| – *je crois que* | *je ne crois pas que* |
| – *je trouve que* | *je ne trouve pas que* |
| – *il me semble que* | *il semble que* |
| – *je suis convaincu que* | *je ne suis pas tout à fait sûr/certain que* |
| – *il est sûr/certain que* | *il est normal/étrange/bizarre que* |
| – *je suis d'avis que* | |

- *Je suis d'accord avec l'auteur…/j'accepte son opinion sur…*
- *Je ne partage pas l'opinion de l'auteur quand il dit que…*
- *Je rejette/réfute l'idée/la pensée*
- *Je désapprouve qc/je critique qc/je conteste qc/je reproche qc à qn*
- *J'accuse l'auteur de ces lignes de racisme*
- *J'ai l'impression que l'auteur cache la vérité*
- *Je suis persuadé qu'il dissimule ses véritables intentions…*

***Charnières***

- *Pour exprimer la chronologie/la suite :*
  *au début, d'abord, en premier lieu, premièrement,*
  *deuxièmement/troisièmement ; ensuite, puis ; à cela s'ajoute ;*
  *finalement, en dernier lieu ; pour terminer, enfin*
- *Pour exprimer la cause/la conséquence/la conclusion :*
  *en conséquence, par conséquent, donc, c'est pourquoi ;*
  *à cause de cela, pour cette raison ; c'est-à-dire, à savoir… ;*
  *en conclusion, en somme ;*
  *ainsi, pour ainsi dire ; car ; parce que, pour que*
- *Pour exprimer un contraste/une opposition :*
  *d'une part… d'autre part ; d'un côté… d'un autre côté ;*
  *mais, pourtant, cependant ; quand même ; contrairement à ; au contraire de ;*
  *en revanche, malgré cela… ;*
  *tandis que/alors que (indicatif) ;*
  *bien que (subjonctif)*
- *Pour exprimer une comparaison :*
  *de même, en comparaison avec ; par rapport à… ; à la différence de…*

- *Pour exprimer un aspect nouveau :*
  *de plus, en plus, en outre ; il faut encore ajouter… ; à part cela… ;*
  *de toute façon ; également*
- *Pour exprimer un point de vue :*
  *au fond ; au moins ; au sujet de ; du point de vue de ; d'habitude ; quant à moi ;*
  *en ce qui me concerne ; en général, en réalité, en partie ; en tout cas ;*
  *tout à fait, sans doute, sans aucun doute*

# Mündliche Abiturprüfung

Im Prinzip gelten für die mündliche Abiturprüfung dieselben Anforderungen wie für die schriftliche Prüfung. Die Prüfung besteht aus zwei Teilen: im ersten Teil tragen Sie in der Fremdsprache selbstständig die Ergebnisse der vorbereiteten Aufgabe in einem zusammenhängenden, ca. 10 Minuten dauernden Vortrag vor; im zweiten Teil werden in einem Prüfungsgespräch größere fachliche und fachübergreifende Zusammenhänge angesprochen, wobei sich die Inhalte nicht nur auf ein Kurshalbjahr beschränken dürfen.

## 1 Aufgabenstellungen

Aufgabenstellungen für den ersten Teil der mündlichen Prüfung können sein:
1. Bearbeitung einer **Lesetextvorlage**, die für den Leistungskurs eine Länge von 450, für den Grundkurs eine Länge von 400 Wörtern nicht überschreiten darf
2. Bearbeitung einer **Bildtextvorlage** (z. B. einer *caricature, image publicitaire)* mit Textteilen
3. Bearbeitung einer **reinen oder bildgestützten Hörtextvorlage** (nicht zulässig für den Grundkurs II); dabei darf die Abspieldauer 2–3 Minuten nicht überschreiten

Im Gegensatz zur schriftlichen Abiturprüfung enthält die Aufgabe nur eine globale Arbeitsanweisung, die jedoch im Sinne einer Hilfestellung untergliedert werden kann.

Beispiel: *Présentez le texte et expliquez sa fonction.* (S. 10)

## 2 Bewertungskriterien

Wie bei der schriftlichen Abiturprüfung sind die Bereiche Inhalt und Darstellungsleistung/Sprachliche Leistung maßgebend.

Kriterien für den Bereich Sprache sind:
- Leseverstehen
- Hörverstehen
- Sprechfertigkeit (Aussprache und Intonation, Sprachrichtigkeit, Kohärenz, Kommunikationsbezug)

Kriterien für den Bereich Inhalt sind:
- Textverständnis; Fähigkeit, die Textinformationen zu verstehen, zu analysieren und zu kommentieren.
- Interkulturelle Kenntnisse und Einsichten, Kenntnis von landeskundlichen und literarischen sowie interkulturellen Aspekten, die im Gespräch in übergeordnete Zusammenhänge zu integrieren sind.

- Grad der Selbstständigkeit der Präsentation; Nachweis der Fähigkeit, dass fachspezifische Methoden selbstständig angewendet werden können und eine der Prüfung angemessene Redeform benutzt wird.

## 3 Praktische Tipps für die Prüfung

- Während der 30-minütigen Vorbereitungszeit lesen Sie den Text sowie den untergliederten Arbeitsauftrag mehrfach gründlich durch; machen Sie dabei stichpunktartige Notizen; ordnen Sie dann Ihre Notizen und fertigen Sie eine übersichtliche Struktur an. Vermeiden Sie unbedingt eine Ausformulierung Ihres Vortrags: ein Ablesen ausformulierter Sätze ist nicht zulässig. Sie tragen Ihre Ausführungen in freier Rede vor.
- Beachten Sie, dass bei einer mündlichen Prüfung das Auftreten eine große Rolle spielt. Treten Sie freundlich, locker und sicher auf, vermeiden Sie jede Form der Überheblichkeit. Lächeln Sie! Begrüßen Sie die Mitglieder der Prüfungskommission beim Eintreten in den Prüfungsraum in der Zielsprache.
- Reden Sie laut und deutlich, formulieren Sie ganze Sätze. Verwenden Sie eingeübte, dieser Kommunikationssituation angemessene Redewendungen und Floskeln.
- Die Untergliederung der Arbeitsaufträge ist unter anderem als Hilfestellung zu verstehen. Hängen Sie deshalb nicht sklavisch an diesen Fragen und am Text. Nutzen Sie die Möglichkeit – immer unter der Voraussetzung, dass eine thematische Anbindung gegeben ist – die Inhalte in größere fachliche Zusammenhänge zu integrieren und sie gegebenenfalls mit persönlichen Erfahrungen anzureichern.

**Nordrhein-Westfalen: Französisch (n) Grundkurs**
**Mündliche Prüfung – Übungsaufgabe 1**

## Les vacances

*Peter Kornherr*

## Annotations

| | |
|---|---|
| le parcmètre | *dt.* die Parkuhr |
| la barrière | *dt.* die Schranke |
| la municipalité | *dt.* die Stadtverwaltung |
| le parasol | *dt.* der Sonnenschirm |
| l'arnaque (f) | *dt. hier* : die Abzocke |

**Sujets d'étude**

Présentez l'image et prenez position :

1. Décrivez le dessin en tenant compte en particulier du lieu, des objets, des personnes et de leurs « activités ».
2. Expliquez de quelle sorte de dessin il s'agit et quelle est l'intention du dessinateur.
3. Comment est-ce que vous passez vos vacances ?
   Exprimez vos préférences en ce qui concerne
   – le pays, le lieu,
   – le climat,
   – les personnes,
   – vos activités.

## Lösungsvorschläge

1. ***Hinweis:*** *Hier wird erwartet, dass Sie anhand der aufgeführten Hilfestellungen (Angabe des Ortes, der Objekte, der Personen und deren Aktivitäten) das Bild nach bekannten Kriterien (Hintergrund, Vordergrund) beschreiben können.*

Le dessin nous montre une scène typiquement estivale : nous sommes dans une station balnéaire au bord de la mer, probablement sur une côte de la Méditerranée. A l'arrière-plan, on peut voir des immeubles à plusieurs étages qui abritent des hôtels, des restaurants, des bars etc. Une route bordée de palmiers sépare ces immeubles de la plage et de la mer où se sont installés des milliers de baigneurs et de baigneuses. Presque toute la plage est occupée par ces touristes qui prennent un bain de soleil. Il y en a tellement que la municipalité de cette station balnéaire a profité de cette énorme affluence pour faire payer la place au soleil : elle a eu l'idée d'installer des parcmètres dans lesquels il faut régulièrement mettre une pièce pour se payer un bain de soleil à la plage. Ainsi, au premier plan, à droite, on voit une jeune fille qui vient de payer et qui va emporter le papier qui lui permet de rester à la plage. Mais, ce n'est pas tout : la ville a également réglementé les bains en mer : Il ne faut pas seulement payer la place à la plage, mais en plus le bain de mer. Au premier plan, à gauche, on voit un monsieur installé sous un parasol ; la fonction de cet employé de la municipalité est de surveiller et de faire payer l'accès à la plage. Une file de baigneurs attend ; chaque fois qu'un touriste a payé, la barrière se lève et il peut aller se baigner.

2. ***Hinweis:*** *Der Auftrag lenkt Ihr Interesse auf anormale Gestaltungen und unterstreicht die Wirkung, die bei Ihnen Schmunzeln hervorrufen wird. Es gilt, die „irrealen" Elemente auf der Zeichnung zu erkennen, das gesellschaftliche Phänomen zu benennen und zu erklären sowie die Absicht des Zeichners zu thematisieren.*

Il s'agit bien sûr d'une caricature parce que les parcmètres et les barrières sur les plages n'existent heureusement pas encore. Le dessinateur a eu une idée géniale : il a transposé un phénomène des grands centres urbains dans une station balnéaire, à la plage. L'être humain est considéré comme une voiture, une chose. Comme on doit payer dans une grande ville le stationnement de la voiture assez cher, l'être humain doit payer sa place au soleil, parce que, dans les grandes stations balnéaires comme Cannes et Saint-Tropez, il y a trop de touristes. Le dessin est – bien entendu – une exagération. Il nous amuse et nous fait rire, mais en même temps le dessinateur pousse celui ou celle qui le regarde, à réfléchir. Il présente de façon humoristique un phénomène de société bien connu pendant la période d'été, surtout pendant les mois de juillet et d'août : le tourisme de masse. Des millions de touristes envahissent les plages du sud où on peut être sûr d'avoir du soleil, mais plus de place. Un deuxième phénomène est étroitement lié au premier et sa conséquence inévitable, c'est l'arnaque. Cette fois-ci, ce n'est pas seulement dans les hôtels, les pensions, les bars et les restaurants que les touristes sont obligés de payer le prix fort, même la municipalité a inventé un moyen pour créer des emplois, faire payer les touristes et remplir les caisses de la municipalité.

3. ***Hinweis:*** *Bei dieser Teilaufgabe haben Sie die Möglichkeit, Ihre eigenen Ferienerfahrungen wiederzugeben, Vorzüge zu äußern und vor allem Vorwissen über Frankreich (Geografie, Geschichte, Architektur, Gastronomie, Sport usw.) einzubringen, kurzum Kulturwissen im weitesten Sinne.*

J'adore la chaleur, la mer et la plage mais je préfère passer mes vacances d'été dans des endroits un peu moins peuplés. La Méditerranée me plaît énormément, mais j'évite pendant les mois de juillet et d'août la côte d'Azur et les grandes stations balnéaires comme Cannes, Nice, Saint-Tropez etc. J'y suis allé une fois il y a quelques années ; il y avait trop de monde et c'était horriblement cher.
Ceci dit, je préfère pendant les grandes vacances la côte basque où il fait chaud aussi et où il y a d'immenses plages de sable. Il faut dire que j'adore les activités qu'offre la mer et la plage. Avec mes copains et copines, on passe beaucoup de temps à la plage, à bavarder, à rigoler, mais aussi à jouer au frisbee, au volley et même au foot. J'adore nager et faire de la planche à voile. Et quand il ne fait pas beau, quand le ciel est un peu couvert, on loue des vélos et on fait un tour dans les Landes. C'est plat, donc pas trop fatigant ; on peut faire beaucoup de kilomètres, découvrir le paysage, les forêts de pins, les lacs et visiter les vignobles et les châteaux. Donc, des vacances actives et sportives.

## Etre partagée…

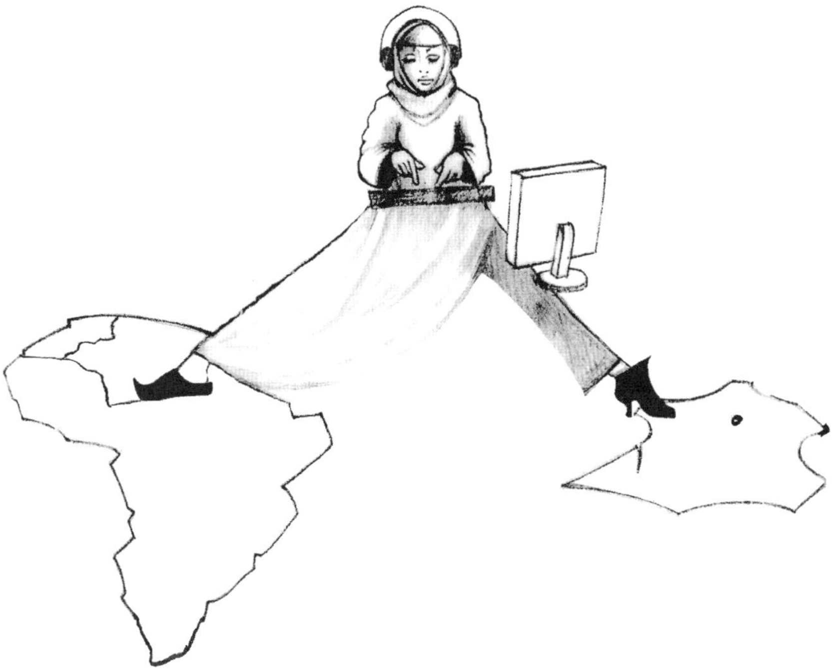

© *Martine Mallet*

## Annotations

| | |
|---|---|
| porter le voile | *dt.* ein Kopftuch tragen |
| la babouche | nordafrikanischer Schuh |
| la bottine à talon | *dt.* die Stiefelette |
| le clavier | *dt.* die Tastatur |
| le casque | *dt.* der Kopfhörer |
| la djellaba | traditionelles Kleid (Nordafrika) |
| l'ordinateur (m) | *dt.* der Computer |
| l'écran (m) | *dt.* der Monitor |
| faire le grand écart | *dt.* einen Spagat machen |

**Sujets d'étude**

Présentez l'image et prenez position :

1. Décrivez le dessin.
2. Expliquez de quelle sorte de dessin il s'agit et quelle est l'intention du dessinateur.
3. « Une intégration pour une beurette est souvent une affaire bien difficile. » Commentez cette phrase.

## Lösungsvorschläge

1. ***Hinweis:*** *Nehmen Sie die lexikalischen Hilfestellungen auf und beschreiben Sie, was Sie in der Bildmitte und auf der linken bzw. rechten Seite erkennen können. Unterlassen Sie dabei unbedingt persönliche Stellungnahmen oder Wertungen.*

   Le dessin montre une jeune femme qui fait le grand écart entre la France et l'Afrique, plus exactement entre la France et l'Algérie. A gauche, on peut voir ce grand continent avec deux pays du Maghreb (le Maroc et l'Algérie) dont les contours se distinguent clairement. On peut constater que le pied droit de la jeune femme se trouve en Algérie. Son autre pied se trouve en France, à la hauteur de la Bretagne. On peut nettement distinguer les contours de l'Hexagone, on voit aussi la Gironde et le point qui symbolise la capitale de la France, Paris.
   Au milieu, on voit cette jeune femme – une beurette – qui travaille sur un ordinateur : elle a devant elle un clavier et elle est en train de taper des lettres. L'écran se trouve à sa gauche, à la hauteur de son genou. Elle porte un casque, un voile et une robe traditionnelle (la djellaba). Le pied droit qui se trouve en Algérie est chaussé d'une babouche, la chaussure traditionnelle des pays du Maghreb. Le pied gauche qui se trouve en France est chaussé d'une bottine à talon, la jambe gauche est vêtue d'un pantalon, probablement d'un jean.

2. ***Hinweis:*** *Bei diesem Auftrag geht es darum, die überzeichnete Darstellung zu erkennen und die Zeichnung als Karikatur auszuweisen. Machen Sie Ihre Behauptung an den anormalen Ausgestaltungen (Haltung, Kleidung) fest. Benennen Sie davon ausgehend das gesellschaftliche Phänomen und die dahinter verborgene Absicht der Karikaturistin.*

   Il s'agit bien sûr d'une caricature à cause de l'attitude et des vêtements de la jeune femme. Comme je l'ai déjà indiqué auparavant, elle fait le grand écart entre deux pays, la France et l'Algérie. Cette attitude révèle que la jeune femme est partagée entre deux pays, deux continents et deux civilisations, le monde arabe et le monde occidental.
   Cette situation ambiguë et difficile est soulignée par le fait que cette beurette porte le voile et la djellaba. Ces éléments symbolisent le monde islamique, la vie en Algérie et, dans la plupart des fois, la vie à la maison, chez les parents. Mais la jeune femme veut et doit s'adapter à la vie occidentale, aux exigences du modernisme. Ceci est symbolisé d'une part par le pantalon (le jean) qu'elle porte et d'autre part par le casque (la musique), le clavier et l'écran qui font partie de l'ordinateur. Cet instrument représente le progrès et est devenu une partie intégrante de notre vie privée et professionnelle. La caricaturiste veut souligner la situation contradictoire et parfois même dangereuse que les beurettes doivent supporter entre un père respectueux des traditions et une jeune femme qui veut vivre sa vie, profiter de la vie moderne et de cette liberté dont jouissent ses copines françaises.

3. ***Hinweis:*** *Bei dieser Teilaufgabe haben Sie die Möglichkeit, im Unterricht erarbeitetes Wissen einzubringen. Erwartet wird, dass Sie die spezifischen Schwierigkeiten der „beurettes" angeben und in einem zweiten Schritt die für eine Integration notwendigen Prozesse angeben.*

Ce sont surtout les jeunes musulmanes de la deuxième génération qui ont connu et qui connaissent encore des difficultés énormes. Elles ont grandi dans un contexte social hostile, en banlieue et même dans des ghettos. Souvent, les parents ne parlaient pas le français et avaient l'intention de retourner plus tard au Maghreb. Ils ne voyaient aucun intérêt à ce que les filles fassent des études ; surtout dans des familles où les parents tenaient aux traditions les filles étaient surveillées, contrôlées et destinées à un mariage précoce pour devenir mères. Sans contact avec l'extérieur elles étaient isolées.
Pourtant, pour s'intégrer dans une société moderne qui change sans cesse, il faut d'abord parler la langue du pays, apprendre donc le français, aller à l'école et passer des diplômes. Il faut absolument être ouvert, accepter les normes et les valeurs du nouveau pays, entrer en contact avec des Français, profiter des associations et institutions pour trouver un travail.
C'est pour cela qu'on peut dire que dans les conditions citées auparavant une intégration est souvent une affaire bien difficile.

## De Gaulle : L'Appel du 18 juin 1940

Les chefs qui, depuis de nombreuses années, sont à la tête des armées françaises, ont formé un gouvernement. Ce gouvernement, alléguant la défaite de nos armées, s'est mis en rapport avec l'ennemi pour cesser le combat.

Certes, nous avons été, nous sommes, submergés par la force mécanique, terrestre et aérienne, de l'ennemi.

Infiniment plus que leur nombre, ce sont les chars, les avions, la tactique des Allemands qui nous font reculer. Ce sont les chars, les avions, la tactique des Allemands qui ont surpris nos chefs au point de les amener là où ils en sont aujourd'hui.

Mais le dernier mot est-il dit ? L'espérance doit-elle disparaître ? La défaite est-elle définitive ? Non !

Croyez-moi, moi qui vous parle en connaissance de cause et vous dis que rien n'est perdu pour la France. Les mêmes moyens qui nous ont vaincus peuvent faire venir un jour la victoire.

Car la France n'est pas seule ! Elle n'est pas seule ! Elle n'est pas seule ! Elle a un vaste Empire derrière elle. Elle peut faire bloc avec l'Empire britannique qui tient la mer et continue la lutte. Elle peut, comme l'Angleterre, utiliser sans limites l'immense industrie des Etats-Unis.

Cette guerre n'est pas limitée au territoire malheureux de notre pays. Cette guerre n'est pas tranchée par la bataille de France. Cette guerre est une guerre mondiale. Toutes les fautes, tous les retards, toutes les souffrances, n'empêchent pas qu'il y a, dans l'univers, tous les moyens nécessaires pour écraser un jour nos ennemis. Foudroyés aujourd'hui par la force mécanique, nous pourrons vaincre dans l'avenir par une force mécanique supérieure. Le destin du monde est là.

Moi, Général de Gaulle, actuellement à Londres, j'invite les officiers et les soldats français qui se trouvent en territoire britannique ou qui viendraient à s'y trouver, avec leurs armes ou sans leurs armes, j'invite les ingénieurs et les ouvriers spécialistes des industries d'armement qui se trouvent en territoire britannique ou qui viendraient à s'y trouver, à se mettre en rapport avec moi.

Quoi qu'il arrive, la flamme de la résistance française ne doit pas s'éteindre et ne s'éteindra pas.

Demain, comme aujourd'hui, je parlerai à la Radio de Londres. *(367 mots)*

*http://www.charles-de-gaulle.org/dossier/18juin/temoignages/appel.htm*

### Annotations

| | | |
|---|---|---|
| l. 2 | alléguer qc | mettre qc en avant, affirmer qc |
| l. 4 | être submergé, e | être dépassé, e ; être débordé, e par une puissance |
| l. 19 | trancher qc | résoudre qc ; décider qc |

**Sujets d'étude**

Présentez le texte et expliquez sa fonction.

1. Lisez à haute voix le texte de la ligne 1 à la ligne 13.
2. Présentez les informations essentielles.
3. Examinez de plus près le contexte historique auquel de Gaulle fait allusion.
4. Précisez le type de texte et l'intention du locuteur.
5. Analysez les moyens stylistiques tout en expliquant leur fonction.

## Lösungsvorschläge

1. **Hinweis:** *Nennen Sie kurz Autor, Titel und Textsorte, bevor Sie den Text unter Berücksichtigung der Aussprache und Intonation vortragen.*

   Le texte présent est l'appel du 18 juin 1940 que Charles de Gaulle à lancé à partir de Radio Londres. Il s'adresse aux Français et Françaises en France occupée par les armées allemandes.

2. **Hinweis:** *In geraffter Form sollen die wesentlichen inhaltlichen Aspekte dieser Rede wiedergegeben werden (Akzeptanz lediglich einer Niederlage, Internationalisierung des Konflikts, Weiterführung des Krieges durch Ausschöpfung aller personellen sowie materiellen Ressourcen, Aufruf zum Widerstand).*

   De Gaulle reconnaît la défaite, il avoue clairement que la France a perdu une bataille, qu'un nouveau gouvernement négocie actuellement avec l'occupant afin de mettre fin à la guerre. Cette défaite est – selon lui – surtout due à une meilleure technique des armées allemandes. C'est pour cette raison que de Gaulle n'accepte pas de cesser le combat ni de reconnaître une défaite définitive : pour lui, la France a encore des moyens pour continuer la lutte contre l'ennemi. Ce n'est pas une lutte limitée au territoire de la France, mais il s'agit d'une guerre mondiale. Ceci l'amène à croire que l'Allemagne actuellement supérieure grâce à sa technique sera vaincue par une autre force encore supérieure qui a encore davantage de ressources. C'est cette perspective qui l'a poussé à lancer cet appel à partir de la BBC de Londres, appel adressé aux combattants de reprendre le combat.

3. **Hinweis:** *Bei dieser Teilaufgabe sollen konkret und detailliert die historischen Aspekte thematisiert werden.*
   *Blitzkrieg, technische und taktische Überlegenheit der deutschen Armeen sollten als Begründung für die Niederlage erkannt werden. Des Weiteren sollen Sie im Text erkennen, dass Frankreich in dieser global-internationalen Auseinandersetzung auf sein eigenes « Empire » sowie befreundete Staaten zählen kann.*

   Comme je l'ai déjà dit auparavant, la France a subi une défaite sévère. Les armées allemandes ont pu – grâce à une guerre éclair (à la « Blitzkrieg »), au grand nombre de leurs chars et surtout de leurs avions – battre les armées françaises et envahir rapidement le pays. Un nouveau gouvernement sous la présidence du Maréchal Pétain se forme, reconnaît la défaite de la France et accepte l'occupation du pays par l'Allemagne nazie.
   Mais de Gaulle qui a pu se réfugier en Angleterre ne veut pas reconnaître un gouvernement qui accepte la défaite, un armistice humiliant et qui, en plus, a l'intention de collaborer avec l'occupant. C'est pour cette raison qu'il lance cet appel et avance des arguments pour ne pas cesser le combat : D'abord, la France a encore ses (anciennes) colonies où elle trouvera des hommes, du matériel et de l'argent pour continuer la lutte ; ensuite il y a les Anglais qui possèdent également un grand

Empire colonial pour pouvoir résister à l'ennemi allemand et surtout, il y a les Etats-Unis qui ont des ressources énormes pour battre l'Allemagne nazie. De Gaulle sait que, dans ce conflit mondial, l'Allemagne ne pourra pas à la longue vaincre cette Grande Alliance à laquelle appartiennent des pays comme l'Angleterre, les Etats-Unis, la Chine et plus tard l'Union soviétique. On peut dire que l'appel du 18 juin est le début de la « Résistance » à laquelle il donne vie ce jour-là.

4. ***Hinweis:*** *Bereits in der Überschrift wird der Appellcharakter des Textes deutlich; Sie müssen im Text ausfindig machen, an wen de Gaulle sich wendet. Aus der spezifischen Situation (Niederlage und Besatzung) ergibt sich auch die Intention dieser politischen Rede: de Gaulle will etwas bewirken. Daher muss er aufrütteln, überzeugen und ermutigen.*

Il s'agit d'une allocution à partir de Radio-Londres adressée d'abord à tous ceux qui pourraient continuer le combat à savoir officiers et soldats, ingénieurs et ouvriers spécialisés. C'est un discours politique, un appel à tous ceux qui n'acceptent pas la défaite. De Gaulle veut être le chef de cette résistance et pour cela, il invite les « résistants » à se mettre en contact avec lui. De Gaulle avance – bien sûr – des faits pas toujours très concrets, mais son intention n'est pas seulement d'informer, mais surtout de persuader, de convaincre, de donner du courage, parce qu'il sait qu'il en faudra.

5. ***Hinweis:*** *Hier geht es nun darum, in der Rede typische Mittel der Überzeugungskunst ausfindig zu machen. Bei der Bewältigung dieses Teilauftrags können Sie Erfahrungen mit Texten aus dem Deutsch- bzw. auch Englischunterricht einfließen lassen (rhetorisch-stilistische Elemente der Hörerbeeinflussung).*

Pour persuader, convaincre et surtout pour donner du courage, de Gaulle utilise des moyens rhétoriques et stylistiques qui montrent qu'il est un orateur très habile. Il construit son discours de façon antithétique : il parle d'abord des choses négatives (la défaite de la France ; le nouveau gouvernement dont il ne cite pas le nom du président ; les occupants → les Allemands), mais ensuite, à partir de la l. 11, il passe rapidement aux éléments positifs ce qui – par la suite – occupe une grande place dans son discours. Pour établir un contact avec l'auditeur, il essaie de l'impliquer dans son discours en posant des questions rhétoriques. Pour éviter un découragement profond que les Français pourraient ressentir face à cette défaite subite et rapide, il utilise des exclamations qui sont répétées trois fois (l. 14). Pour souligner la grandeur de la France, il met en valeur les ressources qu'elle possède et le soutien dont elle pourra profiter. Il insère dans son discours des verbes (p. ex. écraser nos ennemis, l. 21) et adjectifs expressifs (hyperboles → p. ex. vaste, l. 15 ; immense, l. 16/17). On voit donc que c'est un discours truffé d'éléments stylistiques qui n'a qu'un but : rassembler les Françaises et les Français autour de lui, résister à l'envahisseur, continuer la lutte pour gagner la guerre et libérer la France.

## Le bœuf et la grenouille

Un bœuf apercevant une alerte grenouille
    Fut saisi de ravissement.
    Il la contemple, il s'agenouille :
    Quels bonds ! Même le firmament
Semble être à sa portée ! Le lourdaud se décide
                A l'imiter.
Il marche, il saute, il court, il va dans le torride
            Après-midi d'été,
Comme si mille taons le harcelaient sans cesse.
Trempé de sueur, le mufle bas, il demande : « Est-ce
    Assez ? » Mais la grenouille rit,
Et semble s'envoler. Alors le boeuf est pris
D'un courage héroïque : il jeûne, il boude l'herbe
        Verte, fraîche, superbe.
– « Suis-je à votre niveau ? – Pas tout à fait encor !
– Ma taille est-elle fine ? – Accentuez votre effort ! »
        Le balourd se résigne
    A souffrir pour avoir la ligne.
        En quelques jours il perd
Son port majestueux, sa peau flotte, il a l'air
        D'une pauvre carcasse.
Ses flancs se sont creusés, ses os percent sa peau.
            Il trépasse
            Bientôt.

Le monde est plein de gens qui ne sont pas plus sages :
Les femmes bien en chair envient les fils de fer
Et jeûnent pour avoir l'air d'un haricot vert.
Les messieurs bedonnants s'agitent sur les plages
        Comme des garçonnets ;
L'épais béton copie la dentelle de pierre ;
La pesante voiture envie la montgolfière ;
Sur scène, on voit se contorsionner
        L'énorme cantatrice
Voulant sussurrer, en discrète actrice,
        Sa terrible clameur.
    Et l'on peut allonger la liste :
        Le plus lourd des rimeurs
    Singe le léger fabuliste.

*(249 mots)*

*Jacques Charpentreau, « La poésie dans tous ses états »,
Editions ouvrières/Editions de l'Atelier, 1984, p. 56–57.*

## Annotations

| | | |
|---|---|---|
| l. 1 | alerte | vif, agile |
| l. 4 | le bond | le saut |
| l. 4/5 | le firmament est à sa portée | *ici :* elle peut toucher au firmament |
| l. 5 | le lourdaud | un animal lourd ; voir aussi l. 17 : le balourd (syn.) |
| l. 7 | torride | très chaud |
| l. 9 | le taon | une sorte d'insecte qui pique |
| | harceler | torturer moralement |
| l. 13 | bouder l'herbe | refuser de manger l'herbe |
| l. 20 | son port | son allure |
| l. 21 | la carcasse | le corps avec la peau sur les os |
| l. 23 | trépasser | mourir |
| l. 28 | bedonnant | qn qui a un gros ventre |
| l. 38 | singer qn | imiter qn |

## Sujets d'étude

Présentez et analysez le texte.

1. Lisez le texte.
2. Résumez l'action.
3. Faites le portrait des protagonistes en vous basant sur d'autres aspects comme par exemple l'aspect lexical, sémantique ou métrique.
4. Comparez la fable avec une autre étudiée en cours et expliquez pourquoi il s'agit d'une fable moderne.

## Lösungsvorschläge

1. ***Hinweis:*** *Bevor Sie mit dem Vorlesen des Textes beginnen, ist es sinnvoll, als „Einstieg" Autor, Textsorte und Titel zu benennen. Anschließend tragen Sie den Text sinndarstellend sowie phonetisch-intonatorisch korrekt vor.*

   Il s'agit d'une fable de Jacques Charpentreau intitulée « Le Bœuf qui veut se faire aussi petit que la Grenouille ». Cette fable a été rédigée en 1984, il s'agit donc d'une fable moderne.

2. ***Hinweis:*** *Geben Sie kurz die Situation an (Zusammentreffen von Rind und Frosch). Gehen Sie auf den Ablauf des Geschehens ein und führen Sie wesentliche Strukturelemente der Fabel an (« récit »/« moralité »)*

   La situation est la rencontre de deux animaux. Un bœuf voit une grenouille et il est étonné des sauts qu'elle fait. Il prend la décision d'en faire autant (l. 1–6). Pour pouvoir l'imiter, il faut que le bœuf maigrisse. Il commence donc un régime ; ces efforts sont décrits entre les lignes 7 et 18. Les conséquences de ce régime forcené et surtout son échec sont racontés entre les lignes 19 à 24. Ce récit est suivi de la morale qui constitue la fin de cette fable (l. 25–38). On peut donc dire que – en ce qui concerne la construction – cette fable est conçue selon un schéma tout à fait classique.

3. ***Hinweis:*** *Bei dieser Teilaufgabe ist es wichtig, dass Sie das Stilmittel der Antithese und der Überzeichnung erkennen. Aus der ungleichen Kombination (bœuf/ grenouille) lassen sich Gegensatzpaare aus der Beschreibung der Tiere sowie deren Verhalten dem Text entnehmen. Diese Übertreibungen werden zudem syntaktisch und metrisch gestützt.*

   Déjà le titre fait ressortir le jeu des oppositions ; ces contrastes sont soulignés au moyen de l'exagération, de l'ironie qui va jusqu'à la caricature.
   Dès le début, l'opposition sémantique de « bœuf » et « grenouille » saute aux yeux. Elle met en scène un animal énorme dont les qualités naturelles (le port majestueux → l. 20) disparaissent en vue du projet insensé de vouloir imiter la grenouille ; cette intention est mise en relief sur le plan métrique par le rejet (l. 6). Cet animal superbe se ridiculise en face de cette grenouille (l. 2/3), ses attributs ne sont que négatifs (l. 5 → le lourdaud ; l. 17 → le balourd) tandis que la grenouille est valorisée (l. 1 → alerte) dès le départ surtout par ses activités qui sont exagérées à outrance (l. 4/5 → bonds qui atteignent presque le firmament, l. 12 → elle semble s'envoler) : en même temps, l'auteur n'hésite pas à ridiculiser les efforts insensés du bœuf (l. 13 → le courage héroïque) soulignés sur le plan syntaxique par l'emploi du discours direct (l. 15/16). La bêtise du bœuf trouve son apogée dans l'accumulation de plusieurs éléments stylistiques et métriques : « le port majestueux » (l. 20) contraste avec cette « pauvre carcasse » (l. 21), « carcasse » rime avec « trépasse », la perte et la mort sont mises en relief par le jeu des allitérations

(*p*ort… *p*eau… *p*auvre, *c*ar*c*asse… *c*reuse ; *s*es flancs *s*e *s*ont creu*s*és, *s*es os per*c*ent *s*a peau), des assonances (*os*… p*eau*… bient*ô*t) et par le rejet de « il trépasse » et de « bientôt ».

4. ***Hinweis:*** *Hier sollten Sie zunächst den Vergleich mit La Fontaines Fabel « La grenouille qui veut se faire aussi grosse que le bœuf » ziehen. Weisen Sie anschließend auf Unterschiede hin (Transformationsmerkmale) und verdeutlichen Sie in einem dritten Schritt die damit verbundene Wirkungsabsicht (Aktualisierung der Fabel, Stigmatisierung von unenchten Verhaltensweisen, die Menschen lächerlich erscheinen lassen).*

La rcssemblancc avcc la fablc dc La Fontainc cst frappantc : Charpcntrcau sc scrt bien sûr de plusieurs éléments de la fable de son illustre prédécesseur comme les animaux et la reprise de parties identiques (des vers repris littéralement). Pourtant, ce n'est plus la grenouille qui veut se transformer et s'élever au rang du bœuf, mais c'est le bœuf qui veut se convertir en animal alerte. La fable de La Fontaine avait une visée politique en ce sens que La Fontaine se moquait des gens à la cour de Louis XIV. Ces nobles courtisans voulaient égaler le roi, ils essayaient de paraître plus qu'ils ne sont, ils voulaient qu'on les prenne pour des personnages importants. Sur un plan plus vaste La Fontaine s'attaque à l'ambition, à la vanité humaine, à la démesure et à la mégalomanie. Dans la fable de Charpentreau, l'auteur condamne également la vanité humaine, mais plutôt sur un plan social : il actualise la morale en stigmatisant le désir des gens de suivre n'importe quelle mode, en l'occurrence le modèle de beauté qui nous est imposé par les mass-média, surtout par la télévision. Ce n'est donc plus de son propre chef que l'homme « prend une décision » ; Charpentreau s'attaque au phénomène que l'homme est manipulé ou – pire encore – ne se rend même pas compte qu'il est manipulé, qu'il suit de fausses routes, se ridiculise et, pire encore, perd son identité. Ce manque de sagesse débouche dans les deux fables sur le même résultat : la perte de l'existence.

## Regards croisés

### Allemands, que pensez-vous des Français ?

« C'est un peuple merveilleux. J'ai effectué plusieurs échanges scolaires en France et j'y passe mes vacances. Les Français sont des gens émotionnels, pas aussi matérialistes que les Allemands. On peut parler de sentiments avec eux. En revanche, sur l'énergie nucléaire, c'est plus difficile. Ils pensent que c'est bon pour l'environnement alors que c'est dangereux. » *(Benjamin Siebert, 23 ans, Berlin)*

« La France ? Absolument génial ! Pour moi, fromage et pétanque symbolisent ce pays. Les Français savent discuter, apprécier les choses. Mais si leur cuisine est excellente, les portions sont trop petites. Et ils pourraient être plus attentifs à l'environnement. A part le papier et le verre, ils jettent tout dans la même poubelle. » *(Lara Sigwart, 24 ans, Francfort-sur-le-Main)*

« La France est un très beau pays et j'aime bien y manger. J'aime beaucoup la langue française. Malheureusement, elle n'est plus vraiment à la mode comme autrefois. Les élèves préfèrent apprendre l'espagnol… Je crois aussi que la relation entre nos deux pays n'est plus vraiment particulière, contrairement à ce que j'entends. La France est devenue un voisin comme un autre. » *(Katjia Stobbe, 37 ans, Bochum)*

### Français, que pensez-vous des Allemands ?

« Ils sont rigoureux, sympathiques, efficaces. Et je sais de quoi je parle car je suis allé durant plusieurs années en colonie près de Berlin, où je suis d'ailleurs retourné après la chute du Mur. Ils sont plus disciplinés que nous : un piéton ne traversera jamais quand le feu est rouge. En fait, nous sommes complémentaires : ils nous apportent la rigueur, on leur transmet la fantaisie. » *(Nicolas Péchon, 32 ans, Goumay)*

« J'ai connu la guerre. Les Allemands ont aujourd'hui une meilleure image : ce ne sont plus les fous furieux d'autrefois. Les jeunes ont dépassé cela. » *(Claudette Dedieu, 67 ans, Le Grau-du-Roi)*

« Ce sont nos voisins, mais on les connaît mal. Pour ma part, je vois l'Allemagne comme un pays extrêmement moderne et très industrialisé, avec des citoyens hyper soucieux de leur environnement. Ils savent aussi régler les questions sociales d'une manière plus intelligente que nous. Enfin, je les crois plus ouverts que nous et, surtout, beaucoup moins chauvins. » *(Daniel Silva, 33 ans, Paris)* *(368 mots)*

*Regards croisés. Allemands, que pensez-vous des Français ? Français, que pensez-vous des Allemands ?* 

## Annotations :

| | | |
|---|---|---|
| l. 2 | effectuer | *ici* : participer à |
| l. 8 | apprécier qc. | en estimer la valeur |
| l. 10 | à part | excepté |
| l. 18 | rigoureux | *all.* : gewissenhaft, unerbittlich |
| l. 18 | efficace | *all.* : leistungsfähig |
| l. 19 | une colonie (de vacances) | *all.* : Ferienlager |
| l. 22 | la rigueur | *ici* : la discipline |
| l. 22 | la fantaisie | l'originalité (f), la spontanéité, l'extravagance (f) |
| l. 24 | dépasser | *all.* : überwinden |
| l. 26 | pour ma part | moi |
| l. 27 | un citoyen | *all.* : Staatsbürger |
| l. 28 | soucieux | qui a des soucis |
| l. 30 | chauvin | qui montre une grande admiration pour son pays |

## Aufgabenstellung:

1. Présentez les qualités et les défauts que les Allemands remarquent chez les Français. *(compréhension)* *(12 Punkte)*
2. Décrivez ce que les Français pensent des Allemands. *(comprehension/analyse)* *(12 Punkte)*
3. Analysez les expériences qui ont influencé les jugements des personnes interviewées. *(analyse)* *(18 Punkte)*
4. Ecrivez une lettre au journal « Aujourd'hui en France » dans laquelle vous présentez vos expériences directes ou indirectes avec les Françaises et les Français en vous référant aux jugements des personnes interviewées. *(commentaire/produktiv-gestaltende Aufgabe)* *(18 Punkte)*

## Lösungsvorschläge

1. ***Hinweis:*** *Die Zweiteilung der Lösung ist bereits durch die Aufgabenstellung vorgegeben. Innerhalb dieser beiden Teile sollten Sie nach Möglichkeit thematisch vorgehen und ähnliche Äußerungen verschiedener Personen zusammenfassen.*
*Da Sie hier die Aussagen anderer Personen wiedergeben, sind Sie gezwungen, häufig die indirekte Rede zu verwenden. Achten Sie auf Abwechslung in den einleitenden Verben und auf den Gebrauch von „indicatif" und „subjonctif" in den Nebensätzen.*

Le journal « Aujourd'hui en France » a publié un sondage effectué auprès d'Allemands et de Français. On voulait savoir ce qu'ils pensaient de leurs voisins.
Dans les réponses des Allemands, ce sont les aspects positifs qui prédominent. Les Français ont plusieurs traits de caractère qui plaisent aux Allemands. Benjamin, par exemple, est séduit par le fait que les Français montrent plus souvent leurs sentiments que les Allemands (l. 3). Lara remarque que nos voisins savent « apprécier les choses » (l. 8). En plus, les deux Allemands trouvent bien que les Français sachent s'exprimer, non seulement en ce qui concerne leurs sentiments (l. 4), mais aussi dans les discussions (l. 8). Les autres remarques positives se réfèrent moins aux gens qu'au pays et à sa culture. Les Allemands apprécient, par exemple, la cuisine (l. 7, 8/9, 12), la langue (l. 12/13) ou le paysage (l. 12).
Malgré tout, il y a aussi des critiques. Les Allemands reprochent aux Français de ne pas s'occuper suffisamment de la protection de l'environnement. Tandis que Lara désapprouve que le tri des déchets se limite au papier et au verre (l. 9/10), Benjamin se plaint de la politique nucléaire (l. 5). Katjia est déçue que les Français préfèrent apprendre l'espagnol plutôt que l'allemand (l. 14) et que la relation entre la France et l'Allemagne ne soit pas aussi bonne que tout le monde le prétend (l. 15). Enfin, Lara regrette que les portions dans les restaurants soient trop petites, même si elle reconnaît que la cuisine française est très bonne (l. 8/9).

2. ***Hinweis:*** *Wenngleich dieser Auftrag anders formuliert ist als der vorhergehende, wird im Grunde dasselbe von Ihnen verlangt, nur dass Sie hier die Meinung der Franzosen wiedergeben sollen. Achten Sie auch hier auf die einleitenden Verben und den Gebrauch des „subjonctif".*

Les Français aussi trouvent beaucoup d'aspects positifs chez leurs voisins allemands, même si Daniel admet que les Français et les Allemands se connaissent mal (l. 26). Les Français mentionnent surtout l'efficacité et la discipline avec lesquelles les Allemands agissent dans tous les domaines. Daniel, par exemple, qui a une idée très idéalisée du pays voisin, admire l'économie allemande (l. 27), mais loue aussi la politique sociale de l'Allemagne (l. 28/29). Les Allemands font preuve d'une rigueur extrême aussi et surtout pour l'environnement (« des citoyens hyper soucieux », l. 27/28). La discipline et la rigueur des Allemands se révèlent aussi dans la vie quotidienne : ils ne traversent la rue que quand le feu est vert (l. 20/21). Daniel pense que les Allemands sont très ouverts et surtout moins

chauvins que les Français (l. 30). Ce n'est que le manque de fantaisie (l. 22) que les Français reprochent aux Allemands.
Les Français n'ont pas toujours eu une idée positive des Allemands. Claudette, par exemple, a grandi pendant la Seconde Guerre mondiale, et sa génération se souvient sans doute bien des relations difficiles entre les Allemands et les Français. Mais elle constate que la mentalité des Allemands a changé ces dernières décennies et que les jeunes Allemands n'ont plus rien en commun avec ceux de l'époque (l. 23/24).

3. Si l'on veut interpréter le jugement d'une personne, il faut toujours tenir compte de ses expériences. C'est pourquoi il est intéressant de savoir comment s'est formée l'opinion des personnes interviewées.
Benjamin, le jeune Allemand, a été plusieurs fois en France lors d'échanges scolaires ou de vacances. Même si l'on n'apprend rien des expériences de Lara et de Katjia, on peut déduire de leurs réponses (elles parlent des restaurants en France et qu'elles aiment y manger, l. 9, 17) qu'elles aussi ont déjà passé un certain temps en France. Mais leurs idées des Français ne viennent certainement pas seulement des expériences personnelles, mais sans doute aussi des médias et de l'école.
Les expériences des Français avec l'Allemagne sont par contre très diverses. A cause de son âge, Claudette est marquée par ses expériences pendant la Seconde Guerre mondiale, mais elle constate que les jeunes Allemands se distinguent de ceux de l'époque. Nicolas a passé plusieurs fois ses vacances près de Berlin et ainsi, il a aussi vécu la chute du Mur. Comme il a déjà été plusieurs fois dans l'autre pays, il est capable – comme Benjamin d'ailleurs – de s'exprimer d'une façon plus détaillée sur le caractère des voisins et de se servir d'un exemple de la vie quotidienne. L'opinion de Daniel, qui ne dit pas s'il a déjà été en Allemagne, est sans doute formée par les médias. En disant que les Français et les Allemands se connaissent mal, il s'y inclut sans doute.
L'image des voisins dépend donc des expériences vécues. Ceux qui n'ont jamais été dans l'autre pays parlent surtout de la politique et des idées générales, tandis que ceux qui ont un contact plus intense avec l'autre pays connaissent mieux le caractère et le comportement typique des personnes.

4. ***Hinweis:*** *Diese produktiv-gestaltende Aufgabe bietet Ihnen Raum, eigene Gedanken aufzunehmen. Dennoch sollte Ihr Brief neben den typischen formalen Elementen auch einige inhaltliche Aspekte berücksichtigen. Da es sich um einen Brief an die Zeitung handelt, in der die Umfrage erschienen ist, sollten Sie darauf explizit Bezug nehmen. Außerdem sollten Sie die Erfahrungen, die Sie beschreiben, mit denen der interviewten Personen vergleichen, obwohl es wünschenswert ist, wenn Sie neue bzw. andere Aspekte hinzunehmen.*
*Da Sie an eine französische Zeitung schreiben, sollten Sie bei der Erwähnung von Kritikpunkten besonders vorsichtig sein, um nicht den Adressaten zu verletzen.*

Mesdames, messieurs,

J'ai lu avec beaucoup d'intérêt les opinions des Allemands et des Français sur leurs voisins dans votre édition du 22 janvier. Même si je me suis réjoui que toutes les personnes interviewées se soient exprimées d'une façon positive sur les autres, je suis tout de même un peu étonné. Car, si tout le monde pensait de cette manière, les relations entre les Allemands et les Français seraient meilleures et plus cordiales. Je pense comme Katjia que la relation entre les deux pays n'est pas si bonne, même si l'on évoque toujours l'amitié franco-allemande. A mon avis, Daniel a tout à fait raison quand il dit que les Allemands et les Français se connaissent mal.
Mes expériences personnelles avec les Français se basent sur des vacances que j'ai passées avec mes parents près de Bordeaux. Elles ne sont certainement pas représentatives, mais je retrouve tout de même quelques points en commun avec les expériences des personnes interviewées. Les Français dont j'ai fait la connaissance ont tous été très chaleureux et n'avaient pas de difficulté à montrer leurs sentiments. Je les ai trouvés très accueillants, c'est pourquoi je ne partage pas l'opinion de Daniel quand il dit qu'ils sont moins ouverts que les Allemands. Comme Benjamin et Lara, j'ai remarqué qu'ils se préoccupent peu de l'environnement. Ce sont surtout les bouteilles en plastique un peu partout sur la plage et au bord des routes qui m'ont énervé. Je suis aussi un peu déçu du fait que les Français n'apprécient pas que l'on essaie de parler leur langue. Au contraire, ils ne cessent pas de corriger les fautes. J'espère que c'est seulement le défaut des Français dont j'ai fait la connaissance. Quoi qu'il en soit, je suis toujours fasciné par la France et les Français et j'envisage d'y passer quelques mois pendant mes études à l'université : j'aimerais bien me faire une idée des Français qui ne dépende pas seulement des médias.

Je vous prie d'agréer, mesdames, messieurs, l'expression de mes salutations distinguées.

Kevin Richter

## Entre deux cultures

*Nasser Ramdane, un jeune beur de 18 ans, a été l'un des principaux meneurs des manifestations lycéennes d'octobre-novembre 1990 à Paris. Preuve qu'on peut être à la fois Arabe et Français. Il s'en explique dans une interview donnée à « Afrique Magazine ».*

AFRIQUE MAGAZINE (A. M.) : Hier, les Juifs, aujourd'hui, les Maghrébins. Comment expliquer le retour du racisme ?

NASSER RAMDANE (N. R.) : Les Noirs et les Arabes ne sont pas responsables de la montée du racisme en France, comme les Juifs n'étaient pas responsables de l'antisémitisme dans les années trente. Le racisme n'a pas d'autres causes que la misère, le chômage, la vie dans les quartiers ghettos…

A. M. : As-tu souffert personnellement du racisme ?

N. R. : Il est arrivé qu'un inconnu, dans le métro, me traite de « sale Arabe », mais on ne m'a jamais empêché d'entrer dans un café. Bien sûr, ce genre de discrimination existe, mais je ne suis pas tombé là-dessus.

A. M. : Tu te sens arabe ?

N. R. : (*soupir*) Oui, je garde encore la culture de mes parents, mais mon pays n'est pas l'Algérie ; mon pays, c'est la France. Je suis né à Nanterre, dans la banlieue de Paris. Disons que je me sens beur. Je suis à la fois arabe et français. Le français, je le parle couramment avec l'accent des banlieues, non du bled, l'algérien je n'en connais que quelques mots. Je ne le parle qu'avec mes grands-parents.

A. M. : Parle-nous de ta famille.

N. R. : Ma mère est gérante d'un magasin d'alimentation générale. Mon père était contremaître dans une fonderie. Depuis deux ans, il est au chômage. Nous sommes quatre enfants, je suis le cadet. Mes parents sont arrivés en France à l'âge de six ans, ils en ont 40 aujourd'hui.

[…]

A. M. : Penses-tu que la France est un pays où, tout compte fait, l'on s'intègre facilement ?

N. R. : A en juger par mon expérience, oui. Seulement, quelle chance d'intégration donne-t-on aux jeunes (et à leurs parents) qui vivent en banlieue dans des conditions dégueulasses ?

A. M. : Tu n'es pas représentatif…

N. R. : Je suis un cas particulier dans la mesure où j'ai la chance de ne pas tomber à la délinquance, j'aurais très bien pu…

A. M. : Chaparder ?

N. R. : A 6 ans, j'ai volé des cerises pour le compte des grands ; je me suis fait prendre et je n'ai plus jamais recommencé. Au fond, je suis représentatif, puisque plein de jeunes des cités évoluent de la même manière. Leur intégration culturelle est acquise. Ils mangent un couscous avec un bon verre de vin, sans problème. L'intégration économique est une autre affaire. Lorsque vous voulez accéder à l'école, à l'emploi ou au logement, des remparts infranchissables se dressent.

[…]

A. M. : Mais tout le monde ne veut peut-être pas s'intégrer.

N. R. : Arrête. Les immigrés ne demandent qu'à s'intégrer. Et puis, la fidélité à sa culture ne se traduit pas dans une nationalité, mais dans une sensibilité, un mode de vie…

[…] *(439 mots)*

*Entre deux cultures, Afrique Magazine, Paris, janvier 1991, S. 52–57 (texte abrégé)*

**Annotations :**

| | | |
|---|---|---|
| l. 4 | la montée | l'augmentation, f. |
| l. 15 | le bled | le village algérien |
| l. 18 | la gérante | qui est responsable de qc, p. ex. dans un magasin |
| l. 19 | le contremaître | qui dirige un groupe d'ouvriers |
| l. 19 | une fonderie | usine où on travaille le métal |
| l. 20 | le cadet | le plus jeune |
| l. 31 | chaparder | *fam.* : voler |
| l. 35 | acquise | *ici* : réalisée |

**Aufgabenstellung:**

1. Présentez le sujet principal et ses différents aspects dont il est question dans le texte. *(compréhension)* *(9 Punkte)*

2. Décrivez la situation et les expériences de Nasser dans la banlieue parisienne. *(compréhension/analyse)* *(12 Punkte)*

3. Examinez les problèmes et les chances d'intégration de Nasser. *(analyse)* *(21 Punkte)*

4. Comparez la situation et les expériences de Nasser à celles de Nadia, le personnage principal du roman « Les raisins de la galère » de Tahar Ben Jelloun. *(commentaire)* *(18 Punkte)*

## Lösungsvorschläge

1. ***Hinweis:*** *Die Aufgabenstellung verlangt von Ihnen, sowohl das Thema als auch seine verschiedenen Aspekte darzustellen. Da die Darstellung des Themas nur über seine Aspekte möglich ist, handelt es sich also dabei letzten Endes nur um einen einzigen Auftrag. Dennoch wäre es vorteilhaft, wenn Sie Ihre Lösung in zwei Teile gliedern würden.*
*Der erste Teil sollte als Einleitung dienen, in der Sie das Thema nennen. Das heißt, Sie müssen eine griffige und knappe Überschrift (im Sinne eines „Oberbegriffs") finden, der alle im Text angesprochenen Gesichtspunkte umfasst. Um das Thema richtig einordnen zu können, ist es für den Leser aber auch wichtig, zu erfahren, wer sich dazu geäußert hat und in welchem Zusammenhang. Nennen Sie daher auch die Textsorte und die Gesprächsteilnehmer.*
*Im zweiten Teil folgt dann die Darstellung der verschiedenen Aspekte. Wie bei der Angabe des Themas wäre es auch hier ideal, wenn Sie zu jedem Punkt eine passende Überschrift finden würden. Diese können Sie entweder zu Beginn des jeweiligen Absatzes einbauen oder aber an die Einleitung anschließen.*

   Dans l'interview que Nasser Ramdane, un jeune beur, donne à « Afrique Magazine », il est question de la vie et de la situation des immigrés arabes en France. On y aborde différents aspects tels que le racisme, l'identité et l'intégration.
   L'entretien commence par la question du racisme, dont Nasser s'explique l'existance par la situation sociale. Lui-même n'a jamais été victime d'un acte raciste, en dehors de quelques insultes.
   Etant né en France (même ses parents étaient encore enfants quand ils avaient quitté leur pays d'origine), Nasser déclare que sa patrie est ici. Mais comme il a évidemment grandi avec la culture de ses ancêtres, il vit maintenant entre deux cultures, la culture française et la culture arabe.
   Dans la deuxième partie de l'interview, on parle des chances d'intégration des immigrés. Selon Nasser, celles de l'intégration culturelle du moins sont bonnes, même s'il admet qu'il y a un grand risque que les jeunes deviennent criminels à cause de leur situation souvent précaire dans la banlieue parisienne. L'intégration économique est par contre, d'après lui, plus difficile à atteindre. D'une manière véhémente, il se défend contre le reproche qu'il y a des immigrés qui ne veulent pas s'intégrer dans la société française.

2. Nasser est né dans la banlieue de Paris où il a grandi. Il parle couramment le français et a adopté l'accent des jeunes de son environnement. Même s'il pense être intégré, il ne nie pas ses racines arabes. Sa situation familiale est sans doute peu exceptionnelle pour les immigrés en France. Il a grandi avec trois frères et sœurs et son père est au chomâge depuis deux ans. Mais tout de même, il est remarquable que sa mère ait une bonne position et que son père, lui aussi, ait été contremaître avant de perdre son poste d'emploi.

Nasser qualifie la situation de la vie dans la banlieue parfois de « dégueulasse », ce qui, pour lui, risque de restreindre les chances d'intégration. Beaucoup de jeunes deviennent par la suite criminels. Etant jeune, il a lui aussi commis un vol, mais une seule fois parce qu'on l'a attrapé et il ne l'a plus essayé après. Pour lui, un des problèmes principaux, auxquels les Maghrébins sont confrontés, c'est le racisme, même si lui n'a jamais été victime d'une discrimination directe.
Ayant grandi dans la banlieue parisienne, Nasser a fait beaucoup d'expériences qui ressemble à celles des autres jeunes immigrés. Mais à la différence d'autres, il a échappé à une carrière criminelle et il n'a jamais vraiment subi le racisme. Par le fait aussi, qu'il participe activement à la politique – il était même un des meneurs des manifestations lycénnes d'octobre-novembre 1990 dans la capitale –, il se distingue d'autres jeunes issus de familles d'immigrés.

3. Nasser est un jeune homme actif et cultivé qui se montre ouvert à la France dans laquelle il veut s'intégrer – comme tous les autres d'ailleurs, comme il dit. Malgré les problèmes auxquels les Maghrébins sont confrontés, il considère la France comme un pays dans lequel on peut facilement s'intégrer, du moins culturellement. Cette position positive vis-à-vis de la France facilite sans doute ses chances d'être accepté par les Français de souche. Comme il se considère comme culturellement intégré, il ne lui manque plus que l'intégration économique, ce qu'il trouve extrêmement difficile. Car si l'intégration culturelle passe par un désir d'adaptation de la part des immigrés, l'intégration économique, elle, exige le soutien et la volonté de la France et de la société.
Etant lycéen avec une assez bonne formation, Nasser a probablement de bonnes chances de trouver un emploi. De plus, il semble être très intéressé et engagé. D'un côté, il est critique et n'accepte pas tout, d'un autre côté, il ne choisit pas la voie de la violence.
À cause du fait qu'il a réussi à ne jamais devenir criminel, il a des avantages par rapport à d'autres immigrés. Car il n'y a normalement pas de raisons pour lesquelles les Français le mettraient en marge de la société et l'empêcheraient de s'intégrer.
Une raison pour laquelle ses chances de pouvoir s'intégrer dans la société française aujourd'hui sont assez bonnes est probablement liée à sa situation familiale et à son enfance. Un de ses parents du moins est capable de gagner assez d'argent pour nourrir la famille, de sorte qu'il n'a pas de graves problèmes financiers. De plus, le fait que sa mère a une bonne position dans l'entreprise (mais aussi que son père ait été contremaître), est le signe d'une bonne formation et d'engagement que les parents ont sans doute transmis aussi à leurs enfants.
En analysant l'interview, il semble que l'intégration de Nasser ne peut être empêchée que par les préjugés des Français. Mais s'ils acceptent qu'il ait un air différent, une autre religion et que le fait de vivre en banlieue ne signifie pas être criminel, violent et sans éducation ni formation, il a de bonnes chances. Pourtant, son intégration pourrait être limitée aussi par un acte raciste, car peut-être pourrait-ce influencer son idée de la France et des Français et freiner sa volonté d'intégration.

4. Nasser et Nadia se trouvent dans la même situation. Ils sont nés en France d'immigrés maghrébins et ont passé leur enfance dans la banlieue parisienne. C'est pourquoi ils connaissent bien les problèmes auxquels la « génération beur », c'est-à-dire les enfants des immigrés, est confrontée.
   Tous deux doivent apprendre à vivre entre deux cultures. La France est leur patrie, mais ils connaissent bien leurs racines et ne les nient pas. Comme les deux cultures sont très différentes, ils doivent faire plus d'efforts que d'autres adolescents pour trouver leur place dans la société. Nasser et Nadia se comportent presque comme des jeunes Français. Tous les deux s'intéressent à la politique et s'engagent pour les autres et contre la discrimination de certains groupes. Nasser est d'avis que tous les immigrés veulent s'intégrer, tandis que Nadia a fait l'expérience qu'il y en a aussi qui ne le veulent pas. Les deux jeunes, par contre, sont assez bien intégrés, même si Nadia refuse de s'intégrer totalement. Mais cela a ses raisons plutôt dans son caractère que dans sa volonté de garder et de défendre la culture de ses ancêtres.
   Vivant dans la banlieue de Paris, ils connaissent bien les difficultés des jeunes « immigrés de la deuxième génération ». Ni Nasser ni Nadia ne sont devenus criminels, mais ils savent que beaucoup de jeunes risquent de le devenir parce qu'ils vivent dans une situation misérable. Tous deux savent aussi que beaucoup d'immigrés subissent le racisme, même si Nadia connaît mieux ce phénomène que Nasser à cause des quelques expériences qu'elle a faites.
   La famille de Nadia se distingue un peu de celle de Nasser. Tandis que la mère de Nasser a un bon emploi, la mère de Nadia occupe le rôle traditionnel des femmes musulmanes. Nadia, par contre, est tout à fait différente de sa mère et sait bien ce qu'elle veut. Elle ne se laisse pas intimider par la discrimination et les menaces quand, par exemple, des islamistes veulent profiter de son engagement politique.
   Il est étonnant de constater à quel point les expériences de Nasser et de Nadia se ressemblent, d'autant que Nadia est une femme issue d'une famille musulmane. Mais elle refuse d'accepter le rôle que la culture de ses ancêtres lui attribue et c'est ainsi qu'elle peut faire les mêmes expériences que les hommes de son âge.

**Eric-Emmanuel Schmitt, « L'enfant de Noé »**

*L'histoire se passe en Belgique, dans les années 40. Joseph, 8 ans, est juif. Il rencontre le père Pons qui le cache dans une pension catholique. D'après la tradition juive, Joseph est circoncis, comme quelques-uns de ses camarades. Donc, s'ils sont nus, on les reconnaît tout de suite.*

Un jour qu'un match de foot avait mis les sportifs en nage, le père ordonna une douche immédiate. [...]

Nous nous trouvions une vingtaine à crier et jouer sous les pommes d'eau fraîche lorsqu'un officier allemand pénétra dans le vestiaire.

L'officier blond entra, les enfants se pétrifièrent, les voix se turent, le père Pons devint plus pâle que les carreaux. Tout se figea, sauf les jets d'eau qui continuaient, joyeux, inconscients, à se déverser sur nous.

L'officier nous inspecta. D'instinct, certains couvrirent leur sexe, un geste de pudeur normale qui survenait trop tard pour ne pas devenir un aveu.

L'eau ruisselait. Le silence suait à grosses gouttes.

L'officier venait de percer notre identité. Un rapide mouvement de ses prunelles indiquait qu'il réfléchissait. Le père Pons fit un pas et demanda d'une voix mal timbrée :

– Vous cherchez ?

L'officier exposa en français la situation. Depuis le matin, sa troupe poursuivait un résistant qui, dans sa fuite, avait escaladé le mur du parc ; il cherchait donc chez nous où l'intrus avait pu se dissimuler.

– Vous voyez que votre fugitif ne se cache pas là, dit le père Pons.

– Je le vois bien, en effet, répondit l'officier avec lenteur.

Un silence se réinstalla, lourd de craintes et de menaces. Je saisis que mon existence allait s'arrêter là. Encore quelques secondes, et nous allions sortir en rang, nus, humiliés, monter dans un camion qui nous conduirait je ne sais où.

Des pas retentirent à l'extérieur. Bruits de bottes. Fers percutant les pavés. Cris gutturaux.

L'officier à l'uniforme vert-de-gris se précipita vers la porte et l'entrebâilla.

– Il n'est pas là. Cherchez ailleurs. *Schnell !* Déjà, le battant se refermait et la troupe s'éloignait.

L'officier regarda le père Pons dont les lèvres tremblaient. Certains commencèrent à pleurer. Je claquais des dents.

Je crus d'abord que l'officier saisissait son revolver à sa ceinture. En fait, il tirait son portefeuille.

– Tenez, dit-il au père Pons en lui tendant un billet, vous achèterez des bonbons pour les enfants.

Comme le père Pons, médusé, ne réagissait pas, l'officier lui fourra de force les cinq francs dans la main, nous sourit en clignant de l'œil, toqua ses talons et s'esquiva.

Combien de temps dura le silence après son départ ? Combien de minutes nous fallut-il pour comprendre que nous étions sauvés ? Certains continuaient à pleurer parce que la terreur ne les quittait plus ; d'autres demeuraient tétanisés, interloqués ; d'autres roulaient des yeux qui demandaient « Tu y crois, toi, tu y crois ? »

Le père Pons, le visage cireux, les lèvres blanches, s'écroula brutalement sur le sol. Les genoux sur le ciment trempé, il se balançait d'avant en arrière en prononçant des phrases confuses, les yeux fixes, terribles. Je me précipitai sur lui et le serrai contre mon corps humide, d'un geste protecteur […]

J'entendis alors la phrase qu'il répétait :

– Merci, mon Dieu. Merci, mon Dieu. Pour mes enfants, merci. *(500 mots)*

*L'enfant de Noé, Eric-Emmanuel Schmitt, © Editions Albin Michel 2004*

**Annotations :**

| | | |
|---|---|---|
| *introduction* | circoncis | beschnitten |
| l. 1 | en nage | trempé de sueur |
| l. 3 | la pomme | *all.* : Duschkopf |
| l. 5 | se turent | *passé simple* von *se taire* |
| l. 6 | se figer | *all.* : erstarren |
| l. 12/13 | d'une voix mal timbrée | *all.* : mit belegter Stimme |
| l. 23 | fers percutant les pavés | *all.* : Geräusch eiserner Stiefelbeschläge auf dem Pflaster |
| l. 24 | guttural | *all.* : hart klingend |
| l. 25 | entrebâiller | ouvrir très peu |
| l. 26 | le battant | *ici* : partie d'une porte |
| l. 34 | médusé | très étonné, stupéfait |
| l. 35 | toquer les talons | *all.* : die Hacken zusammenschlagen (militärische Ehrenbezeugung) |
| l. 35/36 | s'esquiver | partir très vite |
| l. 39 | tétanisé | immobilisé sous l'effet de la surprise |
| l. 39 | interloqué | stupéfait |
| l. 41 | cireux | très pâle |

**Aufgabenstellung:**

1. Résumez l'action qui se déroule dans cet extrait. *(compréhension)* *(15 Punkte)*
2. Décrivez le comportement du père Pons et les sentiments de Joseph au cours de cette scène. *(compréhension/analyse)* *(12 Punkte)*
3. Expliquez comment évolue la tension qui règne dans cette scène. *(analyse)* *(21 Punkte)*
4. Comparez le comportement de l'officier allemand à celui du Doktor Müller, Gestapo de Melun, dans le film « Au revoir, les enfants » de Louis Malle. *(commentaire)* *(12 Punkte)*

## Lösungsvorschläge

1. L'histoire de « L'enfant de Noé » d'Eric-Emmanuel Schmitt se passe pendant la Seconde Guerre mondiale en Belgique. Un père de l'église catholique cache dans sa pension plusieurs garçons juifs, parmi lesquels le narrateur Joseph.
Après un match de foot, tous les garçons sont en train de prendre leur douche lorsqu'un officier allemand entre. Comme les garçons juifs sont circoncis, il n'a pas de difficulté à les identifier, surtout que les garçons, surpris, tentent trop tard de cacher leur sexe. Pourtant, l'officier se tait et explique à la demande du père qu'il cherche un résistant qui a pénétré sur le terrain. Pendant tout ce temps, les garçons sont en proie à une peur extrême. Lorsque le bruit d'autres soldats se fait entendre, l'officier se précipite vers eux et les renvoient afin qu'ils n'aperçoivent pas les garçons nus. Alors que le père et les enfants continuent à craindre le pire, l'officier a une réaction inattendue : il donne de l'argent au père pour qu'il achète des bonbons aux garçons. Puis, il s'en va sans s'intéresser davantage aux enfants juifs. Ce n'est qu'après un certain temps que les enfants se remettent de leur terreur. Le père, lui aussi, est toujours choqué et s'écroule. L'extrait se termine par les remerciements qu'il adresse à Dieu.

2. Hébergeant des enfants juifs, le père Pons court un grand risque. Sa réaction lors de l'entrée de l'officier montre qu'il en est d'ailleurs bien conscient (« le père Pons devint plus pâle que les carreaux », l. 5/6). Il doit craindre que tous ses efforts pour sauver les enfants aient échoué. Même s'il n'arrive pas à dissimuler ses réactions physiques (« Le père […] demanda d'une voix mal timbrée. », l. 12/13 ; « les lèvres tremblaient », l. 28 ; « médusé », l. 34), le père essaie tout de même de contrer la menace par des paroles calmes. Bien qu'il pense savoir ce que l'officier cherche, il lui demande pourquoi il est venu (l. 14). Quand l'officier lui explique qu'on est en train de poursuivre un résistant (l. 15/16), le père lui répond simplement (mais sans mentir) que celui-ci n'est pas là (l. 18). Il espère l'inciter ainsi à s'en aller. Mais l'officier reste. Les nerfs du père sont tendus à tel point qu'il ne bouge pas quand l'officier lui donne de l'argent (l. 34). Après que l'Allemand a quitté la salle, le père s'écroule (l. 41). Pour conclure, on peut dire que le père a certes montré beaucoup de courage en hébergeant les enfants juifs chez lui, mais que, dans cette situation, il s'est trouvé désarmé.
Joseph, un des garçons juifs concernés, est témoin muet de la scène. Comme tous les autres, il sait parfaitement ce qui se passerait si des officiers allemands les découvraient. Il craint pour sa vie et imagine le pire : « Encore quelques secondes, et nous allions sortir en rang, nus, humiliés, monter dans un camion qui nous conduirait je ne sais où. » (l. 21/22) Le fait que l'officier renvoie les autres soldats ne diminue pas sa peur (« Je claquais des dents. », l. 29). Sa panique se révèle aussi lorsqu'il interprète le geste de l'officier comme le mouvement de tirer son revolver (l. 30). Encore sous le choc, les autres enfants et lui ne se remettent que lentement après la disparition de l'officier. Joseph compte pourtant parmi les enfants les plus calmes (il ne pleure pas). C'est également lui qui se précipite vers le père

écroulé et veut l'aider (l. 43/44). L'humeur joyeuse de Joseph au début de l'extrait, où il joue gaiement avec les autres, change dramatiquement à l'entrée de l'officier. La panique persiste malgré la politesse de l'officier et bien qu'il renvoie les autres soldats, et elle ne disparaît qu'après le départ de l'allemand.

3. ***Hinweis:*** *In der Aufgabenstellung wird von einer Entwicklung der Spannung gesprochen, was impliziert, dass sie in mehreren Stufen erfolgt.*
*Da Spannung in Texten dazu dient, den Leser zu fesseln, sollten Sie diesen bei der Bearbeitung der Aufgaben stets im Auge behalten. Berücksichtigen Sie außerdem, dass Spannung aufgrund des Inhalts, aber auch durch sprachliche Mittel erreicht werden kann.*

La tension qui se retrouve dans cette scène évolue en plusieurs étapes. La scène commence par une description de la situation dans laquelle l'ambiance est représentée comme joyeuse et insouciante (« crier », « jouer », l. 3), si bien que le contraste avec ce qui suit est saisissant.
La première phase de tension commence par l'apparition inattendue de l'officier allemand, ce qui est souligné par la suite asyndétique et parallèle de courtes phrases (« L'officier blond entra, les enfants se pétrifièrent, les voix se turent, le père Pons devint plus pâle que les carreaux », l. 5/6). Le comportement des garçons change de façon dramatique (« crier », « jouer », l. 3 vs « les voix se turent », l. 5) tandis que l'eau n'arrête pas de couler (« Tout se figea, sauf les jets d'eau qui continuaient, joyeux, inconscients, à se déverser sur nous. », l. 6/7 ; « L'eau ruisselait. », l. 10).
La deuxième phase est marquée par la peur quasi paralysante des garçons. L'espoir qu'on ne les découvre pas est réduit à néant lorsque le narrateur fait comprendre que les garçons ne réussissent pas à cacher leur sexe à temps (l. 8–11). La tension continue à évoluer puisque le lecteur attend une réaction de la part de l'officier, une réaction conformément aux ordres qu'il a reçus du régime allemand et que le lecteur connaît bien. Par la suite, le lecteur peut se détendre un peu lorsqu'il apprend que l'officier ne cherche pas les garçons juifs, mais un résistant en fuite (l. 15/16). Mais il reste tendu parce que la peur des garçons ne faiblit pas se transformant même en une angoisse mortelle (l. 20–22).
Dans la troisième phase, la tension augmente à nouveau parce que d'autres soldats interviennent (l. 23/24). Le fait que l'officier les renvoie ne semble pas détendre l'atmosphère entre les protagonistes (l. 28/29). Ce n'est finalement qu'au moment où l'officier propose de l'argent au père Pons que le lecteur comprend que tout danger est écarté. En ce qui concerne les protagonistes, le choc a été tel qu'il leur faut de longues minutes avant de réaliser qu'ils sont sauvés.

4. La situation du roman « L'enfant de Noé » a plusieurs points communs avec celle du film « Au revoir, les enfants » de Louis Malle. Pendant la Seconde Guerre mondiale, des garçons juifs trouvent refuge dans un internat catholique qui est dirigé par un père courageux et où ils peuvent se cacher du régime nazi.

Dans l'extrait de texte et dans le film, il y a une rencontre entre les garçons juifs et des soldats allemands. Mais alors que dans le roman, l'officier allemand les découvre par hasard – ses troupes sont en train de poursuivre un résistant –, le Doktor Müller se rend à l'internat parce qu'on a dénoncé les enfants juifs et qu'il veut exécuter les ordres reçus.
Dans le roman « L'enfant de Noé », l'officier allemand se montre très humain. Bien qu'il se rende compte de la situation et qu'il connaisse ses devoirs vis-à-vis du régime allemand, il n'intervient pas. Il fait semblant de n'avoir rien vu et sauve ainsi les enfants et le père. Il a même pitié d'eux et donne de l'argent au père afin qu'il achète des bonbons pour les garçons. Son comportement et ses paroles (il parle bien le français) sont pleins de respect.
Contrairement à lui, le Doktor Müller n'éprouve aucune pitié pour les garçons juifs. Bien qu'il sache qu'on déportera les garçons et le père dans des camps de concentration, il vient les chercher à l'internat. Ses ordres sont rigoureux et tandis que l'officier dans « L'enfant de Noé » profite de son autorité pour protéger les enfants des soldats allemands, il se sert de ces derniers pour arrêter les garçons. Il n'aime pas les juifs et il le dit franchement quand il s'en va.
Dans une situation très semblable, l'officier de l'extrait de texte et le Doktor Müller se comportent donc d'une manière complètement différente.

## Nordrhein-Westfalen: Französisch Leistungskurs 2007
## Aufgabe 1

**Tahar Ben Jelloun, « Partir »**

*Mohammed-Larbi, un jeune Marocain, a quitté sa patrie pour rejoindre son oncle Sadek qui vit à Bruxelles depuis une vingtaine d'années.*

Dès son arrivée en Europe, son oncle l'avait pris en main. Il lui avait fait rejoindre un groupuscule dont il était le chef et qui se retrouvait tous les soirs pour lire le coran et écouter un Égyptien qui se disait « alem », c'est-à-dire savant en religion. Ces réunions avaient quelque chose de lugubre. Mohamed-Larbi, déjà travaillé par son oncle, ne parlait pas, il écoutait et suivait les consignes de l'alem. Ces causeries abordaient chaque fois un nouveau thème : par exemple, la relation de l'homme et de la femme, comment maintenir la supériorité absolue de l'homme sur la femme, comment déjouer la propagande occidentale qui cherche à anéantir le pouvoir masculin, comment assurer son devoir conjugal sans tomber dans le vice, etc.

L'alem parlait de manière très directe :

– N'oubliez jamais, les ruses des femmes sont terribles, c'est Dieu qui nous l'a enseigné et qui nous a prévenus ; sachez que le Mal prend sa source dans le corps et dans le cœur de la femme, mais que le Bien sait aussi s'y incarner, pensez à nos mères… Surtout, prêtez attention à l'avenir de vos filles, ici, en terre chrétienne. La police de ce pays n'a-t-elle pas convoqué il y a seulement quelques jours un de mes amis, un homme vertueux, pour lui demander de s'expliquer sur les coups qu'il avait donnés à sa fille aînée qui lui désobéissait ? Elle voulait sortir le soir, maquillée et prête à n'importe quelle aventure ! Que Dieu nous en préserve !

Vous rendez-vous compte qu'ici on punit un père de famille parce qu'il veille sur la vertu de sa fille ? L'Occident est malade et nous ne voulons pas qu'il contamine nos enfants. Avez-vous entendu parler de ces lois qui permettent aux hommes de se marier entre eux et même d'adopter des enfants ? Cette société perd la tête ! C'est pour cela que vous devez redoubler de vigilance avec vos enfants, les filles surtout, pour qu'elles ne tombent pas dans la mode du vice. Regardez donc les murs de Bruxelles, on appelle ça de la réclame : des filles presque nues montrent leur derrière pour vanter les qualités de je ne sais quelle voiture ! Des hommes maquillés comme des femmes posent pour vendre un parfum ! Nous n'avons rien de commun avec tout ce vice, cet oubli des valeurs, de la famille, du respect des personnes âgées ; nous, nous sommes ici parce que tel est notre destin, Dieu l'a voulu et nous sommes entre les mains de Dieu qui nous regarde et nous met à l'épreuve. Allons-nous offrir à cette société impie nos enfants ? Allons-nous laisser faire sans réagir, sans rien dire ? Non, mes frères, nous sommes des musulmans, responsables et solidaires, nous appartenons à la même maison, la même nation, la *Umma Islamiya* ! Personne ne s'échappe de cette grande maison. Nous sommes nés musulmans et musulmans nous retournerons au Créateur.

L'alem, bien sûr, ne faisait que répéter ce que d'autres immigrés se racontaient dans les cafés. Ses causeries n'avaient absolument rien d'original.

Probablement Mohamed-Larbi avait-il déjà entendu ce discours à Tanger même, surtout l'été au moment où les familles immigrées revenaient pour les vacances. Ou plutôt ne se souvenait-il que de ces adolescents, arrogants et méprisants, des enfants non éduqués, violents, ni tout à fait européens ni vraiment marocains, et circulant dans des voitures luxueuses. Ce dernier détail l'agaçait tout particulièrement.

D'ou venait l'argent ? Certains prétendaient que ce n'étaient que des voitures de location, juste pour la frime, d'autres voyaient là-dessous des histoires de trafic de kif. Tout cela n'était pas très net et ne donnait pas de l'immigration une bonne image.

 *(639 mots)*

**Annotations :**

| | | |
|---|---|---|
| l. 2 | un groupuscule | un petit groupe |
| l. 3 | alem | un savant en religion |
| l. 4 | lugubre | sombre |
| l. 4 | travaillé par | *ici* : préparé, influencé par |
| l. 8 | déjouer | détruire l'influence de |
| l. 9 | le devoir conjugal | *all.* : eheliche Pflichten |
| l. 13 | s'y incarner | y trouver sa place |
| l. 20 | contaminer | transmettre une maladie |
| l. 30 | mettre qn à l'épreuve | tester la résistance de qn |
| l. 31 | impie | qui montre du mépris à l'égard de la religion (contraire : pieux) |
| l. 33 | Umma Islamiya | la mère/culture islamique |
| l. 38 | Tanger | ville sur la côte du Maroc |
| l. 40 | ne se souventait-il que… | *ici* : ne voyait-il devant lui que |
| l. 44 | la frime | le bluff ; désir de sembler plus qu'on n'est |

**Aufgabenstellung :**

1. Présentez les personnages et les sujets principaux du texte. *(compréhension)* *(9 Punkte)*
2. Analysez la conception de l'alem et celle de Mohamed-Larbi à propos de la situation des immigrés en Europe. *(analyse)* *(18 Punkte)*
3. Expliquez l'intention de l'auteur en dégageant les moyens qu'il emploie pour atteindre son but. *(analyse)* *(15 Punkte)*
4. Comparez la conception que l'alem a du rôle de la femme à celle de Nadia dans le roman « Les raisins de la galère ». *(commentaire)* *(18 Punkte)*

## Lösungsvorschläge

1. Dans l'extrait du roman « Partir » de Tahar Ben Jelloun, nous faisons la connaissance de deux hommes, Mohamed-Larbi et l'Egyptien « alem ».
   Mohamed-Larbi est un jeune Marocain qui vient de quitter sa patrie pour habiter chez son oncle Sadek à Bruxelles. Sans protester, il se fait introduire par son oncle dans un groupuscule islamique et il se soumet aux règles qui y règnent. Même si Mohamed-Larbi s'adapte en apparence à son nouvel entourage, le narrateur suppose qu'il est toujours influencé par ses expériences au Maroc. Là, on regarde les musulmans qui ont émigré en Europe et qui vivent désormais entre deux cultures d'un air méfiant.
   Par l'intermédiaire de son oncle, qui est le chef du groupe islamique mentionné, Mohamed-Larbi fait la connaissance de l'Egyptien « alem ». Il est le savant en religion du groupe et y jouit d'une grande autorité. Tous les soirs, il prêche et s'attaque aux vices du monde occidental en citant des exemples de Bruxelles. Certes, ses discours sont riches en mots, mais il n'y ajoute pas d'idées originales. Il n'est donc pas un vrai leader, mais compte parmi ceux qui ne font que répéter les opinions des autres.
   La scène se passe au sein d'un groupe islamique, c'est pourquoi il est évident que le sujet dominant est la religion. Il est d'abord surtout question des valeurs traditionnelles de l'islam et du rôle des femmes. Mais au fil du discours et de l'extrait, un autre sujet commence à prédominer : la situation des immigrés musulmans en Europe, avec les points de vues contrastés de l'alem et du jeune Marocain, qui prend la position de ses compatriotes qui vivent toujours au Maroc.

2. Même si l'on ne sait pas exactement depuis combien de temps l'alem vit déjà en Europe, il a sans doute, comme l'oncle Sadek, émigré il y a longtemps. C'est pourquoi il n'est pas étonnant que ses idées des immigrés se distinguent de celles du jeune Marocain qui vient de quitter son pays.
   Selon l'alem, il n'y a plus de valeurs dans l'occident chrétien. Comme c'est surtout l'image européenne de la femme qui ne correspond pas du tout à ses idées traditionnelles, il se plaint du fait que la famille et la vie vertueuse de la femme soient en danger. La vie en Europe est pour les musulmans une épreuve imposée par Dieu (l. 29/30). Celui-ci veut qu'ils montrent leur capacité à se défendre contre les vices de l'Occident. Ces pays que l'alem dit malades (l. 20) n'acceptent pas seulement les vices, mais ils les entretiennent au point qu'ils attaquent les musulmans et les empêchent de défendre la vertu (l. 19/20). Pour lui, les immigrés sont ceux qui vivent selon les vraies valeurs et qui protègent et défendent les femmes.
   Pour Mohamed-Larbi, par contre, les jeunes immigrés qui passent les vacances au Maroc une fois par an ne se montrent pas vertueux. Ils sont mal éduqués, ont un comportement arrogant et sont souvent violents (l. 40/41). On dit même qu'ils se livrent au trafic de drogues (l. 44/45). Au moins pour les Marocains qui vivent encore dans leur pays, ils ne sont plus des membres à part entière de leur culture mais déjà à moitié des Européens (l. 41).

3. ***Hinweis:*** *Es bietet sich an, die Absicht des Autors gleich zu Beginn zu nennen und dann anhand konkreter Beispiele zu belegen. Mit den „moyens“ sind zwar in erster Linie die sprachlichen Mittel gemeint, doch sollten Sie unbedingt auch darauf eingehen, wie der Autor die Personen charkterisiert und welche Position der Erzähler einnimmt. Denn damit lässt sich die Absicht des Autors untermauern.*

Dans cet extrait, l'auteur présente la façon avec laquelle les immigrés islamiques voient l'Europe. Il voudrait montrer que leurs idées sont abominables et absurdes.
L'alem, le chef religieux d'un groupe organisé de façon autoritaire, ne consacre ses discours qu'à un seul sujet : le rôle de la femme. Il est d'avis que la femme doit se soumettre complètement à l'homme, qui a même le droit de la punir physiquement (l. 16). La femme, qui porte le Mal dans son corps (« le Mal prend sa source dans le corps et dans le cœur de la femme », l. 12/13) et qui est fausse (« les ruses des femmes sont terribles », l. 11), n'a pas la même valeur que les hommes. Pour l'alem il n'y a qu'une chose qui compte : la vertu des femmes qui est toujours en danger parce qu'elles sont facilement influençables. C'est pourquoi l'alem exige de refuser que les femmes et surtout les filles entrent en contact avec le monde extérieur, et de faire en sorte qu'elles restent à la maison. En laissant l'alem discriminer la femme à ce point, l'auteur le rend antipathique aux yeux du lecteur.
Le lecteur refuse de prendre l'alem au sérieux, d'autant plus que sa manière de voir le monde est trop simple : l'Occident incarne tout le Mal (« L'Occident est malade », l. 20, « Cette société perd la tête », l. 22, « cette société impie », l. 29/30) et le Bien ne se retrouve que dans le comportement des immigrés musulmans (« nous n'avons rien de commun avec tout ce vice », l. 27/28).
Le discours entier est caractérisé par des exagérations, des questions rhétoriques et des phrases exclamatives, les moyens typiques d'un démagogue. Pour séduire les gens, celui-ci emploie aussi des phrases courtes et polémiques.
La position de l'auteur vis-à-vis des islamistes est encore plus évidente dans la dernière partie de l'extrait. Le narrateur dit explicitement que l'alem se sert dans son discours des stéréotypes répandus (« L'alem […] ne faisait que répéter ce que d'autres immigrés se racontaient dans les cafés. », l. 36/37). L'alem n'est donc qu'un suiveur.
Lorsque le narrateur mentionne le point de vue des Marocains à l'égard des immigrés, il montre à quel point la position de l'alem est exclusive. Car les Marocains, même s'ils sont également des musulmans, ne partagent pas du tout l'opinion de l'alem. Ils se méfient surtout des jeunes immigrés qui se comportent d'une façon répugnante et dont l'arrogance et la violence font penser qu'ils se sont livrés à des actes criminels.
En raison de ce contraste entre le discours de l'alem, qui a tout d'un discours démagogique, et les énoncés du narrateur, il est évident que l'auteur veut prendre ses distances avec les islamistes en Europe.

4. Nadia, la protagoniste du roman « Les raisins de la galère » de Tahar Ben Jelloun, est la fille d'immigrés algériens en France. Elle y est née et fait partie de la « génération beur ». Son comportement contraste avec celui que l'alem exige.
Pour l'alem, les femmes et les hommes sont des êtres humains absolument différents. Les hommes valent plus que les femmes, qui portent le Mal dans leur corps. Comme les femmes sont plus influençables, elles doivent rester à la maison. Nadia ne voit pas pourquoi elle n'aurait pas les mêmes droits que les hommes. Enfant, elle rêve même de devenir mécanicienne, d'apprendre donc un métier typiquement masculin. Nadia est fière et intelligente et ne reste certainement pas à la maison. Elle participe d'une manière très intense à la société française et c'est peut-être pour cela qu'elle sait très bien quels en sont les dangers (par exemple la criminalité ou la prostitution). Elle met a profit ses qualités pour défendre les droits de personnes défavorisées. Enfin, elle envisage même de s'engager dans la politique.
L'alem attend de la femme qu'elle accepte d'être discriminée et même battue par les hommes. Pour Nadia, ce serait impensable. Elle se défend contre la discrimination et affronte même les menaces d'islamistes qui veulent la contraindre à défendre leur position dans la politique. Elle prend des décisions et se sent libre de choisir elle-même ses amis et aussi son partenaire. C'est également sa décision d'avoir des relations physiques avec son ami avant d'être mariée (même avant d'être fiancée), et elle n'en a pas honte.
Nadia est donc une femme qui se sent au même niveau que les hommes et qui prend sa vie en main. Aux yeux de l'alem, elle est sans doute un exemple qui prouve que l'Europe détruit complètement la vertu des femmes.

## Molière, « L'Avare », Acte V, Scène 3 (extrait)

*Le riche Harpagon veut que sa fille Elise épouse un vieux seigneur qui est prêt à renoncer à la dot habituelle. Harpagon ne sait pas qu'Elise aime en secret Valère qui s'est fait engager comme intendant. Après le vol de son argent, l'avare accuse Valère de ce crime.*

VALERE – Non, Monsieur, ce ne sont point vos richesses qui m'ont tenté ; ce n'est pas cela qui m'a ébloui, et je proteste de ne prétendre rien à tous vos biens, pourvu que vous me laissiez celui que j'ai.

HARPAGON – Non ferai, de par tous les diables ! Je ne te le laisserai pas. Mais voyez quelle insolence de vouloir retenir le vol qu'il m'a fait !

VALERE – Appelez-vous cela un vol ?

HARPAGON – Si je l'appelle un vol ? Un trésor comme celui-là !

VALERE – C'est un trésor, il est vrai, et le plus précieux que vous ayez sans doute ; mais ce ne sera pas le perdre que de me le laisser. Je vous le demande à genoux, ce trésor plein de charmes ; et pour bien faire, il faut que vous me l'accordiez.

HARPAGON – Je n'en ferai rien. Qu'est-ce à dire cela ?

VALERE – Nous nous sommes promis une foi mutuelle, et avons fait serment de ne nous point abandonner.

HARPAGON – Le serment est admirable, et la promesse plaisante !

VALERE – Oui, nous nous sommes engagés d'être l'un à l'autre à jamais.

HARPAGON – Je vous empêcherai bien, je vous assure.

VALERE – Rien que la mort ne nous peut séparer.

HARPAGON – C'est être bien endiablé après mon argent.

VALERE – Je vous ai déjà dit, Monsieur, que ce n'était point l'intérêt qui m'avait poussé à faire ce que j'ai fait. Mon cœur n'a point agi par les ressorts que vous pensez, et un motif plus noble m'a inspiré cette résolution.

HARPAGON – Vous verrez que c'est par charité chrétienne qu'il veut avoir mon bien ; mais j'y donnerai bon ordre ; et la justice, pendard effronté, me va faire raison de tout.

VALERE – Vous en userez comme vous voudrez, et me voilà prêt à souffrir toutes les violences qu'il vous plaira ; mais je vous prie de croire, au moins, que, s'il y a du mal, ce n'est que moi qu'il en faut accuser, et que votre fille en tout ceci n'est aucunement coupable.

HARPAGON – Je le crois bien, vraiment, il serait fort étrange que ma fille eût trempé dans ce crime. Mais je veux ravoir mon affaire, et que tu me confesses en quel endroit tu me l'as enlevée.

VALERE – Moi ? Je ne l'ai point enlevée, et elle est encore chez vous.

HARPAGON *à part* – O ma chère cassette ! *(Haut)* Elle n'est point sortie de ma maison ?

VALERE – Non, Monsieur.

HARPAGON – Hé ! Dis-moi donc un peu : tu n'y as point touché ?

VALERE – Moi, y toucher ? Ah ! Vous lui faites tort, aussi bien qu'à moi ; et c'est d'une ardeur toute pure et respectueuse que j'ai brûlé pour elle.

HARPAGON *à part* – Brûlé pour ma cassette !

VALERE – J'aimerais mieux mourir que de lui avoir fait paraître aucune pensée offensante : elle est trop sage et trop honnête pour cela.

HARPAGON *à part* – Ma cassette trop honnête !

VALERE – Tous mes désirs se sont bornés à jouir de sa vue ; et rien de criminel n'a profané la passion que ses beaux yeux m'ont inspirée.

HARPAGON *à part* – Les beaux yeux de ma cassette ! Il parle d'elle comme un amant d'une maîtresse.

VALERE – Dame Claude, Monsieur, sait la vérité de cette aventure, et elle vous peut rendre témoignage…

HARPAGON – Quoi ? Ma servante est complice de l'affaire ?

VALERE – Oui, Monsieur, elle a été témoin de notre engagement ; et c'est après avoir connu l'honnêteté de ma flamme qu'elle m'a aidé à persuader votre fille de me donner sa foi, et recevoir la mienne.

HARPAGON – Eh ? *(à part)* Est-ce que la peur de la justice la fait extravaguer ? *(A Valère)* Que nous brouilles-tu ici de ma fille ?

VALERE – Je dis, Monsieur, que j'ai eu toutes les peines du monde à faire consentir sa pudeur à ce que voulait mon amour.

HARPAGON – La pudeur de qui ?

VALERE – De votre fille ; et c'est seulement depuis hier qu'elle a pu se résoudre à nous signer mutuellement une promesse de mariage.

HARPAGON – Ma fille t'a signé une promesse de mariage !

VALERE – Oui, Monsieur, comme de ma part je lui en ai signé une.

HARPAGON – O Ciel ! Autre disgrâce ! *(681 mots)*

*Molière, « L'Avare », Acte V, Scène 3 (extrait)*

**Annotations :**

| | | |
|---|---|---|
| Loc. | la dot | *all.* : Mitgift |
| Loc. | l'intendant *m* | *all.* : Geschäftsführer, Verwalter |
| l. 2 | protester | *ici* : declarer de façon solennelle |
| l. 4 | non ferai | je ne le ferai pas |
| l. 9 | mais ce ne sera pas le perdre que de me le laisser | si vous me le laissez, vous ne le perdez pas |
| l. 12 | se promettre une foi mutuelle | se promottre de rester fidèle l'un à lautre |
| l. 18 | endiablé | *ici* : possédé d'une passion violente |
| l. 20 | le ressort | *ici* : l'énergie, l'intérêt à agir |
| l. 23 | pendard effronté | *all.* : unverschämter Kerl, den man aufhängen sollte |
| l. 24/25 | toutes les violences qu'il vous plaira | toutes les violences que vous avez prévues pour moi |
| l. 42 | se borner à | se contenter de, se limiter à |
| l. 46 | Dame Claude | servante d'Harpagon |
| l. 51 | la foi | *ici* : la parole |
| l. 52 | extravaguer | parler de façon bizarre |

**Aufgabenstellung:**

1. Résumez le dialogue entre Harpagon et Valère. *(compréhension)* *(12 Punkte)*
2. Analysez les éléments comiques de cette scène. *(analyse)* *(18 Punkte)*
3. Caractérisez Harpagon et Valère. *(analyse)* *(12 Punkte)*
4. Jugez, après avoir lu cet extrait, si Molière, par ses comédies, a atteint son objectif de *« plaire et instruire »* en vous basant aussi sur vos connaissances de son œuvre. *(commentaire)* *(18 Punkte)*

## Lösungsvorschläge

1. ***Hinweis:*** *Nennen Sie zu Beginn kurz Autor, Titel, Textsorte und Thema und gehen Sie dann zur Bearbeitung der Aufgabenstellung über.*

   Dans ce dialogue, extrait de l'acte V, scène 3 de la comédie « L'Avare » de Molière, le riche Harpagon accuse son intendant Valère de lui avoir volé son bien. Il s'ensuit alors un malentendu, Valère pensant que son amour pour Elise, la fille d'Harpagon, a été découvert. Harpagon, quant à lui, réclame toujours son argent et menace de le traduire en justice. Malgré cela, l'intendant ne cède en rien. Cependant, il informe l'avare qu'Elise n'est nullement impliquée dans ce vol. Etonné, Harpagon demande ce que sa fille fait dans cette affaire.
   Au cours du dialogue qui suit, Valère parle d'Elise comme de son « trésor » et confesse qu'il l'aime. Harpagon, de son côté, pose toujours les mêmes questions quant à son « trésor » à lui. Quand le malentendu entre les deux protagonistes se dissipe, Harpagon apprend que Valère et sa fille Elise se sont promis en mariage. Il pressent le pire.

2. Les effets comiques du dialogue entre Harpagon et Valère reposent surtout sur le principe du « quiproquo », procédé développé par Molière sur la méprise qui s'installe entre les personnages : chacun interprète la situation de son point de vue.
   Dans cet extrait, l'élément qui déclenche le malentendu est l'accusation portée par Harpagon du vol de son « trésor » contre son intendant Valère. Celui-ci, bien qu'affirmant ne pas « prétendre à tous [ses] biens » (l. 2), provoque le quiproquo en lui demandant de lui laisser le trésor qu'il a déjà (l. 3). Harpagon, lorsqu'il utilise le mot « trésor » (l. 7), parle de son argent, alors que le jeune homme pense à celle qu'il aime et qu'il décrit comme « … un trésor…, le plus précieux » (l. 8). Le comique du quiproquo progresse dans le choix des mots interprétés de deux façons différentes, de sorte que les interlocuteurs, enfermés dans leur propre interprétation, ne parviennent pas à se comprendre.
   En termes choisis, le noble Valère décrit le processus de l'« engagement » (l. 49) entre lui et son « trésor » Elise. Harpagon par contre ne pense qu'à la perte, bien concrète, de son cher trésor et répond d'un ton sec et ironique : « C'est être bien endiablé après mon argent. » (l. 18).
   En examinant de plus près les propos échangés entre les protagonistes, nous constatons que Valère, en tant que simple intendant, utilise un langage plus châtié que celui de son maître : aux phrases subordonnées contenant des particules de négation variées (p. ex. point, rien, à jamais), des métaphores (l. 50), des adjectifs (p. ex. « pure et respectueuse », l. 37), des superlatifs (l. 54 « toutes les peines du monde »), Harpagon ne peut que riposter par des exclamations brèves (p. ex. l. 7, 14, 61), des répétitions insensées (p. ex. l. 38, 59), des questions naïves (p. ex. l. 48, 56). Le spectateur saisit le comique de mots, intensifié par l'inversion de la situation sociale des personnages.

Dans cet extrait, la progression dramatique semble un instant diminuer, à savoir lorsque Valère veut rassurer Harpagon de l'innocence d'Elise, sa « fille », dans cette affaire (l. 26–28) : il n'en est rien. Valère commet une maladresse en affirmant ne pas « l'avoir point enlevée » (l. 32). Il pense bien sûr à sa chère Elise. Harpagon est comme fou : il comprend que Valère a voulu enlever sa « cassette » (l. 33) – nouveau terme apparaissant dans le quiproquo, nouvelle source de malentendu.
Molière réussit parfaitement à intensifier le comique de mots ; il introduit le sous-entendu sous forme d'allusions sensuelles. Tandis que Valère affirme avec force ne pas avoir touché « la cassette » Elise (l. 35/36), avouant en même temps qu'il a « brûlé pour elle » (l. 37), et que « tous [ses] désirs se sont bornés à jouir de sa vue » (l. 42), Harpagon, pour sa part, se contente de répéter, sans en comprendre leur véritable signification, les mots de Valère sous forme d'exclamations : « Brûlé pour ma cassette ! » (l. 38) ; « Ma cassette trop honnête ! » (l. 41).
Les spectateurs, connaissant les sentiments et les désirs ardents que Valère éprouve pour Elise, peuvent parfaitement saisir le comique de mots de cette situation.
La tension dramatique augmente encore quand Harpagon semble être tout près de comprendre les propos de Valère : « Les beaux yeux de ma cassette ! Il parle d'elle comme un amant parle d'une maîtresse. » (l. 44/45).
Valère, lui-même obnubilé par le sort d'Elise, commet une nouvelle maladresse en évoquant le témoignage de « Dame Claude » (l. 46), la servante d'Elise, ce qui donne une nouvelle occasion à Harpagon de se lamenter sur le vol de sa cassette.
Rien n'est donc épargné au malheureux Valère : à la fin du dialogue, il s'est mis dans une situation délicate : Harpagon ne saisit même pas l'allusion directe à sa « fille » (l. 50). Ce n'est qu'à l'évocation de la « promesse de mariage » (l. 58) qu'il est enfin en situation de comprendre de quoi il est réellement question.

3. ***Hinweis:*** *Bei der Analyse der „éléments comiques" haben Sie schon Ansätze zur Erklärung der Charakterstrukturen der Protagonisten gegeben. Achten Sie jetzt genau darauf, welche Charaktereigenschaften Sie herausarbeiten und vermeiden Sie Wiederholungen.*

Les explications contenues dans la deuxième partie ont déjà montré que le comportement d'Harpagon est caractéristique de celui d'un avare : il est rongé par l'avarice et prêt à tout pour économiser de l'argent. Il va même jusqu'à arranger un mariage pour sa fille avec un homme plus âgé qu'elle afin de ne pas avoir à payer de dot. Le vol de la cassette contenant sa fortune le rend hystérique. Il est avaricieux jusqu'à l'obsession et incapable de sortir de son égoïsme, négligeant les sentiments humains tels que l'amour paternel, l'amour d'un jeune homme, le désir de sa fille d'épouser l'homme qui l'aime et qu'elle aime. Dans son obsession, il fait peu cas des règles de politesse. Il s'emporte facilement et accuse Valère sans preuves concrètes.

Valère fait preuve d'une parfaite éducation et du respect des convenances sociales. Ses projets de construire un avenir avec Elise ainsi que ses propos envers Harpagon sont sincères. On peut se demander pourquoi il se laisse enfermer dans ce quiproquo dont l'issue introduit une autre cause de conflit entre les personnages, le père semblant catastrophé par le projet de mariage des deux jeunes amoureux. Une première réponse est certes l'intention de Molière de faire progresser le drame et de faire naître la tension. Une autre tient sans doute au caractère de Valère. Sa sincérité, son amour pur pour Elise s'opposent au comportement odieux et ridicule d'Harpagon et provoquent un effet comique.

4. ***Hinweis:*** *Hier sollen Sie aufgrund Ihrer Kenntnis der Lektüre „Le Tartuffe" und der vorgelegten Szene Bereiche, die die Aspekte des „plaire" und „instruire" belegen, aufzeigen. Auch wenn sich die beiden Aspekte gegenseitig bedingen, sollten Sie darauf achten, dass Sie in Ihrer Lösung diese Intentionen deutlich Ihren Darstellungen zuordnen.*
*In diesem Aufgabenkontext wäre es denkbar, zu reflektieren, ob die Intentionen Molières in unserer heutigen Zeit noch aktuell sind. Derartige begründete Ausführungen könnten Ihnen zusätzliche Punkte einbringen.*

Après avoir lu cet extrait de la comédie « L'Avare », on peut faire un parallèle avec la comédie « Le Tartuffe » et se poser la question de savoir si le but de Molière, « plaire et instruire », est bien atteint.
Les explications ci-dessus ont montré que la scène tirée de « L'Avare » est comique, ce qui repose sur un dialogue basé sur un procédé stylistique, le quiproquo. Celui-ci est lié étroitement au caractère des interlocuteurs, qui, comme déjà dit, sont piégés dans leurs opinions respectives, dans leurs idées, dans leur analyse de la situation. Molière peint les types qui incarnent les mœurs et les vices de la société de son temps. Pour Harpagon, l'avare, le maniaque, sa « cassette » a la signification d'une amante. Cette manie, exacerbée jusqu'à la folie, prend des traits érotiques, et le public, qui a saisi le malentendu, s'amuse du double sens des mots. Le Tartuffe, le protagoniste de la comédie du même titre, incarne un autre type de la société. L'imposteur religieux, un « gueux » qui, par sa piété affichée et l'habileté de sa rhétorique dévote, réussit à séduire Orgon, un riche bourgeois parisien.
Celui-ci incarne un autre type de caractère : le père de famille tyrannique, borné comme Harpagon, qui voudrait empêcher sa famille de mener la vie mondaine à laquelle elle aspire, celui qui rompt les fiançailles de sa fille pour la marier à un Tartuffe laid qu'elle déteste, celui qui chasse son fils de la maison et le déshérite. Tous ses actes sont influencés par le langage de dévotion de son « dieu » Tartuffe qui domine totalement le chef de famille.
On ne connaît pas la fin de « L'Avare », mais on sait par contre que le Tartuffe est démasqué grâce à une action courageuse d'Elmire, la femme d'Orgon. Celle-ci met à jour le côté hypocrite de Tartuffe, qui prêche la fidélité d'une part, mais d'autre part n'hésite pas à séduire la femme de celui qui est prêt à lui donner tout ce qu'il possède.

Molière ne veut pas seulement présenter un type qui est comique dans son caractère, il fait en même temps la critique de la société ; il critique un « vice social » et vise à instruire son public. Par les personnages qui suscitent le rire, il dénonce en même temps les ravages causés par ce vice et cette passion. La critique du Tartuffe, c'est celle de sa fausse dévotion et son hypocrisie qui mènent un autre homme, Orgon, lui-même influençable, aveuglé et borné, au bord de la ruine financière et personnelle. Harpagon, aveuglé lui aussi, n'est pas davantage le type que l'on peut donner en exemple pour mener sa vie : d'une avarice démesurée, insensible aux émotions et aux relations humaines, il ne saisit pas la sincérité de Valère. Père autoritaire comme Orgon, il veut sacrifier sa fille à sa manie en ordonnant un mariage forcé. Il va s'isoler dans sa fortune.

## « Pas de Boche chez nous, ma fille », Les années 50, Ouest-France

*Quand les premiers échanges franco-allemands commencent, les participants constatent que la réconciliation ne se fait pas tout de suite.*

[…]
Il est grand, […], doux et gentil, il s'appelle Hans et vit à Cologne. Elle est châtain clair, elle a des fourmis dans les jambes, un sac au dos, elle vient de Rennes, elle a dix-huit ans.

Tous les deux se sont rencontrés sur une route « Pax Christi » pendant l'été 59, ces sortes de « colo » avec veillées, discussions sans fin, feux de camps, guitares sèches, ces rassemblements d'été qui entraînent des jeunes Européens sur les routes des années 50. Pour faire se rencontrer jeunes Français, Italiens, Allemands ou Britanniques. Se connaître, c'est se comprendre. C'est oublier les années d'avant, les horreurs et la haine.

Hans et Jacqueline s'aiment bien sur les chemins de Suisse. Sans malice, ils s'embrassent sur la joue quand ils se quittent, commencent à s'écrire et il annonce sa venue en France. « A Noël, tu me feras découvrir la Bretagne ». C'est simple. C'est compliqué. Très compliqué. Jacqueline en parle à sa mère : « Accueillir un Allemand chez nous ? Tu n'y penses pas, ma petite ! » Non, elle n'y pense pas, c'était si simple en Suisse, entre jeunes partageant les mêmes idéaux, la même générosité, la même bonne franquette. […] Il débarque deux jours avant Noël.

Hans est là. Il restera à la porte : « J'en ai parlé à ton grand-père qui a fait la Grande guerre. Il ne mangera jamais à la même table qu'un Boche ».

Alors, Jacqueline a payé une chambre d'hôtel à son Hans. Le jour de Noël, elle a mangé avec lui dans un restaurant de l'avenue Janvier. Elle a un peu honte. Il est gentil, il lui offre chaque jour une rose rouge. Il reviendra à Pâques : « Tu sais, Jacqueline, mon père est mort pendant la guerre ».

C'est l'histoire de deux mômes qui portent le poids de la guerre dans leur sac à dos. C'est une histoire rageante, étriquée et injuste. *(352 mots)*

*« Pas de Boche chez nous, ma fille », Les années 50, Ouest-France, Hors-série, juillet 1996, p. 8*

## Annotations :

| | | |
|---|---|---|
| Titre | le boche | mot négatif pour parler d'un Allemand |
| Titre | Ouest-France | *ici* : un journal régional |
| l. 2/3 | châtain clair | d'une couleur brun clair |
| l. 3 | avoir des fourmis dans les jambes | *all.* : kein Sitzfleisch haben |
| l. 6 | la colo | une colonie (de vacances) |
| l. 6 | la veillée | *ici* : la soirée passée en bonne compagnie |
| l. 6 | la guitare sèche | la guitare acoustique |
| l. 11 | sans malice | sans penser à mal |
| l. 16 | les idéaux | *singulier* : un idéal |
| l. 17 | la bonne franquette | la simplicité |
| l. 19 | la Grande guerre | la guerre de 1914–1918 |
| l. 24 | le/la môme | *fam.* : un enfant |
| l. 25 | rageant, e | *all.* : ärgerlich |
| l. 25 | étriqué, e | borné, e |

## Aufgabenstellung:

1. Présentez les conditions dans lesquelles Hans et Jacqueline ont fait connaissance. *(compréhension)* *(9 Punkte)*
2. Etudiez le personnage de Hans et son arrivée en Bretagne. *(analyse)* *(15 Punkte)*
3. Analysez le comportement de Jacqueline vis-à-vis de la réaction de sa famille. *(analyse)* *(18 Punkte)*
4. Écrivez une lettre que Hans adresse au grand-père de Jacqueline et dans laquelle il essaie de le convaincre de ne plus s'opposer à l'amour des deux jeunes gens. *(commentaire/produktiv-gestaltende Aufgabe)* *(18 Punkte)*

## Lösungsvorschläge

1. ***Hinweis:*** *Pax Christi ist eine Internationale Katholische Friedensbewegung, die in Frankreich vor dem Hintergrund des 2. Weltkriegs entstanden ist und die sich für die Versöhnung zwischen Franzosen und Deutschen einsetzte. Mit den* routes *sind Friedensmärsche gemeint.*

Jacqueline, la Française, et Hans, l'Allemand, sont nés pendant la deuxième Guerre Mondiale. Les grandes guerres du XX$^{ème}$ siècle ont affecté les familles des deux jeunes : le grand-père de Jacqueline a dû participer aux combats de la première Guerre Mondiale et le père de Hans est tombé aux combats de la deuxième. Jacqueline et Hans font connaissance en Suisse (l. 11 et l. 16) pendant l'été 59 sur une route « Pax Christi » (l. 5). A cette époque-là, quatorze ans après la fin de la deuxième Guerre Mondiale, des jeunes de toute l'Europe veulent se connaître, se réconcilier et oublier la haine des années de la guerre. Au fond, ils ont les mêmes idéaux (l. 16/17) bien que leurs pays se soient combattus mutuellement il n'y a pas longtemps. La Suisse, un pays neutre pendant la guerre, facilite sûrement ces rencontres.
C'est dans cette ambiance ouverte et tolérante, parmi des jeunes qui discutent et chantent ensemble (l. 5–8), que Jacqueline et Hans se rencontrent.

2. ***Hinweis:*** *Hier sollen Sie auf die Figur des Hans und seine Ankunft in der Bretagne eingehen. Lesen Sie dabei auch ein wenig „zwischen den Zeilen", um Hans besser charakterisieren zu können. Aus seinen Handlungen geht hervor, dass er, im Gegensatz zu vielen anderen, die frühere Feindschaft zwischen Deutschen und Franzosen vergessen kann, auch wenn er und seine Familie selbst einen schweren Verlust erlitten haben.*

Dans le texte, Hans est décrit comme un garçon « grand, doux, gentil » (l. 2) et décent, qui aime bien Jacqueline (l. 11/12). Il veut lui rendre visite, il s'intéresse à la Bretagne ; pour lui, tout est simple (l. 12/13). Il semble que Hans ne nourrit pas de ressentiments contre les Français bien qu'il souffre beaucoup plus des conséquences de la guerre que la famille de Jacqueline : le lecteur apprend que son père est tombé à la guerre (l. 22/23) et que Hans vit à Cologne (l. 2), une ville dont on sait qu'elle a été presque détruite par les attaques aériennes, ce qu'on voit encore pendant les années 50.
En plus, quand Jacqueline ne le présente pas à sa famille, il ne lui en veut pas. Au contraire : il est poli et attentif, il lui offre des roses et il annonce qu'il va revenir en France (l. 21–23).
En conclusion, Hans est prévenant et généreux, il montre de la compréhension pour la situation de Jacqueline. Bien qu'il soit affecté beaucoup plus par les conséquences de la guerre que la famille de Jacqueline, lui, il est capable de pardonner et d'oublier alors que les autres ne le peuvent pas.

3. ***Hinweis**: Diese Aufgabe ist komplementär zu Aufgabe 2. Hier sollen Sie nun Jacquelines Verhalten gegenüber der Weigerung ihrer Familie, einen Deutschen in ihrem Haus zu beherbergen, analysieren. Gehen Sie auf den Zwiespalt ein, in dem die junge Französin sich befinden muss: Einerseits will sie ihre Familie nicht vor den Kopf stoßen, andererseits mag sie Hans sehr gerne.*

En analysant le comportement de Jacqueline vis-à-vis de la réaction de sa famille, on peut constater que sa manière d'aborder la situation est un peu naïve. Elle ne se rend pas compte que la visite d'un Allemand peut constituer un problème (l. 13/14).
Alors, au moment où la famille refuse d'accueillir Hans, Jacqueline ne réussit pas à s'imposer face à sa mère et son grand-père et il semble qu'elle ne l'essaye pas non plus avec beaucoup de détermination. Elle ne proteste pas quand sa mère lui dit que Hans n'est pas bienvenu dans leur maison (l. 14/15) et elle accepte aussi le refus de son grand-père de « manger à la même table qu'un Boche » (l. 18/19). Apparemment, elle ne défend même pas Hans d'être appelé un « Boche ».
Par conséquent, elle doit payer une chambre d'hôtel à Hans et elle mange avec lui dans un restaurant le jour de Noël. Elle a « un peu honte » (l. 20/21). On ne sait pas si elle a honte du comportement de sa famille ou du fait qu'elle n'a pas eu le courage de s'imposer.
En somme, on peut dire que, pendant l'été, tout était facile, mais maintenant, la situation est compliquée pour Jacqueline (l. 13/14). D'un côté, elle ne veut pas blesser sa famille et elle respecte l'avis de son grand-père qui, autrefois, a dû combattre les Allemands pendant la première Guerre Mondiale. D'un autre côté, elle appartient à une génération plus ouverte et pour cette raison, ce n'est pas un problème pour elle que son Hans soit un Allemand, contrairement à sa famille.

4. ***Hinweis**: Hier handelt es sich um eine kreative Aufgabenstellung, bei der Sie einen Brief an Jacquelines Großvater schreiben sollen. Diese Aufgabe lässt Ihnen viel Freiraum. Es ist in jedem Fall empfehlenswert, sich an den Informationen zur Person und zum Charakter von Hans zu orientieren, die Sie dem Text entnehmen können.*

Monsieur,

Je vous écris cette lettre parce que je sais que vous aimez bien votre petite-fille. La situation dans laquelle elle se trouve est très compliquée. D'un côté, elle vous respecte et ne veut pas vous fâcher ; d'un autre côté, nous nous aimons et nous voulons nous revoir.
Peut-être que vous savez comment Jacqueline et moi avons fait connaissance : nous nous sommes rencontrés sur une route « Pax Christi », où beaucoup de jeunes de toute l'Europe se sont rassemblés pour mieux se connaître. Je crois que c'est très important de se réconcilier avec les voisins.

Je sais que ce n'est pas facile d'oublier ce qui s'est passé. Moi aussi, j'ai souffert des conséquences de la guerre ; mon père est tombé au combat et ma mère a dû élever ses enfants toute seule dans une ville en ruine.
Malgré tout, il est temps de mettre fin à l'hostilité. Les jeunes ont déjà commencé à le faire. Probablement c'est plus difficile pour votre génération, qui a vécu deux guerres mondiales, mais vous pourriez aussi essayer.
S'il vous plaît, pensez à Jacqueline qui est désespérée parce que sa famille s'oppose à notre amour et pensez aussi à l'avenir, parce que la haine ne sert à rien. Je suis sûr que vous ne voulez pas que votre petite-fille soit malheureuse.

Je vous remercie de lire ma lettre et vous prie d'agréer, Monsieur, l'expression de ma considération distinguée.

*Hans Ehrmann*

**« Au début, l'enthousiasme occulte les difficultés »**

Fernanda, 26 ans, étudiante en mastère de droit international public, raconte :

Le logement : « Je suis brésilienne, je vis en France depuis trois ans. J'ai une chambre à 400 € (avec 90 € d'aide au logement) à la Cité universitaire. En arrivant, j'ai vécu en colocation pendant un an. On était quatre dans 35 m² pour 1 200 € de loyer. »

Le budget : « Mes parents ne peuvent pas m'aider financièrement. Les premiers temps, je travaillais pour trois familles comme baby-sitter, et aussi deux soirs par semaine dans un resto. Au total, j'avais à peu près 700 €, ce qui est le minimum. Aujourd'hui, j'ai trouvé un job de rêve, je travaille dans un hôtel comme serveuse. [...] J'y gagne 600 €, plus environ 300 € de pourboires. »

Les études : « Pour pouvoir travailler à côté, j'ai demandé à faire mon DEA en deux ans. Mes études me demandent beaucoup de travail. En plus, dans une langue étrangère, on perd du temps. »

Les repas : « Pour les courses, je vais uniquement chez Leader Price. Au Brésil, je mangeais beaucoup de fruits et légumes, mais, là, je n'ai plus le temps de cuisiner. Du coup, je mange surtout des pâtes. »

Le moral : « Les premiers temps, l'enthousiasme occulte un peu les difficultés. Mais, au bout d'un an en colocation dans un tout petit appartement, je voulais rentrer au Brésil. Aujourd'hui, ça va mieux : j'ai un petit ami et je fréquente pas mal de Brésiliens. C'est agréable de retrouver des gens de sa culture quand on a le mal du pays. Même si je suis un peu fatiguée, c'est le prix à payer pour avoir un bon diplôme en France. »

La santé : « J'ai la chance d'avoir une mutuelle par mon travail. Mais, de toute façon, je ne suis jamais malade ! »

Les petits plus : « Je travaille tous les jours de 15 h à minuit. Le reste du temps, j'étudie. Ça fait trois ans que je n'ai pas eu de week-end. Pour les sorties, je profite des happy hours, je prends les menus à 15 € au restaurant. Et je me fais couper les cheveux pour 4 € par des apprentis. » *(378 mots)*

*« Au début, l'enthousiasme occulte les difficultés »,*
*Artikel der Zeitschrift « Elle » vom 2. Oktober 2006, S. 111*

## Annotations :

| | | |
|---|---|---|
| Titre | occulter | cacher, rendre invisible |
| l. 1 | en mastère | *all.* : im Masterstudiengang |
| l. 3 | l'aide au logement *f* | *all.* : Wohngeld |
| l. 4 | en colocation | quand on partage un appartement et le loyer |
| l. 6 | le budget | l'argent qu'on a pour vivre pendant un mois |
| l. 11 | le DEA | *all.* : Masterstudien-Diplom |
| l. 14 | Leader Price | nom d'un supermarché très bon marché |
| l. 16 | du coup | *fam.* : c'est pourquoi |
| l. 16 | les pâtes *f* | p.ex. les spaghettis sont des pâtes |
| l. 18 | au bout de | à la fin de |
| l. 19/20 | fréquenter pas mal de Brésiliens | rencontrer beaucoup de Brésiliens |
| l. 20 | avoir le mal du pays | regretter d'être loin de son pays |
| l. 23 | la mutuelle | une assurance-maladie |
| l. 26 | la sortie | quand on sort au restaurant, au théâtre etc. |

## Aufgabenstellung:

1. Présentez la situation et les problèmes de Fernanda au début de ses études en France. *(compréhension)* *(9 Punkte)*
2. Décrivez les solutions qu'elle a trouvées pour résoudre ses problèmes. *(compréhension)* *(9 Punkte)*
3. Faites le portrait de Fernanda. *(analyse)* *(24 Punkte)*
4. Comparez la situation de Fernanda à celle d'autres jeunes immigrés en France. *(commentaire)* *(18 Punkte)*

## Lösungsvorschläge

1. ***Hinweis:*** *Bei dieser Aufgabe müssen Sie die Aufgabenstellung genau beachten, um nicht Inhalte der nächsten Aufgabe vorwegzunehmen. Sie sollen hier nur auf die Probleme eingehen, die Fernanda zu Beginn ihres Studiums in Frankreich hatte.*

   Au début de ses études en France il y a trois ans, la Brésilienne Fernanda a dû partager un petit appartement très cher avec quatre personnes (l. 3/4). Comme ses parents ne pouvaient lui donner de l'argent, elle a accepté plusieurs jobs : d'un côté, elle a fait du baby-sitting dans trois familles, d'un autre côté, elle a travaillé dans un resto. Pourtant, elle gagnait seulement 700 € (l. 6–8).
   A cause de ses jobs, Fernanda n'avait pas le temps de se consacrer beaucoup à ses études. Autre difficulté qu'on ne doit pas oublier, c'est d'étudier dans une langue étrangère. Alors, elle a demandé de faire son DEA en droit international public en deux ans (l. 11–13).
   En plus, au bout de quelque temps, ayant le mal du pays, elle voulait rentrer au Brésil (l. 17–19).

2. ***Hinweis:*** *Hier sollen Sie auf die Lösungen eingehen, die Fernanda für ihre anfänglichen Probleme gefunden hat. Es ist zu empfehlen, die Lösungen entsprechend der Reihenfolge der Probleme in der vorhergehenden Aufgabe anzuführen, um keinen Aspekt zu vergessen.*

   Fernanda a résolu son problème de logement en trouvant une chambre à la Cité universitaire, qu'elle elle ne doit pas partager. Sa situation financière s'est aussi améliorée : elle reçoit une aide au logement (l. 2/3) et elle a trouvé un job qu'elle appelle un « job de rêve » comme serveuse dans un hôtel. Elle y gagne environ 900 € (l. 9/10). En même temps, elle essaye d'économiser sur tout ; par exemple, elle fait les courses dans un supermarché très bon marché (l. 14) et elle se fait couper les cheveux par les apprentis, ce qui ne coûte pas cher (l. 27/28).
   Bien qu'elle n'ait toujours pas beaucoup de temps pour étudier, son nouveau job lui permet d'étudier tous les jours jusqu'à 15 heures et aussi les week-ends (l. 25/26).
   Finalement, elle a aussi trouvé une solution pour combattre le mal du pays en trouvant beaucoup d'amis brésiliens et un petit ami (l. 19/20).

3. ***Hinweis:*** *Bei dieser Aufgabe ist es hilfreich, vor Beginn der Ausarbeitung einen kurzen Überblick über Fernandas Charaktereigenschaften zu erstellen, wie sie aus dem Text erschlossen werden können. Bei der Ausformulierung des Textes sollten Sie die genannten Eigenschaften dann mit Beispielen belegen.*
   *Zu Beginn des Textes sollten Sie Fernanda in einem einleitenden Satz kurz vorstellen.*

Fernanda est une jeune Brésilienne qui est venue en France il a y trois ans pour y étudier le droit international public.
Quant à son caractère, on peut d'abord dire que Fernanda est très optimiste. La situation difficile au début de ses études en France ne l'a pas découragée. Bien qu'elle admette qu'elle voulait rentrer au Brésil au bout d'un an, quand l'enthousiasme ne pouvait plus occulter les difficultés (l. 17–19), elle n'a pas reculé. Au contraire, elle a cherché des solutions à ses problèmes, ce qui montre qu'elle est aussi une personne active, une personne qui agit.
De plus, elle est ambitieuse et déterminée. Bien qu'elle ait une vie très dure parce qu'elle doit travailler tous les jours, parce que ses études lui demandent beaucoup de travail et parce qu'elle n'a pas beaucoup d'argent, elle poursuit son projet : elle veut obtenir « un bon diplôme en France » (l. 21/22). On peut dire qu'elle sait exactement ce qu'elle veut et il paraît qu'elle supporte assez bien le stress et la fatigue, car elle n'est jamais malade (l. 24).
Il faut ajouter que, malgré tout, elle n'oublie pas de vivre. Elle a un petit ami, elle sort avec des copains et elle mange au restaurant. Comme elle ne peut pas dépenser trop d'argent, elle profite des happy hours et prend des menus bon marché, par exemple (l. 26–28).
En somme, on peut constater que Fernanda a une attitude très positive ; elle ne se plaint pas, elle sait se débrouiller dans un pays étranger et elle poursuit ses buts.

4. *Hinweis: Diese Aufgabenstellung ist sehr allgemein gehalten und lässt deshalb verschiedene Lösungsvorschläge zu. Sie können hier Ihr Hintergrundwissen aus dem Unterricht einbringen.*

D'un côté, la situation de Fernanda ressemble à celle d'autres jeunes immigrés en France. Comme il est difficile de trouver un travail décent, ils ont presque tous des problèmes financiers. C'est également difficile de trouver un logement et, très souvent, ils doivent payer un prix exorbitant pour un appartement minuscule, comme Fernanda au début de son séjour en France. En plus, il est probable qu'ils aient tous le mal du pays et qu'ils passent beaucoup de temps avec des copains originaires du même pays.
D'un autre côté, il faut dire que contrairement à nombreux immigrants, Fernanda a eu de la chance, car elle a un job et une mutuelle, un appartement dans la Cité universitaire et des copains qui peuvent la soutenir. Elle peut s'occuper d'elle-même. Au bout de quelques années, elle aura un bon diplôme et elle pourra obtenir un travail bien payé en France ou au Brésil. Il y a beaucoup de jeunes immigrants qui ne réussissent pas à s'adapter si bien aux nouvelles conditions de vie.
En conclusion, peut-être que la différence entre eux et Fernanda consiste en ce que Fernanda a un rêve, un but. C'est important pour le moral : il faut être persévérant pour organiser sa vie si loin de sa patrie.

## Marc Cantin, « Moi, Félix, 10 ans, sans papiers »

*Félix, jeune noir venant de la Côte d'Ivoire, arrive en Bretagne sans papiers.*

Le train s'arrête.

« Saint-Brieuc, une minute d'arrêt ».

Trois hommes montent. Ils posent leurs sacs à leurs pieds et s'installent comme moi près des toilettes. Eux non plus ne veulent pas succomber au bercement du train. Il y en a un à côté de moi. Les trois hommes me regardent en silence. Ils sont plus grands que moi. Bien plus vieux aussi, même s'ils paraissent jeunes à cause de leurs cheveux courts.

Ils fument en silence.

– Billets, s'il vous plaît.

Le même contrôleur. Il poinçonne les billets des trois hommes. Il me regarde avec le même sourire que tout à l'heure. Je l'entends penser :

« Alors, on a trouvé des copains avec qui discuter. »

Le contrôleur est reparti. Je n'ai même pas esquissé un mouvement pour sortir mon billet.

L'homme à côté de moi dit :

– Les Nègres ont un traitement en faveur, apparemment. […]

Le second type recrache sa fumée dans ma direction :

– Alors, négro, tu pourrais répondre quand mon copain te parle.

Les deux autres se sont rapprochés. Celui qui se trouve à côté de moi affiche une grimace de dégoût :

– Déjà, tu viens chez nous, et en plus tu payes pas le train.

Je sors le billet de ma poche :

– J'ai payé, je dis.

– T'as payé quoi, négro, puisqu'on te dit que t'as pas de billet.

Il m'arrache mon billet. Je tends les bras pour le récupérer : les deux autres me plaquent contre la cloison des toilettes. Le troisième déchire lentement mon billet et égraine les morceaux en me regardant droit dans les yeux.

– Vous n'avez pas le droit. Laissez-moi tranquille !

L'homme en face de moi pose sa main sur ma bouche. Il enfonce son pouce et ses doigts dans mes joues :

– On a tous les droits, négro. On est chez nous, ici.

Ceux qui me tiennent les bras et me plaquent les épaules contre la cloison rient grassement.

L'un d'eux dit :

– Vas-y, Bruno, regarde ce qu'il trimballe dans son sac.

Bruno me cogne deux fois l'arrière de la tête contre la cloison. Il retourne mon sac et le vide à mes pieds :

– Visez-moi cette poubelle. Allez, ramasse ça, négro.

L'homme est soudain devenu transparent. Devant moi, il y a l'image de mon père : son visage émacié et fatigué mais ses yeux toujours souriants. Il me répète : « Je ne souhaite qu'une chose pour toi, mon fils, c'est qu'un jour tu ne sois plus l'esclave de personne, que tu ne sois plus obligé d'agir en animal soumis. Monte dans ce bateau, mon fils, et quel qu'en soit le prix, deviens un homme libre. » *(468 mots)*

*Marc Cantin : « Moi, Félix, 10 ans, sans papiers », Milan poche junior © 2000 Editions Milan*

**Annotations :**

| | | |
|---|---|---|
| l. 2 | Saint-Brieuc | ville située en Bretagne |
| l. 4 | succomber à qc | ne pas résister à qc |
| l. 10 | le même contrôleur | celui qui a déjà contrôlé le billet avant l'arrivée des trois jeunes hommes |
| l. 10 | poinçonner | *all.* : lochen |
| l. 13 | esquisser | *ici* : commencer à faire |
| l. 26 | plaquer qn contre qc | appuyer qn avec force contre qc |
| l. 33 | grassement | *ici* : d'une manière vulgaire |
| l. 35 | trimballer | *fam.* : ce qu'il transporte dans son sac |
| l. 38 | visez-moi | regardez |
| l. 40 | émacié, e | maigre, sans force |

**Aufgabenstellung:**

1. Résumez ce qui se passe dans ce texte. *(compréhension)* *(9 Punkte)*
2. Caractérisez l'aspect physique des trois hommes et leur attitude vis-à-vis de Félix. *(analyse)* *(15 Punkte)*
3. Analysez la situation de Félix et ses réactions vis-à-vis du comportement des trois hommes. *(analyse)* *(18 Punkte)*
4. Imaginez la situation suivante :
   Les trois hommes quittent le train et Félix reste seul.
   Mettez-vous à la place de Félix qui réfléchit sur ce qui s'est passé.
   Ecrivez un monologue intérieur.
   *(commentaire/produktiv-gestaltende Aufgabe)* *(18 Punkte)*

## Lösungsvorschläge

1. ***Hinweis:*** *Hier wird im Rahmen eines Resümees erwartet, dass Sie das Geschehen mit eigenen Worten zusammenfassen. Dazu entnehmen Sie dem Text die Informationen zu Ort und Zeit, zu den handelnden Personen und deren Beziehungen zueinander. Stellen Sie das Wesentliche knapp dar. Das Resümee dient der ersten Orientierung Ihres Lesers. Berücksichtigen Sie daher auch die Erzählperspektive.*

Dans le texte « Moi, Félix, 10 ans sans papiers » écrit par Marc Cantin et publié chez Milan Poche Junior en 2000 à Paris, il s'agit d'un garçon de la Côte d'Ivoire qui arrive en Bretagne sans papiers.
Félix, le narrateur, est debout dans un train qui s'arrête à Saint-Brieuc où trois jeunes hommes montent et se mettent près de lui. Puis le contrôleur arrive en demandant tous les billets à l'exception de celui de Félix parce qu'il l'a déjà vu.
Après le départ du contrôleur, les trois Français commencent à insulter et provoquer Félix en disant d'abord que les noirs profitent apparemment d'un traitement spécial et ne doivent pas payer le train. Quand Félix veut leur montrer son billet pour prouver le contraire, les jeunes hommes deviennent de plus en plus agressifs. Ils détruisent d'abord le billet, puis ils attaquent Félix qui, enfin, se rappelle son père et les raisons pour lesquelles celui-ci l'a envoyé en France.

2. ***Hinweis:*** *Bei der Bearbeitung dieser Aufgabe sollte der Text gezielt auf die Beschreibung des Äußeren der drei Franzosen und ihr Verhalten Félix gegenüber gelesen werden. Die Männer werden einerseits durch ihre Wortwahl und andererseits durch ihre Handlungen charakterisiert (auf Verben und Adverbien achten!).*

Les trois hommes aux « cheveux courts » (l. 7) ont l'air jeune mais ils sont plus âgés (l. 6) et physiquement supérieurs (l. 5/6) à Félix.
D'abord, ils le regardent « en silence » (l. 5), mais après le départ du contrôleur ils lui adressent la parole en disant « Les Nègres ont un traitement en faveur, apparemment. » (l. 16). En l'appelant « Nègre » et un peu plus tard « négro » (l. 18), ils montrent déjà leur attitude négative envers Félix, attitude que l'un d'entre eux souligne en recrachant sa fumée dans la direction de Félix (l. 17) et un autre en faisant « une grimace de dégoût » (l. 20). On peut remarquer qu'ils ne l'acceptent pas parce qu'il est noir et que, à leur avis, il n'a pas le droit d'être en Bretagne (« Déjà, tu viens chez nous », l. 21, et « On est chez nous, ici. », l. 31). Après avoir insulté Félix, les trois Français lui prennent et déchirent son billet ce qui prouve que leur remarque à propos de son trajet libre n'était qu'un prétexte. D'une part ils veulent provoquer le garçon et de l'autre ils veulent le blesser. Aux protestations de Félix ils réagissent en le plaquant « contre la cloison des toilettes » (l. 26), en posant la main sur sa bouche (l. 29) et en enfonçant pouce et doigts dans ses joues (l. 29/30). Cela veut dire que leur xénophobie ne les mène pas seulement aux diffamations mais aussi à la violence physique qui s'aggrave encore quand un des Français « cogne deux fois l'arrière de la tête [de Félix] contre la cloison » (l. 36).

Pour ces racistes, Félix est un être inférieur qui n'a droit à aucune forme de respect et qu'ils peuvent humilier comme ils veulent, ce qu'ils font aussi en retournant et vidant son sac (l. 36/37), en appelant le contenu « cette poubelle » (l. 38) et en lui donnant l'ordre « ramasse ça, négro » (l. 38).

3. ***Hinweis:*** *Bei der Darstellung ist es wichtig, unnötige Wiederholungen zu Aufgabe 2 zu vermeiden und das Verhalten der drei Männer bei Bedarf nur knapp zu erwähnen, um Félix und sein kontrastierendes Verhalten deutlich ins Zentrum der Analyse zu stellen. Dabei darf keinesfalls der letzte Abschnitt außer Acht gelassen werden.*

Félix, un jeune Ivoirien sans papiers, vient d'arriver en Bretagne et se trouve tout seul – cela veut dire sans personne qu'il ne connaisse – dans un train. On peut s'imaginer qu'il est fier de son aventure mais aussi qu'il se sent seul et triste ou que la situation lui fait peur.
Le contrôleur a déjà poinçonné son billet quand trois jeunes Français montent dans le train et prennent place autour de lui. Félix remarque qu'ils sont « plus vieux » (l. 6), « plus grands » (l. 5/6) et ainsi certainement plus forts que lui et qu'ils le regardent dès leur arrivée (l. 5). Le contrôleur le regarde aussi, mais lui le fait avec un sourire. Ce sourire ne semble pas vraiment sympathique parce qu'il inspire à Félix l'idée que le contrôleur pense « Alors on a trouvé des copains… » (l. 12). Vue la situation, cela doit être une remarque ironique. Félix pressent que ces trois hommes ne sont pas des copains mais il voit aussi que le contrôleur ne va pas l'aider.
Quand les hommes l'accusent de voyager sans payer, l'insultent par leur manière de s'adresser à lui et en plus s'approchent davantage de lui, il reste d'abord calme. Puis il leur montre son billet (l. 22) pour prouver qu'il a bien payé son voyage. Cette réaction n'est pas dictée par la peur. Félix semble plutôt sûr de lui parce qu'il sait qu'il n'a fait rien de faux. Mais cette attitude ne calme pas les Français qui – comme pour prouver qu'ils ont raison – déchirent le billet de Félix. Il essaie d'abord de le reprendre, puis il proteste (« Vous n'avez pas le droit. », l. 28) et leur demande de le laisser en paix (l. 28). Il n'a pas de chances physiquement, mais le fait que même dans cette situation dangereuse il mentionne « le droit » (l. 28) et revendique d'être laissé tranquille (l. 28) indique qu'il est psychiquement supérieur aux trois hommes qui profitent du fait que Félix est seul et livré à eux. Ils n'ont aucune raison de maltraiter Félix et ne le font qu'à cause de la couleur de sa peau. Quand ces racistes cognent la tête de Félix contre la cloison, vident son sac et lui demandent enfin de ramasser ses affaires (l. 36–38), le garçon ne pleure ni ne crie mais il a une vision : « devant moi, l'image de mon père : […] ‹ Je ne souhaite qu'une chose pour toi, mon fils, c'est qu'un jour… tu ne sois plus obligé d'agir en animal soumis. Monte dans ce bateau,…, deviens un homme libre. › » (l. 39–43). L'espoir de son père d'offrir une vie de liberté à Félix en l'envoyant en France contraste fortement avec la situation humiliante dans laquelle il se trouve à présent. Les trois Français le traitent comme un esclave ou comme un animal. Le

désenchantement de Félix et la réalité en France, comme il en fait l'expérience, ne correspondant pas aux idées de son père impliquent aussi une critique de la France et de la société française.

4. ***Hinweis:*** *Versetzen Sie sich in Félix Lage, der sich mit seinen Erfahrungen auseinandersetzt, nachdem die drei Männer den Zug verlassen haben. Hier können Sie seine (mögliche) Angst, seinen (möglichen) Zorn, seine (mögliche) Verzweiflung, seinen (möglichen) Wunsch nach Afrika zurückzukehren, seine (mögliche) Hoffnung, nur eine Ausnahme-Erfahrung gemacht zu haben auch umgangssprachlich, mit Ausrufen, Wiederholungen, unvollständigen Sätzen und eventuell Gedankensprüngen zum Ausdruck bringen. Es kann sich um ein reines Selbstgespräch aber auch um einen an den Vater gerichteten Monolog handeln.*

Oh mon père ! Tu as dit qu'en France je serai libre, l'esclave de personne ! Mais la réalité est différente. Tu as rêvé, papa ! Liberté, égalité, fraternité – peut-être pour les Français, les blancs, mais pas pour moi. Je suis presque mort de peur ! Et pourquoi, pourquoi ? Qu'est-ce que j'ai fait, moi ? Rien ! J'ai seulement dit que j'ai payé et je n'ai donné aucune raison à personne pour me frapper. Mais ces idiots n'ont vu que la couleur de ma peau. Ça leur a suffi pour m'agresser et m'humilier. Ce n'est pas juste ! Ce n'est pas juste ! Et s'ils n'avaient pas dû descendre, s'ils n'étaient pas déjà arrivés à destination, qu'est-ce qu'ils m'auraient fait encore ? Ne pas y penser ! Je ne dois pas y penser. Et personne n'a aidé ! Ni le contrôleur ni les autres passagers. On était debout près des toilettes parce que toutes les places assises étaient prises. Mais personne n'est venu à mon aide, personne ! Ils m'ont fait mal, vraiment mal et ils m'ont fermé la bouche – impossible de crier « au secours » mais malgré ça, est-ce que personne n'a vu ce qui se passait ? Est-ce qu'ils sont tous aveugles, ces Français ? Ou est-ce qu'ils sont tous racistes et seulement moins violents que ces trois-là ?
Oh papa, que faire ? Tu as dépensé tout notre argent, tu t'es même endetté pour m'offrir ce voyage, une meilleure vie, mais en ce moment je voudrais rentrer chez toi, chez la famille, ne pas être seul, au moins. Profiter de la chaleur de la famille, des voisins au village. Mais non ! Quelles idées ! On vit dans la misère chez nous en Afrique. Courage, Félix ! Tu es fatigué après le long voyage. C'est certainement un cas exceptionnel. Des idiots, il y en a partout. Tous les Français ne sont pas comme ça ! Même les autres passagers, ils n'ont pas pu voir ce qui se passait et certainement ils n'ont pas pu s'imaginer cela !! Je ne vais pas te décevoir, papa ! Et quand je reviens un jour chez toi, chez les nôtres, ce sera en homme fier et libre !

## Jean Moulin, « Premier combat »

*Jean Moulin, préfet du département de l'Eure-et-Loir en 1940, raconte dans son journal « Premier Combat » ce qui lui est arrivé le 15 juin 1940. Le texte suivant représente une confrontation entre Jean Moulin et des officiers nazis qui l'ont arrêté à Chartres.*

« Pensez-vous vraiment, leur dis-je [...] qu'un Français, et, qui plus est, un haut fonctionnaire français, qui a la mission de représenter son pays devant l'ennemi, puisse accepter de signer une pareille infamie ? »

La réaction est immédiate. Le meneur de jeu nazi se précipite sur moi et, rouge de colère, me menace du poing : « Vous allez signer, m'entendez-vous, vous allez signer ! » Il [...] me secoue furieusement. Je ne me défends pas.

« Ce n'est pas, croyez-moi, répliquai-je, en me brutalisant que vous obtiendrez davantage que je commette une indignité. »

Alors, avec une force peu commune chez un petit bonhomme de cette espèce, il me projette violemment contre la table. Je titube un peu pour rétablir mon équilibre, ce qui déchaîne les rires des trois nazis. [...]

Le nazi. – « Nous avons toutes les preuves que ce sont vos soldats qui ont commis ces atrocités. »

Moi. – « Je veux bien que vous m'indiquiez ces preuves. [...] »

Aux termes du protocole, des effectifs français et notamment des soldats noirs ont emprunté, dans leur retraite, une voie de chemin de fer près de laquelle ont été trouvés, à 12 kilomètres environ de Chartres, les corps mutilés et violés de plusieurs femmes et enfants.

Moi. – « Quelles preuves avez-vous que les soldats sénégalais sont passés exactement à l'endroit où vous avez découvert les cadavres ? »

Le nazi. – « On a retrouvé du matériel abandonné par eux. »

Moi. – « Je veux bien le croire. Mais en admettant que des troupes noires soient passées par là, comment arrivez-vous à prouver leur culpabilité ? »

Le nazi. – « Aucun doute à ce sujet. Les victimes ont été examinées par des spécialistes allemands. Les violences qu'elles ont subies offrent toutes les caractéristiques des crimes commis par des nègres. »

Malgré l'objet tragique de cette discussion, je ne peux m'empêcher de sourire : « Les caractéristiques des crimes commis par des nègres. » C'est tout ce qu'ils ont trouvé comme preuves !...

Le petit officier blond, que j'appelle désormais mon bourreau n°1, fait un geste au soldat qui pointe sa baïonnette sur ma poitrine en criant en allemand : « Debout ! »

Dans un sursaut douloureux, je me redresse. J'ai terriblement mal. Je sens que mes jambes me portent difficilement. Instinctivement, je m'approche d'une chaise pour m'asseoir. Le soldat la retire brutalement et me lance sa crosse sur les pieds. Je ne peux m'empêcher de hurler :

« Quand ces procédés infâmes vont-ils cesser ? » dis-je après avoir repris quelque peu mes esprits.

– « Pas avant, déclare mon bourreau n°1, que vous n'ayez signé le ‹ protocole ›. [...] »

Moi. – « Non, je ne signerai pas. Vous savez bien que je ne peux pas apposer ma signature au bas d'un texte qui déshonore l'armée française. » *(430 mots)*



**Annotations :**

| | | |
|---|---|---|
| l. 3 | l'infamie *f* | une action déshonorable, une honte |
| l. 10 | tituber | marcher de façon incertaine, au risque de tomber |
| l. 11 | déchaîner | provoquer, déclencher |
| l. 13 | l'atrocité *f* | une horreur |
| l. 15 | aux termes du protocole | selon le protocole |
| l. 15 | l'effectif *m* | *ici* : les troupes |
| l. 17 | mutiler | *all.* : verstümmeln |
| l. 19 | sénégalais, e | *adj.* : de Sénégal, un pays d'Afrique de l'ouest, ancienne colonie de la France |
| l. 30 | le bourreau | une personne qui exécute un condamné à mort |
| l. 34 | la crosse | *all.* : Gewehrkolben |
| l. 40/41 | apposer sa signature | mettre sa signature |

**Aufgabenstellung:**

1. Présentez la situation dans laquelle se trouve Jean Moulin. *(compréhension)* *(9 Punkte)*
2. Dégagez l'intention des officiers nazis et les moyens qu'ils emploient pour atteindre leur objectif. *(analyse)* *(15 Punkte)*
3. Analysez l'attitude de Jean Moulin face aux Allemands. *(analyse)* *(18 Punkte)*
4. Comparez la façon d'agir de Jean Moulin avec celle du Père Jean dans le film *« Au revoir, les enfants »*. *(commentaire)* *(18 Punkte)*

## Lösungsvorschläge

1. ***Hinweis:*** *Bei der Bearbeitung dieser Aufgabe geht es darum, sowohl die im Vorspann enthaltenen Informationen als auch die aus dem Text hervorgehenden Angaben in knapper Form und eigenen Worten darzustellen.*

Dans son journal « Premier Combat » publié d'abord dans la Collection « Documents » à Paris en 1947, Jean Moulin, préfet du département l'Eure-et-Loir en 1940, raconte ce qui lui est arrivé sous l'Occupation après son arrestation par les Allemands à Chartres le 15 juin 1940.
Les officiers qui l'ont arrêté essaient par tous les moyens – aussi bien par des « preuves » que par des menaces verbales et physiques – de lui faire signer un document constatant que, dans leur retraite, des troupes françaises, et en particulier des soldats sénégalais, auraient commis des crimes contre la population.
Comme Jean Moulin, en tant que haut fonctionnaire et représentant de la France, ne veut pas signer ce document et que les preuves fournies par les officiers allemands lui semblent peu convaincantes et le font même sourire, il est traité brutalement. Malgré cela, Jean Moulin ne fléchit pas.

2. ***Hinweis:*** *Markieren Sie im Text die Aussagen des Nazi-Offiziers – das zentrale Anliegen wird bereits durch die nachdrückliche Wiederholung von „vous allez signer" deutlich – sowie die Angaben, die sich auf sein Verhalten und das seiner Begleiter beziehen. Achten Sie dabei besonders auf Verben und Adverbien. Arbeiten Sie entsprechende Zitate in Ihre Darstellung ein.*

L'intention des officiers nazis est de faire signer un protocole à Jean Moulin par lequel ce haut fonctionnaire français admettrait que des troupes françaises auraient commis des crimes atroces. Les Allemands prétendent qu'ils peuvent prouver leur accusation (« Nous avons toutes les preuves que ce sont vos soldats… », l. 12/13) mais en fait ils affirment simplement que du matériel retrouvé près des morts a été abandonné par des troupes françaises et plus précisément par des soldats sénégalais. Pour persuader Moulin que les troupes africaines sont bien responsables des viols et assassinats avec mutilation de femmes et d'enfants (l. 17/18), les officiers allemands affirment que « Les victimes ont été examinées par des spécialistes allemands » (l. 24/25) et que « Les violences qu'elles ont subies offrent toutes les caractéristiques des crimes commis par des nègres. » (l. 25/26). Cette explication est formulée de façon si générale, qu'on peut dire que les Allemands n'ont aucune preuve de leurs accusations et qu'ils ont absolument besoin de la signature du préfet pour donner de la validité à leur protocole.
Pour obtenir cette signature que Moulin refuse de donner, un officier allemand essaie de lui faire peur en se jetant d'abord sur lui, puis en le menaçant du poing et en le secouant furieusement (l. 4–6) tout en lui donnant l'ordre de signer le papier.
Comme cette action n'est pas couronnée de succès, l'officier « projette [Moulin] violemment contre la table » (l. 10) avant d'essayer de convaincre le préfet par des

preuves plutôt que par la violence. Quand l'officier s'aperçoit qu'il n'atteindra pas non plus son objectif par ces moyens, il a encore recours à l'intimidation (l. 31), puis à la torture physique (l. 31 et l. 34).
On peut remarquer qu'au cours de la confrontation entre Jean Moulin et les officiers nazis, ces derniers deviennent de plus en plus brutaux pour obtenir la signature du préfet.

3. ***Hinweis:*** *Sie können ähnlich vorgehen wie bei Aufgabe 2. Sie werden schon anhand der Satzzeichen feststellen, dass es hier der Gefangene ist, der durch seine Fragen in weiten Teilen den Verlauf des Gesprächs bestimmt. Vermeiden Sie bei der Darstellung Wiederholungen aus Aufgabe 2. Nehmen Sie nur knapp Bezug auf das Verhalten der Deutschen und konzentrieren Sie sich auf die Analyse der Haltung Jean Moulins.*

Dès le début Jean Moulin refuse sa signature au bas du protocole qu'il appelle « une pareille infamie » (l. 3) en soulignant sa position comme Français et représentant de la France qui se déshonorerait en signant ce papier. Il montre très clairement la différence entre lui-même et ses interlocuteurs, « l'ennemi » (l. 2), et donne encore plus de poids à son refus en l'exprimant par une question rhétorique. La réaction furieuse de l'officier allemand n'impressionne pas Jean Moulin qui ne se défend pas (l. 6) mais semble être maître de la situation quand il explique calmement que ce ne sera pas par ce traitement brutal qu'on le convaincra de signer ou plutôt de « commettre une indignité » (l. 8) comme il le dit lui-même. Ni l'agression suivante de l'officier qui lui fait perdre l'équilibre pour un instant, ni les rires des Allemands ne lui font perdre son sang-froid. Moulin ne mise pas sur la violence mais sur les arguments. Il demande aux officiers de lui apporter des preuves (l. 14) et plus exactement des preuves qui puissent affirmer la culpabilité des soldats sénégalais (l. 19/20). Sa réponse aux explications des Allemands (« Je veux bien le croire. », l. 22) semble ironique mais le préfet atténue tout de suite cette impression en disant « Mais en admettant que… » (l. 22) pour ramener la discussion sur un plan neutre et sérieux. Par contre les soi-disant preuves sont si ridicules que Moulin ne peut s'empêcher de sourire (l. 27) et de répéter la dernière phrase du nazi tout en indiquant que cette remarque lui semble absurde. Son échec fâche l'officier au point qu'il donne l'ordre à un soldat de torturer Jean Moulin. Celui-ci décide d'appeler l'officier « mon bourreau n° 1 » (l. 30) à partir de ce moment ce qui montre qu'il souffre vraiment dans cette situation. Les expressions « un sursaut douloureux » et « J'ai terriblement mal. » (l. 32) confirment cette impression. Quand le soldat lui lance sa crosse sur les pieds (l. 34), Jean Moulin élève enfin sa voix et hurle « Quand ces procédés infâmes vont-ils cesser ? » (l. 36) mais malgré la déclaration de l'officier que le seul moyen de finir cet interrogatoire c'est de signer le protocole, Jean Moulin ne perd pas courage. Il ne cède pas à cette exigence, n'oublie pas de s'exprimer en termes choisis et soutient froidement qu'on ne pourra pas le forcer à faire quelque chose « qui déshonore l'armée française » (l. 41).

4. ***Hinweis:*** *Machen Sie sich Notizen zu den Aktionen des Père Jean, an die Sie sich erinnern können. (Oft ist es hilfreich, sich den Gesamtverlauf des Films kurz ins Gedächtnis zu rufen.) Wählen Sie Handlungsweisen aus, in denen Père Jean und Jean Moulin übereinstimmen und/oder voneinander abweichen (besonders differenziert wirkt ein Vergleich meist, wenn sowohl Übereinstimmungen als auch Unterschiede erfasst werden können!) und kommentieren Sie diese.*

Tout comme Jean Moulin, le Père Jean résiste aux exigences des nazis. Jean Moulin le fait pour des raisons politiques et patriotes en refusant sa signature au bas d'un document qui culpabilise l'armée française et le Père Jean réalise son acte de résistance en cachant des juifs dans son internat catholique pour sauver leur vie suite à ses convictions religieuses et humanitaires. Tous les deux se mettent, par leurs actions, du côté des êtres humains qui ne sont pas respectés par les nazis mais persécutés par eux parce qu'ils sont considérés comme inférieurs. Il s'agit d'une part des soldats africains, noirs, et d'autre part des juifs. Jean Moulin et le Père Jean n'acceptent ni les préjugés racistes qui concernent la couleur de la peau des Sénégalais ni les préjugés qui concernent la religion des juifs.
Tous les deux savent bien qu'ils se mettent eux-mêmes en danger par leurs actions et sont prêts à en accepter les conséquences, cela veut dire à souffrir et même à mourir pour leurs convictions. Jean Moulin affiche clairement sa position au cours de sa confrontation avec les officiers allemands pendant laquelle il ne se laisse pas intimider et ne change pas d'avis malgré les attaques verbales et physiques qu'on lui inflige bien qu'il ait vraiment très mal. Le Père Jean préfère courir le risque d'être déporté – ce qui lui arrive finalement – plutôt que de renoncer à son aide pour des gens innocents qui sont poursuivis à cause de leur confession. Même quand il est arrêté et doit quitter l'internat, il reste calme et s'en va en disant « Au revoir, les enfants » pour leur donner du courage bien qu'il sache qu'on ne le reverra pas.
Le Père Jean et Jean Moulin sont des hommes courageux qui ne pensent pas à eux-mêmes et à leurs propres avantages mais qui mettent leurs vies en danger pour lutter pour leurs convictions et leurs valeurs contre l'occupant allemand.

## Diderot, « Supplément au voyage de Bougainville »

*Localisation du passage :*
*Le discours fictif suivant est tenu par un vieillard tahitien à la suite de la première rencontre entre des indigènes tahitiens et des représentants de la civilisation européenne, notamment l'explorateur Bougainville et son équipage qui s'étaient installés sur l'île en jouissant de l'hospitalité des Tahitiens.*

Les adieux du vieillard :
[…] « Pleurez, malheureux Tahitiens ! Pleurez, mais que ce soit de l'arrivée, et non du départ de ces hommes ambitieux et méchants : un jour, vous les connaîtrez mieux. Un jour, ils reviendront, le morceau de bois que vous voyez attaché à la ceinture de celui-ci, dans une main, et le fer qui pend au côté de celui-là, dans l'autre, vous enchaîner, vous égorger, ou vous assujettir à leurs extravagances et à leurs vices ; un jour vous servirez sous eux, aussi corrompus, aussi vils, aussi malheureux qu'eux. Mais je me console ; je touche à la fin de ma carrière ; et la calamité que je vous annonce, je ne la verrai point. O Tahitiens ! ô mes amis ! vous auriez un moyen d'échapper à un funeste avenir ; mais j'aimerais mieux mourir que de vous en donner le conseil. Qu'ils s'éloignent, et qu'ils vivent. »

Puis s'adressant à Bougainville, il ajouta : « Et toi, chef des brigands qui t'obéissent, écarte promptement ton vaisseau de notre rive : nous sommes innocents, nous sommes heureux ; et tu ne peux que nuire à notre bonheur. Nous suivons le pur instinct de la nature ; et tu as tenté d'effacer de nos âmes son caractère : Ici tout est à tous ; et tu nous as prêché je ne sais quelle distinction du *tien* et du *mien*. Nos filles et nos femmes nous sont communes ; tu as partagé ce privilège avec nous ; et tu es venu allumer en elles des fureurs inconnues : Elles sont devenus folles dans tes bras ; tu es devenu féroce entre les leurs : Elles ont commencé à se haïr ; vous vous êtes égorgés pour elles ; et elles nous sont revenues teintes de votre sang : Nous sommes libres ; et voilà que tu as enfoui dans notre terre le titre de notre futur esclavage. Tu n'es ni un dieu, ni un démon : qui es-tu donc, pour faire des esclaves ?

Orou ! toi qui entends la langue de ces hommes-là, dis-nous à tous, comme tu me l'as dit à moi-même, ce qu'ils ont écrit sur cette lame de métal : *Ce pays est à nous.* Ce pays est à toi ! et pourquoi ? parce que tu y as mis le pied ? Si un Tahitien débarquait un jour sur vos côtes, et qu'il gravât sur une de vos pierres ou sur l'écorce d'un de vos arbres : *Ce pays est aux habitants de Tahiti,* qu'en penserais-tu ?

[…] Nous avons respecté notre image en toi. Laisse-nous nos mœurs ; elles sont plus sages et plus honnêtes que les tiennes ; nous ne voulons point troquer ce que tu appelles notre ignorance, contre tes inutiles lumières. Tout ce qui nous est nécessaire et bon, nous le possédons. Sommes-nous dignes de mépris, parce que nous n'avons pas su nous faire des besoins superflus ? Lorsque nous avons faim, nous avons de quoi manger ; lorsque nous avons froid, nous avons de quoi nous vêtir. Tu es entré dans nos cabanes, qu'y manque-t-il à ton avis ? Poursuis jusqu'où tu voudras ce que tu appelles commodités de la vie ; mais permets à des êtres sensés de s'arrêter, lorsqu'ils n'auraient à obtenir, de la continuité de leurs pénibles efforts, que des biens imaginaires.

[...] L'idée de crime et le péril de la maladie sont entrés avec toi parmi nous. Nos jouissances, autrefois si douces, sont accompagnées de remords et d'effroi. Cet homme noir, qui est près de toi, qui m'écoute, a parlé à nos garçons ; je ne sais ce qu'il a dit à nos filles, mais nos garçons hésitent, mais nos filles rougissent. Enfonce-toi, si tu veux, dans la forêt obscure avec la compagne perverse de tes plaisirs ; mais accorde aux bons et simples Tahitiens de se reproduire sans honte ; à la face du ciel et au grand jour. *(654 mots)*

*Denis Diderot, « Supplément au voyage de Bougainville », in: ders., Pensées philosophiques. Lettres sur les aveugles. Supplément au voyage de Bougainville. Chronologie et introduction par Antoine Adam. Paris : Garnier-Flammarion 1972, S. 147 ff.*

## Annotations :

| | | |
|---|---|---|
| l. 6 | égorger | tuer (un animal) en lui coupant la gorge |
| l. 6 | assujettir | soumettre, opprimer |
| l. 6 | le vice | ≠ la vertu |
| l. 7 | vil, e | méchant, e |
| l. 8 | la calamité | la catastrophe, le malheur |
| l. 10 | funeste | qui porte avec soi la mort/le malheur ; catastrophique |
| l. 21 | enfouir | mettre en terre |
| l. 21 | le titre | *ici* : der Rechtstitel, d.h. der Rechtsanspruch |
| l. 23 | Orou | un jeune Tahitien qui sert d'interprète à Bougainville et aux Tahitiens |
| l. 29 | troquer | échanger |
| l. 30 | les lumières *f* | ce qui éclaire l'esprit, la capacité intellectuelle |
| l. 39 | les remords *m* | le regret, l'angoisse accompagnée de honte |
| l. 39/40 | cet homme noir | l'aumônier, le prêtre |

## Aufgabenstellung:

1. Résumez les reproches que le vieillard fait à Bougainville. *(compréhension)* *(12 Punkte)*
2. Caractérisez la vie et la culture des Tahitiens. *(analyse)* *(12 Punkte)*
3. Analysez les moyens rhétoriques dont le vieillard se sert pour critiquer la civilisation européenne. *(analyse)* *(18 Punkte)*
4. Comparez l'influence exercée sur les Tahitiens dans le texte présent avec celle que subissent Robinson et Vendredi dans le roman *« Vendredi ou la vie sauvage »* de Tournier. *(commentaire)* *(18 Punkte)*

## Lösungsvorschläge

1. ***Hinweis:** Wenn Sie wie hier bestimmte Aspekte eines Textes zusammenfassen sollen, ist es wichtig, dass Sie diese nicht wahllos aufzählen, sondern sinnvoll gruppieren. Im vorliegenden Fall bietet es sich an, zunächst grob zwischen den Vorwürfen zu unterscheiden, die sich auf das bisherige Verhalten der Europäer beziehen, und denjenigen, die das künftige Verhalten vorweggreifen. Jede Kategorie kann und muss aber noch weiter unterteilt werden.*

   Le salut vient de la civilisation européenne ? Un vieillard tahitien que Denis Diderot fait tenir un discours fictif dans « Supplément au voyage de Bougainville » en est de tout autre avis.
   Lors du départ de Bougainville, venu explorer leur île, et de son équipage, le vieux Tahitien s'adresse à eux et à son peuple pour exprimer ses craintes. Les Tahitiens comprennent qu'ils devraient avoir peur d'un retour des Européens. Il y a plusieurs raisons à cela.
   Tout d'abord, le vieux Tahitien annonce à son peuple un avenir funeste infligé par les Européens. Ambitieux et méchants, ces derniers corrompront complètement les indigènes et les réduiront à l'esclavage. Déjà, ils se sont appropriés leur pays de façon totalement illégitime. Puis il blâme les explorateurs d'avoir trahi leur hospitalité en introduisant la notion de propriété personnelle chez les Tahitiens. Les femmes et les jeunes filles, n'appartenant pas à un seul homme, selon la tradition tahitienne, ont participé au bien-être des Européens. Or, ayant fait l'expérience d'émotions telles que la passion, la cupidité et la jalousie jusqu'alors inconnues d'elles, ces filles et ces femmes ont changé. Leurs relations avec l'autre sexe sont maintenant placées sous le signe de la honte, aussi à cause de l'influence de la religion.
   Mais l'influence négative des Européens ne s'arrête pas là. Ils ne respectent pas les autres mœurs des Tahitiens non plus qui se voient tout à coup blâmés de n'avoir que le nécessaire, alors qu'ils avaient jusque là vécu heureux et qu'ils avaient su jouir de leur vie.
   Avec l'arrivée des Européens, la vie des Tahitiens est devenue plus difficile. Les étrangers ont importé non seulement la violence et le crime, mais aussi des maladies.
   Ainsi, quand il songe au retour des Européens, le vieux Tahitien voit le pire, ses craintes étant fondées sur l'influence déjà exercée par eux sur les Tahitiens.

2. Quand on analyse la vie et la culture des Tahitiens telles que le vieillard les présente, on constate que les autochtones vivent de façon simple et harmonieuse tout en suivant l'« instinct de la nature » (l. 15).
   Les Tahitiens mènent une vie heureuse parce qu'ils ont tout ce dont ils ont besoin pour survivre : Ils ont assez à manger et ils peuvent se protéger du froid (l. 32/33). Ils vivent en accord avec la nature qu'ils n'exploitent pas « à l'européenne » et savent limiter leurs désirs. C'est pourquoi le vieillard caractérise les mœurs tahi-

tiens comme étant « plus sages et plus honnêtes » (l. 29). Les Européens, par contre, cherchent sans cesse de nouvelles « commodités de la vie » (l. 35) qui résultent de « pénibles efforts » (l. 36) et qui se révèlent n'être en réalité rien que des « biens imaginaires » (l. 36/37). C'est pourquoi les Tahitiens se sentent plus heureux, même s'ils n'ont pas les « lumières » (l. 30) dont les Européens sont si fiers mais que le vieillard qualifie d'« inutiles » (l. 30).

De plus, les Tahitiens partagent tout, même les femmes (l. 15 –17). L'amour corporel fait partie des jouissances de la vie dont le vieux parle avec fierté. Les Tahitiens, à la différence des Européens, considèrent la sexualité comme naturelle et nécessairement liée à l'amour. Pour eux, elle peut donc être vécue « à la face du ciel et au grand jour » (l. 43/44). La honte et la culpabilité n'y ont pas leur place et il n'y a pas de raison de se cacher pour la vivre.

Ne connaissant pas les notions de possession et de monogamie, les Tahitiens mènent une vie sans violence et sans crimes, ceux-ci n'apparaissant qu'avec les Européens (l. 38). La peur des maladies ne joue pas non plus de rôle dans leur vie (l. 38).

Le portrait de la vie des Tahitiens tel que le texte le dépeint se caractérise donc par l'insouciance, la modestie, la simplicité combinées avec le bonheur, la jouissance, la vie en société et la bonté. En plus, ils sont libres (l. 20) ! Il s'agit là d'une différence fondamentale avec le mode de vie des Européens qui professent une tout autre vision des choses.

3. Dans son discours, qui s'adresse d'un côté à ses compatriotes et de l'autre à l'explorateur Bougainville, le vieillard se sert de beaucoup de moyens rhétoriques qui démontrent l'opposition qui existe entre la vie tahitienne et la vie européenne et critiquent en même temps l'influence exercée par la dernière sur les mœurs des indigènes. Regrettant cette emprise du plus profond de son cœur, le vieux Tahitien essaie d'émouvoir ses semblables. Il se doute que c'est seulement la mort des explorateurs qui pourrait les sauver, mais en tant qu'homme paisible, l'orateur n'oserait jamais exprimer cela clairement mais se sert d'une périphrase (voir l. 9–11) Alors comment éviter cette « calamité » (l. 8) et ce « funeste avenir » (l. 10) que le vieillard prévoit ? C'est par des mots qu'il tente de convaincre ses compatriotes, par un discours qui influence et monte ses compatriotes contre les envahisseurs européens.

   Il y a d'abord les sonorités qui martèlent le contenu. Des allitérations comme « fureurs », « folles », « féroces » (l. 18/19), « … dieu… démon… » (l. 22) provoquent l'attention et excitent de même que les anaphores par lesquelles le vieillard commence tout de suite son discours : « Pleurez… Pleurez… » (l. 2) et qui continuent tout au long du texte (« O… ô… », l. 9, « … un jour… Un jour… un jour », l. 3, 4, 6, « … mais… mais… », l. 41).

   L'auteur prend beaucoup d'images pour exprimer la brutalité des Européens et le terrible destin des autochtones. Le « bois » (l. 4) et « le fer » (l. 5), ce sont les armes qui permettront aux Européens de revenir, ce sont aussi celles qui leur permettront d'enchaîner les indigènes.

Les envahisseurs détournent de leur chemin et dénaturent les Tahitiens aussi de façon indirecte : la religion que représente « l'homme noir » (l. 40) est une menace pour eux et elle les rend dépendants d'une morale destructrice. A côté de ces métonymies dont l'effet produit vient du fait qu'elles renforcent la violence en ne la montrant pas ouvertement, l'orateur se sert de métaphores pour faire prendre conscience de la brutalité et de l'influence désastreuse des Européens. Les envahisseurs profitent de la générosité des indigènes pour ensuite les maltraiter : « vous vous êtes égorgés pour elles [= les Tahitiennes], et elles nous sont revenues teintes de votre sang » (l. 19/20).

Pour faire comprendre leur bonheur à ses compatriotes, le vieillard se sert de beaucoup d'oppositions. Ce sont des antithèses qui confrontent la vie des Tahitiens à celle des Européens mais aussi leur vie actuelle à celle qui les guette sous le gouvernement européen dont le vieillard ressent déjà les conséquences fatales. Il y a d'une part les indigènes « innocents » (l. 13), « heureux » (l. 14), « bons et simples » (l. 44) et de l'autre les explorateurs « ambitieux et méchants » (l. 3), « corrompus » (l. 7), « vils » (l. 7) et « malheureux » (l. 7) qui vont transformer en « esclaves » (l. 22) les Tahitiens « libres » (l. 20). Comme s'il voulait ancrer dans la tête de ses compatriotes l'idée de la perfidie et de la méchanceté des étrangers, le vieillard se sert aussi de parallélismes (« et tu », l. 14–17). Des répétitions servent à souligner et à rendre claire l'emprise des Européens : « *Ce pays est à nous.* Ce pays est à toi ! » (l. 24/25).

Le vieillard semble vouloir émouvoir et inciter à la révolte. Comment procéder mieux que par des questions souvent rhétoriques et des exclamations ? Le discours en déborde. Dès le début, le vieux tahitiens se sert de phrases exclamatives pour s'adresser à ses semblables « Pleurez, malheureux Tahitiens ! » (l. 2) et continue par « O Tahitiens ! ô mes amis ! » (l. 9). Les questions rhétoriques (par exemple : « Sommes-nous dignes de mépris, parce que nous n'avons pas su nous faire des besoins superflus ? » l. 31/32) montrent la moralité défectueuse des Européens tout en exprimant la supériorité éthique des indigènes. Le vieillard combine même des exclamations et des questions (« Ce pays est à toi ! et pourquoi ? parce que tu y as mis le pied ? », l. 25) pour montrer les manœuvres et les arrière-pensées fatales de Bougainville et des siens.

En dépeignant l'impact néfaste déjà produit et en prédisant un avenir encore plus désastreux, le vieillard, quelque-fois un peu pathétique, veut ouvrir les yeux à ses compatriotes. Rien ne se prêterait mieux à cela qu'un discours élaboré, même si on n'attend pas ce genre de discours dans la bouche d'un homme simple et « primitif ».

4. ***Hinweis:** Beachten Sie, dass der Operator „comparer" sowohl beim Anforderungsbereich „analyse" als auch beim „commentaire" verwendet werden kann. Den vorliegenden Text überschreitend verlangt er hier ein differenziertes Begründen und Abwägen.*

Est-ce qu'il y a des ressemblances entre le discours quelque-fois pathétique du vieillard tahitien imaginé par Denis Diderot et le roman « Vendredi ou la vie sauvage » de Michel Tournier ?
Tout d'abord il faut dire que les deux textes ne se veulent pas être des études éthnologiques mais qu'ils servent surtout à critiquer profondément la civilisation européenne ainsi que la vision qu'elle a d'elle-même et d'autres cultures dites primitives. Pas étonnant alors que ce soit Vendredi qui ait donné son nom au titre du roman et non Robinson.
Comme Diderot, Tournier critique la façon dont les Européens exercent de l'influence sur leur entourage. Robinson, dernier rescapé du naufrage d'une galiote ne voit qu'une seule issue à la folie menaçante : le travail, la soumission de la nature, une vie qui s'oriente sur les valeurs européennes, d'autant plus ridicules qu'il est sur une île déserte du Pacifique. Vendredi, un indigène auquel il sauve la vie plutôt par hasard, doit d'abord s'adapter, se soumettre aux ordres rigides de son maître, donc aux normes européennes qu'il ne comprend pas. Ne pouvant pas résister à son désir de fuite, Robinson constate l'artificialité et l'inutilité de cette vie sur le mode européen dont la destruction accidentelle par Vendredi le soulage et le libère. Aidé par cet autochtone, Robinson commence à vivre non seulement en accord avec la nature, mais aussi en accord avec lui-même. Grâce à Vendredi, devenu son camarade, son semblable, il (ré)apprend le plaisir de son propre corps, la joie, le bonheur, le rire. Ainsi, on peut dire que les deux textes, le discours de Diderot et le roman de Tournier, ont une sorte de message commun.
Mais il faut dire aussi que Tournier, de 200 ans son cadet, ne partage pas la vision simplifiée du « bon sauvage » de Diderot, paisible et sans extravagances. D'abord, les indigènes font preuve de la même cruauté envers les leurs que les Européens face à la nature et à d'autres considérés comme plus faibles ou sans valeur. Et puis Vendredi peut se révéler aussi doux et prévenant qu'égoïste, voire cruel envers des animaux. C'est surtout son insouciance, sa joie « primitive », son sens du jeu et du fait de donner d'autres significations aux mots et aux gestes qui séduisent Robinson et qui le convainquent de rester définitivement sur l'île même s'il aurait pu s'en échapper grâce à un voilier anglais arrivé sur les rives de Speranza.
Voilà une autre différence entre le discours et le roman. Ce superbe voilier, toute dernière nouveauté technique européenne, séduit Vendredi. Lui, amateur de tout ce qui est léger, de tout ce qui vole, ne peut pas résister à l'attrait de l'invention anglaise et part clandestinement tout en prenant avec lui tout ce qui lui est cher. Heureusement pour Robinson que le mousse, ayant découvert sa différence avec les autres Européens, décide de rester avec Robinson pour partager sa vie sur l'île avec lui.
Si on compare les deux œuvres littéraires, on constate donc qu'il y a des ressemblances et aussi des différences. C'est surtout leur vision critique de la civilisation européenne, détournée de la nature, artificielle qui leur est commune. C'est ainsi qu'ils font réfléchir les lecteurs et les lectrices sur leurs propres valeurs, celles qui reposent sur leur vie à l'européenne.

LK 2008-6

## Bienvenue à Boboland !

Depuis l'arrivée de Bertrand Delanoë à la mairie de Paris, la capitale est plongée dans une suite ininterrompue d'événements festifs et prétendument culturels. Ainsi, à la Saint-Valentin, tout le monde doit savoir que « Paris vous aime ». En juin, il faut que les Parisiens se rendent à la fête de la musique puis à la Gay-pride, à la Techno-parade, à Paris-cinéma, Paris plaisirs – Paris-capotes, Paris Plage, à la Nuit-Blanche, aux festivals de la BD, du cirque, de musiques actuelles, de spectacles vivants...

Cependant, derrière les paillettes et la représentation hystérique de la capitale en immense boite de nuit se cache une toute autre réalité : celle d'une majorité ultra-gauchisante, brouillonne et désorganisée ; des élus PS-PC et Verts, dépassés et incapables de prendre à bras le corps les vrais problèmes que sont le logement, le chômage et l'insécurité ; un maire qui offre le visage peu avenant du sectarisme au service d'une idéologie qui cherche à mener une transformation radicale de la première ville de France.

Bertrand Delanoë semble mû par un grand principe : Paris doit poursuivre sa mutation sociologique pour devenir une ville réservée aux aidés et en tout premier lieu aux immigrés extra-européens ; une ville réservée aux aisés, à la bourgeoisie de gauche, au peuple des bobos dont il est le leader et porte-parole. En dehors de la population des aidés et des aisés, point de salut.

## Le Paris des aisés et des aidés

Pour les aidés, la ville de Paris multiplie les subventions aux associations immigrationnistes. Alors que les prix des appartements parisiens connaissent une terrible flambée et que la capitale se vide de ses familles françaises obligées de s'expatrier, le maire ne songe qu'à importer des populations d'origine étrangère dans les arrondissements les plus favorisés au nom de la mixité sociale.

Pour les aisés, le maire a procédé à toute une série de décisions aux conséquences souvent catastrophiques. Pour les bobos, le maire a décrété la piétonnisation du Centre de Paris sans tenir compte du fait que le petit commerce allait, du coup, observer une baisse de plus d'un tiers de son chiffre d'affaires.

## La haine de l'automobiliste

Les automobilistes, et tout particulièrement les banlieusards voulant venir dans la Capitale, sont priés de ne plus se rendre dans Boboland où aucun projet de construction de parkings sécurisés aux portes de la ville n'est prévu et où les places et les zones de stationnement sont volontairement et drastiquement réduites. Si les automobilistes et plus particulièrement ceux qui utilisent leur voiture pour le travail ne sont pas les bienvenus, il n'en est pas de même des spécialistes de la pédale, en vogue à l'Hôtel de Ville. Et tant pis pour le contribuable qui se voit obligé de débourser des sommes colossales pour des équipements coûteux et inutilisés… En effet, les pistes cyclables installées sur la voirie parisienne n'accueillent qu'à peine 1 % du total des parcours réalisés à vélo, moto, en voiture, etc. Qu'importe, au royaume de Boboland ce sont les ayatollahs verts qui mènent la danse !

A coups de millions d'euros, sans réelle concertation avec les Parisiens ou les associations les plus représentatives, Delanoë façonne un nouveau Paris en débaptisant les noms des rues, en faisant la promotion du pire des communautarismes et en oubliant de lutter contre le chômage, l'insécurité, la saleté des rues et de veiller à la rigueur budgétaire et à la nécessaire politique d'investissements. […] *(566 mots)*

*Site Front National : www.fnparis.com/boboland.htm (accès : 09. 11. 2006)*

## Annotations :

| | | |
|---|---|---|
| Titre | « Boboland » | voir annotation ligne 17 |
| l. 1 | Bertrand Delanoë | maire socialiste de Paris |
| l. 3 | la Saint-Valentin | la fête des amoureux le 14 février |
| l. 4 | la Gay-pride | le festival des homosexuels |
| l. 5 | Paris plaisirs – Paris-capotes | campagne contre le SIDA |
| l. 5 | la Nuit-Blanche | une nuit blanche : une nuit sans sommeil |
| l. 7 | les paillettes | des petites plaques en or/en argent qui brillent |
| l. 8/9 | ultragauchisant | d'extrême gauche (dans la politique) |
| l. 9 | brouillon, brouillonne | désordonné,e |
| l. 9 | PS-PC | **P**arti **S**ocialiste/**P**arti **C**ommuniste |
| l. 11 | avenant | ce qui plaît par sa gentillesse |
| l. 11 | le sectarisme | *ici* : l'intolérance politique |
| l. 14 | mû | *participe passé du verbe mouvoir, ici* : motivé, poussé par |
| l. 17 | un bobo | un **bo**urgeois **bo**hème, terme désignant un socialiste riche |
| l. 18 | point de salut | *ici* : rien n'est important |
| l. 36 | le contribuable | celui qui paie les impôts |
| l. 38 | la voirie | les rues publiques |
| l. 41 | la concertation | le fait de se mettre d'accord avec d'autres au sujet de ce qu'on veut faire |
| l. 43 | le communautarisme | un mouvement de pensée qui considère la communauté (ethnique, religieuse etc.) comme plus importante que la défense de la liberté individuelle |

## Aufgabenstellung:

1. Présentez les reproches faits au maire de Paris. *(compréhension)* *(12 Punkte)*
2. Expliquez la tendance politique du texte présenté. *(analyse)* *(12 Punkte)*
3. Dégagez les moyens stylistiques employés par l'auteur tout en expliquant leur fonction. *(analyse)* *(21 Punkte)*
4. Ecrivez un commentaire à l'adresse du Front National dans lequel vous protestez contre l'image déformée que ce parti politique peint de Paris. *(commentaire/produktiv-gestaltende Aufgabe)* *(15 Punkte)*

## Lösungsvorschläge

1. Comme le révèle déjà le titre « Bienvenue à Boboland », l'auteur, partisan du Front national, fait beaucoup de reproches au maire de Paris auquel il s'adresse dans le présent texte.
   L'auteur critique la série de fêtes et de festivals par lesquels la municipalité veut cacher son incapacité à résoudre les vrais problèmes de la ville, le prix des logements, le chômage et la criminalité.
   Selon le texte, le maire transforme Paris en ville de personnes aidées et aisées. Car d'un côté, l'administration soutient les défavorisés (qui sont souvent d'origine étrangère) en augmentant les subventions qui leur sont destinées et en leur donnant des appartements dans les meilleurs quartiers tandis que les familles françaises avec un revenu moyen sont forcées de quitter le centre de Paris à cause des loyers élevés. De l'autre côté, on s'occupe de la bourgeoisie pour laquelle on rend piéton le Centre de Paris tout en négligeant les conséquences négatives qui en résultent pour le petit commerce.
   Le Front National blâme aussi que le maire ne s'occupe pas des banlieusards. Au lieu de construire de nouveaux parkings pour des voitures autour de l'enceinte de la ville, on installe des pistes cyclables peu utilisées, d'après le texte, et on réduit la possibilité de stationnement des voitures au centre-ville. On se désintéresse donc au fait que les gens venant des alentours de Paris à cause de leur travail ont besoin de garer leur voiture.
   Enfin l'auteur reproche au maire de procéder sans véribable consultation de la population, de poursuivre une politique financière arbitraire et d'écarter les problèmes fondamentaux de la ville que sont le chômage et la délinquance.
   Dans ce texte l'auteur se plaint donc de l'incapacité de la municipalité à gouverner la ville de Paris : En se désintéressant aux vrais besoins des citoyens, les partis élus à la mairie de Paris mènent une politique égoïste et irresponsable.

2. ***Hinweis:*** *Die Quellenangabe gibt natürlich bereits einen eindeutigen Hinweis auf das politische Lager, aus dem der Text stammt. Arbeiten Sie aber mithilfe von Belegen heraus, wie die Einstellung der Front National auch im vorliegenden Text deutlich wird. Gegen welche politische Richtung wendet sie sich, welche Projekte lehnt sie ab und welche Gruppen möchte sie unterstützen?*

   Le texte présenté se trouve sur le site du Front National, un parti politique français d'extrême droite. On peut donc s'attendre à ce que l'auteur critique de façon véhémente la politique des partis de gauche. De fait, il attaque avant tout le maire Bertrand Delanoë, membre du Parti Socialiste, mais aussi le Parti Communiste et les Verts qu'il qualifie d'incapables à résoudre les vrais problèmes de la ville (l. 9/10).
   Selon l'auteur, le maire s'occupe trop de deux groupes sociaux de Paris qu'il appelle les « aidés » et les « aisés ». Parmi les « aidés » figurent surtout les immigrés extra-européens. L'auteur se plaint qu'ils profitent d'une façon exagérée par

rapport aux familles françaises de l'aide de l'Etat (l. 21–24) et que les associations immigrationnistes touchent des subventions de plus en plus élevées (l. 20/21). Par son discours, l'auteur montre cependant aussi ses penchants racistes et anti-intégrationnistes.
Lorsque l'auteur parle des « aisés », il s'en prend au « peuple des bobos » (l. 17), c'est-à-dire à la « bourgeoisie de gauche » (l. 16/17) dont le maire est issu. Selon l'auteur, l'administration gaspille les impôts pour soutenir les intérêts de cette couche sociale (donc pour ses propres membres) en entreprenant des transformations importantes dans le centre-ville : elle y installe partout des zones piétonnes et des pistes cyclables. Comme cela, Paris est transformé en « Boboland » (l. 31/40). En même temps, l'auteur se fait le porte-parole des couches sociales soi-disant négligées, chassées de la capitale. Il y a d'abord les familles françaises, incapables de payer le loyer élevé de leur appartement parisien qui se voient « obligées de s'expatrier » (l. 22). Et puis il y a les petits commerçants qui doivent, d'après lui, supporter une baisse significative de leur revenu dûe à la construction de zones piétonnes. Enfin il y a les ouvriers qui, par manque de parkings nécessaires, n'arrivent plus à rejoindre leur poste de travail. L'auteur se met donc du côté du « petit peuple », de la petite bourgeoisie, groupe cible typique de l'extrême droite, dont il prétend voir (et vouloir garder) les intérêts et besoins tout en attaquant la bourgeoisie aisée de gauche et les immigrés extra-européens.

3. Pour exprimer sa supériorité face à la municipalité et sa solidarité avec les gens de la petite bourgeoisie, l'auteur de cet article se sert de moyens rhétoriques multiples. En même temps, il fait voir ses propres convictions politiques et idéologiques.
Dès le début, l'auteur fait l'énumération de plusieurs festivités parisiennes, d'origine assez récente, dont la plupart ont une connotation sexuelle (la Techno-parade, Paris Plage, Paris plaisirs – Paris-capotes, la Gay-pride). Notons que l'auteur ne parle pas de l'arrivée du tour de France ou de l'équipe nationale de football, qu'il se met ainsi du côté des masses et des conservateurs des « bonnes mœurs ».
Pour souligner son opinion, surtout pour décrire des mesures prétendument nuisibles à la population ou pour diffamer la municipalité, l'auteur aime l'utilisation de deux mots de même sens (« les zones de stationnement sont volontairement et drastiquement réduites », l. 33 ; « une majorité […] brouillonne et désorganisée », l. 9 , « des élus […] dépassés et incapables », l. 9/10).
Comme les jeux de mots, les allitérations (« des aidés et des aisés », l. 19), les parallélismes dans la construction syntaxique « une ville réservée aux… une ville réservée aux… » (l. 15/16) martèlent le contenu que l'auteur semble vouloir ancrer dans la tête de ses lecteurs.
Un autre moyen rhétorique est l'ironie ou le sarcasme par lesquels l'auteur se moque du maire et ridiculise sa politique. Le meilleur exemple est le titre où il souligne le caractère fantaisiste des mesures entreprises par lesquelles la municipalité transforme Paris en « Boboland » (la ressemblance au « Disneyland » s'impose) ou – plus bas – en « boite de nuit » (l. 8). Comme cette métaphore, le mot

« Boboland » montre que la politique menée n'est pas à prendre au sérieux – enfin, ne serait pas à prendre au sérieux s'il n'y avait pas ces grosses sommes d'argent gaspillées aux dépens de la plupart de la population dupée et escroquée.
On trouve aussi les hyperboles dont l'auteur se sert un peu partout (« en tout premier lieu », l. 15/16 ; « point de salut », l. 18 ; « toute une série », l. 25 ; « aucun projet », l. 31 ; « drastiquement réduites », l. 33 ; « des sommes colossales », l. 37 ; « du pire des communautarismes », l. 38) sont, comme le choix des mots (« hystérique », l. 17 ; « terrible flambée », l. 21/22 ; « catastrophiques », l. 26), destinées à monter les lecteurs contre la municipalité et ses décisions.
Commençant « doucement » par l'« immoralité » de l'administration, l'auteur poursuit une gradation le menant du prétendu « sectarisme » (l. 11) jusqu'à l'expression « les ayatollahs verts » (l. 40) par laquelle il ne veut pas seulement souligner l'intolérance et l'étroitesse d'esprit des représentants politiques mais aussi le danger qui émane de leur administration.
A cause de ses moyens rhétoriques le présent texte est donc aussi diffamant que suggestif tout en voulant exciter les lecteurs contre la municipalité parisienne actuelle dont les élus socialistes, communistes et verts sont fort douteux pour l'extrême droite.

4. ***Hinweis:*** *Es handelt sich hier um einen Kreativauftrag, dessen Lösung an dieser Stelle nur Beispielcharakter haben kann. Verbinden Sie bei einer solchen Aufgabenstellung Ihre Kenntnisse aus Unterricht oder persönlichem Erleben, um kritisch zu einzelnen Aussagen des Textes Stellung zu beziehen. Gleichzeitig sollten Sie Formalia der schriftlichen Ansprache einhalten; nutzen Sie Ihre Produktionsfähigkeit, indem Sie tatsächlich einen fiktiven Adressaten anschreiben.*

Madame, Monsieur,

Ayant lu votre article « Bienvenue à Boboland » j'aimerais m'adresser à vous. Si je vous comprends bien, c'est surtout par souci de préservation de la belle capitale de la France que vous avez rédigé le texte. Madame, Monsieur, je peux concevoir vos préoccupations mais tout au contraire de vos convictions je suis d'avis que la municipalité de Paris entreprend des mesures efficaces pour affronter des problèmes dont vous mentionnez quelques-uns.
Paris est la ville des Parisiens et des Parisiennes, mais aussi des touristes et du trafic de transit. De plus, la ville exerce un grand attrait chez les Français de province comme chez les étrangers, chez les gens cherchant le prestige ou tout simplement du travail. Cela façonne le visage fascinant de Paris mais crée bien sûr aussi des problèmes.
Parlons d'abord de la pollution. Des bouchons sur le périphérique le matin et le soir, des bouchons dans le centre en même temps, vous connaissez le problème. Et vous savez aussi qu'on risque une crise de nerfs quand on habite près du périphérique ou d'étouffer quand on ose traverser à un feu rouge à l'heure de pointe. Comment réagir ? Les métros et les RER sont bondés, rien à faire dans ce domaine-là. Alors pourquoi pas motiver les automobilistes et les motards à monter

sur un vélo ? C'est bon pour la santé et, avouez-le, on va beaucoup plus vite en vélo qu'en voiture en ce moment. Vous dites qu'il faut un équipement cher ? Vous blaguez, on ne participe quand même pas au tour de France ! La bicyclette et un bon casque suffisent largement. Et si vous avez peur des vols, prenez l'un des vélos citadins qu'on trouve depuis peu à plusieurs endroits de la ville.
Madame, Monsieur, vous regrettez les pertes du commerce depuis qu'on a réduit le nombre de parkings dans le centre. Les gens veulent se garer devant le magasin de leur choix ? Qu'ils prennent le vélo et de plus ils n'auront plus la difficulté du transport, la bicyclette portant le poids. Un petit vin dans un des beaux café du coin pour lesquels Paris est si connu ? Pas de problème, car on n'est pas conducteur mais cycliste !
Et quand on est assis sur une des belles terrasses de café et qu'on prend un petit noir, un panaché ou peut-être une chope de bière, on les voit passer, tous ces gens internationaux, multicolores, multiculturels qui rendent la rue variée et intéressante. Vous dites que les immigrés posent des problèmes ? Madame, Monsieur, il faut d'abord dire que c'étaient nous qui les avons appelés au début pour profiter d'eux en tant qu'ouvriers zélés et peu chers. A Paris, comme vous le savez bien, on les a « logés » d'abord dans des bidonvilles, puis dans la banlieue. Oui, vous avez raison, depuis quelques années, Paris – comme d'autres métropoles françaises – connaît des tumultes, des agressions – remarquons que ces agressions vont dans les deux sens –, des voitures incendiées. C'est une jeunesse frustrée, entassée dans des cages à lapins, ne voyant que ses semblables, sans perspective qui réagit de façon paniquée, agressive, oui, il faut le dire, fautive. La violence ne résout jamais les problèmes. Et la politique, secouée en plus par une presse à scandales, fait des promesses, essaie de calmer les vandales ainsi que la population excitée. Mais réagit-elle ? Oui, en favorisant une mixité sociale. C'est en excluant les gens, en les regroupant dans la banlieue et c'est en faisant des séparations au nom du succès scolaire et social qu'on évite de faire connaissance, que des préjugés demeurent ou, encore pire, se forment. Alors laissez aux gens la possibilité de se connaître car le contact empêche toute xénophobie et tout excès violent. Alors soutenons, Madame, Monsieur, les responsables courageux qui essaient de trouver d'autres méthodes, de réaliser une politique intégrationniste.
On ne résout pas tous les problèmes à la fois, et les êtres humains sont aussi différents que leur manière de voir et de réagir face à leur entourage. Ne les critiquons pas, c'est seulement celui qui n'agit pas qui ne fait pas de fautes, mais aidons-les !

Avec mes meilleures salutations.

## Vos enfants ont-ils une vie meilleure que la vôtre au même âge ?

**Brigitte Martin, 60 ans, retraitée.** « Incontestablement, leur vie est plus difficile. Moi, j'ai eu de la chance de connaître les Trente Glorieuses. Quand on n'était pas content de son employeur, on claquait la porte et on retrouvait tout de suite du boulot. Mes enfants, Alexandre et Aurore, doivent, eux, réfléchir davantage. Tout est devenu plus compliqué. La compétition est partout. Ils sont toujours sous pression. »

**Joseph Bannier, 60 ans, commerçant.** « C'est bien plus facile aujourd'hui. Et tant mieux. Mais les gens se plaignent tout le temps. Pourtant, les jeunes ont tellement d'aides aussi bien pour les études que pour le logement. Je donne 150 € par mois à ma fille Marie-Caroline et je paie aussi pour son collège privé. Moi, dans ma jeunesse, je n'ai rien eu. J'ai travaillé à l'usine tout en payant mes études de comptabilité. »

**Christine Charton, 45 ans, infirmière.** « La vie n'est ni plus ni moins facile désormais. Elle est différente. Ma fille Emilie est infirmière comme moi, mais elle subit plus de pression au rendement. Ce qui a changé aussi, c'est l'accès à la consommation et les tentations qu'elle suscite. Les salaires n'ont pas été revalorisés. Mais elle s'en sort. Elle vient d'avoir un bébé, elle reçoit aussi des aides au logement. Je n'avais pas tout ça. »

**René-Paul Desse, 51 ans, professeur d'université.** « Actuellement, la vie quotidienne des jeunes est plus simple tant qu'ils ne cherchent pas un emploi. C'est plus agréable aussi avec l'accès aux voyages et aux loisirs comme pour mes enfants Florent et Maël. Le revers de la médaille vient ensuite à la sortie. Il faut compter deux à trois années de galère pour des bac + 5. Aujourd'hui, un tiers des étudiants vit de petits boulots. »

**Laurence Spira, 55 ans, sans profession.** « A 20 ans, j'étais hôtesse-interprète, je montais à Paris et tout me paraissait simple. Mes parents n'avaient, eux, qu'une obsession : me marier. Aujourd'hui, pour mes trois enfants, Raphaël, Carole et Jessica, le travail est devenu la priorité. Pour les jeunes d'origine étrangère, c'est encore pire. » *(372 mots)*

*Vos enfants ont-ils une vie meilleure que la vôtre au même âge ?
Aujourd'hui en France/Le Parisien daté 10.03.2006*

## Annotations :

| | | |
|---|---|---|
| l. 1 | incontestablement | certainement, indiscutablement |
| l. 2 | les Trente Glorieuses | *all. :* die wachstumsstarken Jahre von 1945 bis 1975 |
| l. 3 | claquer la porte | *ici :* démissionner, chercher un nouveau travail |
| l. 10/11 | études de comptabilité | *all. :* Ausbildung im Rechnungswesen/in der Buchführung |
| l. 13 | subir | supporter, éprouver |
| l. 14 | la pression au rendement | *all. :* der Leistungsdruck |
| l. 15 | susciter | faire naître, éveiller, produire |
| l. 15 | revaloriser les salaires | payer plus d'argent aux employés parce que tout devient plus cher |
| l. 16 | s'en sortir | trouver une solution pour une situation difficile |
| l. 21 | à la sortie | *ici :* à la sortie de l'université, c'est-à-dire quand les étudiants quittent l'université à la fin des études |
| l. 22 | une année de galère | une année très difficile et dure |
| l. 22 | les bac + 5 | les étudiants qui ont passé le bac et ensuite 5 années d'études à l'université |
| l. 24 | une hôtesse-interprète | *all. :* eine Empfangsdolmetscherin |
| l. 24/25 | monter à Paris | *ici :* aller à Paris pour y vivre |

## Aufgabenstellung:

1. Présentez les personnes interviewées et leurs points de vue concernant la question posée. *(compréhension)* *(12 Punkte)*
2. « Tout est devenu plus compliqué. » (l. 4/5). Précisez en quoi consistent les problèmes auxquels les jeunes sont confrontés aujourd'hui. *(analyse)* *(16 Punkte)*
3. « C'est bien plus facile aujourd'hui. » (l. 7). Expliquez cette constatation en vous référant aux expériences faites par les parents interviewés. *(analyse)* *(12 Punkte)*
4. Mohamed, 55 ans, immigré d'Algérie en 1971, a un fils de 18 ans qui va bientôt entrer dans la vie professionnelle. On lui demande si son fils Ahmed qui veut faire une formation de mécanicien automobile a de meilleures chances en 2008 que lui en 1971. Ecrivez sa réponse. *(commentaire/produktiv-gestaltende Aufgabe)* *(20 Punkte)*

## Lösungsvorschläge

1. ***Hinweis:*** *Bei dieser Arbeitsanweisung sollten Sie darauf achten, dass Sie alle befragten Personen in Ihre Antwort aufnehmen und deren unterschiedliche Positionen herausarbeiten. Verwenden Sie hierbei auch Wendungen, die Gegensätze ausdrücken, wie „d'un côté, de l'autre côté", „par contre" oder „à part cela".*

   Dans cet article tiré du journal « Aujourd'hui en France », des hommes et des femmes répondent à la question de savoir si les jeunes d'aujourd'hui mènent une vie plus agréable que la leur au même âge. Toutes les personnes interviewées sont issues de la génération d'après-guerre et viennent de différentes couches sociales. Brigitte Martin, 60 ans et retraitée, est d'avis que la vie des jeunes gens d'aujourd'hui est plus difficile qu'autrefois. Il n'est plus assez facile de trouver un travail et en même temps, d'après elle, il faut « réfléchir davantage » (l. 4) avant de quitter son emploi pour chercher un autre si on n'en est pas content. De l'autre côté, Joseph Bannier, 60 ans et commerçant ne partage pas cette opinion. Il est d'avis que la vie est « bien plus facile aujourd'hui » (l. 6) et que le problème consiste plutôt dans le fait que les jeunes se plaignent tout le temps même s'ils ont beaucoup plus de soutien financier de la part de leurs parents aujourd'hui, par exemple pour aller dans une école privée.
   D'autre part, Christine Charton, 45 ans, infirmière est d'avis que la vie des jeunes gens « n'est ni plus ni moins facile désormais » (l. 12) Selon elle, la vie se distingue seulement de la vie d'autrefois dans le fait qu'aujourd'hui, c'est surtout la compétition dans le domaine professionnel qui est plus grande et qui exige de plus en plus de « pression au rendement » (l. 14). D'après René-Paul Desse, 51 ans et professeur d'université, la vie des jeunes est devenue plus simple avec les voyages et surtout avec la mondialisation, mais par contre, ceux qui ont par exemple un bac +5 ont souvent des difficultés à trouver un emploi à plein temps. Par contre, Laurence Spira, 55 ans et sans profession, est d'avis que la vie était plus facile lorsqu'elle avait elle-même 20 ans. A l'époque, on attendait des jeunes femmes qu'elles se marient et qu'elles aient des enfants. Par contre, aujourd'hui, ce n'est plus le mariage qui occupe les jeunes gens car « le travail est devenu la priorité. » (l. 27)

2. ***Hinweis:*** *Achten Sie bei dieser Aufgabenstellung insbesondere darauf, eigene Gedanken zu entwickeln. Hierbei sollten Sie zunächst stichwortartig einige Problemfelder notieren, mit denen die Jugendlichen von heute konfrontiert werden. Anschließend ordnen Sie ihre Gedankengänge, sodass dieser Inhaltspunkt in sich geschlossen ist.*

   La citation « Tout est devenu plus compliqué » du journal « Aujourd'hui en France », montre bien que les jeunes d'aujourd'hui sont confrontés à plusieurs problèmes. D'abord, c'est surtout la compétition dans le monde du travail qui joue un rôle de plus en plus grand car il n'y a pas assez de postes de travail pour tous les jeunes gens. C'est pourquoi la pression commence déjà dans les écoles

lorsqu'il s'agit de réussir au bac pour faire des études supérieures à l'université. Dans certains cas, il faut même avoir le bac pour faire une formation professionnelle.
Dans les universités allemandes, il y a par exemple le « numerus clausus » qui règle déjà l'accès à certaines études, surtout à la médecine, à la psychologie et à la biochimie. En France, il y a une problématique similaire dans les Grandes Ecoles.
En outre, il y a de plus en plus de chômage aujourd'hui qu'il y a quarante ans lors des Trente Glorieuses. Comme il n'y a pas assez de postes de travail, il y a beaucoup d'emplois à temps partiel et des mini-jobs et enfin, les contrats sont presque toujours limités ce qui ne donne aucune garantie de garder son emploi. Il faut encore ajouter que les médias qui prennent de plus en plus d'importance aujourd'hui, posent aussi un problème. Il y a une vague d'informations à la télévision, la radio et aussi dans les journaux ce qui mène souvent à un surmenage des jeunes. La vie est devenue plus stressée, on n'a à peine la possibilité de se reposer et c'est pourquoi il y a souvent le phénomène de fatigue nerveuse, même déjà au sein de la jeune génération.

3. ***Hinweis:*** *Hier sollten Sie sich sowohl auf die Aussagen der befragten Personen beziehen als auch Ihre eigenen Gedanken entwickeln. Stützen Sie sich auf die Aussagen der befragten Personen und entwickeln Sie deren Antworten anhand von Beispielen weiter.*

De nos jours, les jeunes gens ont beaucoup plus d'aide financière que ceux à l'époque. Ce sont souvent les parents qui donnent de l'argent à leurs enfants pour qu'ils puissent faire des études à l'étranger ou dans une autre ville que leur ville natale. En outre, il y a plus d'aides financières garanties par l'Etat comme l'aide au logement ce qui permet même à ceux qui n'ont pas beaucoup d'argent de faire des études ou d'avoir une assez bonne formation professionnelle.
A part cela, la mondialisation joue un rôle plus important ce qui permet à beaucoup de jeunes étudiants de faire une partie ou même complètement leurs études à l'étranger. Les échanges scolaires ou universitaires sont devenus à la mode et c'est pourquoi beaucoup de jeunes décident de passer par exemple un an dans un autre pays d'Europe ou aux Etats-Unis. Il y a beaucoup d'offres, tels que les places de jeunes filles au pair, les stages dans des entreprises ou écoles, les programmes Erasmus ou Socrates. En outre, on peut enseigner sa langue maternelle comme assistant dans une école à l'étranger. Il est devenu plus facile et d'autant plus agréable de faire des voyages ailleurs et d'avoir aussi assez de temps pour les loisirs à côté des études. L'offre des loisirs et des distractions a augmenté de sorte que les jeunes peuvent tous faire un sport ou jouer d'un instrument dans leur temps libre.
En fin de compte, c'est surtout le phénomène de la mondialisation qui offre beaucoup d'avantages aux jeunes gens pour s'adapter à de nouvelles situations et pour avoir des attitudes plus tolérantes envers les autres.

4. ***Hinweis:*** *Diese Aufgabenstellung ist relativ offen. Sie sollten jedoch darauf achten, dass Sie Ihre Antwort unter verschiedenen Gesichtspunkten betrachten. Hierbei sollten Sie die Problematik des Arbeitsplatzes, die Schulbildung und auch den Migrationshintergrund in Ihre selbst gestaltete Antwort einbeziehen.*

Lorsque j'avais moi-même 18 ans comme mon fils Ahmed aujourd'hui, j'étais encore au collège en train de passer mon brevet. Comme ma famille et moi, nous avons immigré d'Algérie en 1971, ce n'était pas facile pour moi de m'intégrer dans la France métropolitaine. Même si la guerre en Algérie était finie et l'Algérie avait gagné son indépendance en 1962, un jeune homme immigré d'Afrique n'était pas encore tout à fait accepté en France. A l'époque, je voulais aussi faire un apprentissage dans le secteur automobile tout comme mon fils Ahmed qui, en ce moment, est en train de rédiger ses lettres de candidatures et son CV car il veut commencer à faire son apprentissage en tant que mécanicien automobile. Selon moi, d'un côté, il est plus facile aujourd'hui pour les jeunes de survivre car ils ont de plus en plus d'aides financières de l'Etat et de leur famille et ils décident souvent de rester plus longtemps à la maison que lorsque j'étais jeune. Ainsi, ils n'ont pas autant de soucis financiers que nous à l'époque qui avions souvent déjà femme et enfants à nourrir avec notre salaire.
De l'autre côté, les jeunes de nos jours vivent dans la compétition. Cela commence déjà à l'école : mon fils Ahmed a décidé d'aller au lycée technique et de passer le bac pour avoir de meilleures chances d'entrer dans sa formation professionnelle souhaitée. Il doit avoir de bonnes notes, surtout en sciences naturelles, mais aussi en anglais, car, aujourd'hui, il est devenu plus important de s'adapter à la mondialisation de l'économie et d'être flexible. Ce qui a changé aussi parmi les jeunes gens, c'est surtout que les jeunes sont plus expressifs qu'à l'époque. Leur dialogue a changé, c'est-à-dire qu'ils s'expriment librement et ils savent déjà à l'âge de 20 ans ce qu'ils veulent atteindre. Je trouve cela très positif.
En plus, mon fils Ahmed a moins de problèmes pour se faire intégrer dans la société française car il fait déjà partie de la deuxième génération vivant en France. Alors, il parle couramment le français depuis son enfance. Certes, il y a encore des préjugés à cause de la couleur de la peau, mais à mon avis, cela s'est quand même amélioré et je pense que sa génération a plus de chances que la nôtre.

## Vivre ensemble. Talieh, alias Mathilde

*Talieh est née à Toulouse de parents iraniens. Elle est interviewée par Luc André.*

**Etre née en France a-t-il facilité votre intégration ?**

Oui et non. Naître en France, ce n'est pas tout. Cela m'a certes donné la nationalité immédiatement, mais l'intégration ne se résume pas à des papiers.

Mes parents ont tout fait pour que je me sente française. Ma première langue n'a donc pas été l'iranien, mais le français. Je n'ai appris la langue de mes parents que plus tard. [...] Cette volonté d'intégration s'est exprimée aussi dans le choix de mon école.

J'ai été vite retirée de l'école primaire du Mirail, un quartier populaire à forte population étrangère. Mes parents m'ont inscrite dans un établissement privé catholique.

J'étais la seule fille d'immigrés dans ma classe, je me suis toujours sentie un peu en marge. Tout le monde était très gentil, mais je m'appelais Talieh et pas Delphine.

Un épisode est encore gravé dans ma mémoire : lors d'un pèlerinage à Lourdes avec ma classe, j'ai dû attendre sur les marches d'une église pendant que mes camarades assistaient à la messe à l'intérieur. Cela a été comme un électrochoc. Je voulais être comme tout le monde. Je me suis fait baptiser et j'ai changé de prénom. Je suis devenue Mathilde.

**Qu'est-ce que cela a changé ?**

J'étais plus sereine. Je ne me posais plus de questions sur mon identité. Plus tard, nous avons déménagé et je suis allée dans un nouveau collège. En tant que Mathilde cette fois. C'était comme un nouveau départ. [...]

C'est curieusement en allant étudier aux Etats Unis que j'ai senti des lacunes dans mon identité française, quand on m'a demandé de cuisiner un plat typique ou de parler de certaines traditions. Je ne savais pas grand-chose. Je me suis alors aperçue que je n'étais pas aussi franchouillarde que je l'imaginais. Pourtant, à la fin de mes études, j'ai eu le choix de rester en Amérique, mais j'ai préféré rentrer en France. Chez moi.

**Avec le recul, regrettez-vous ces sacrifices ?**

Pas une seule seconde. Cela n'a rien enlevé à mon héritage culturel. A la maison, on a continué à alterner les repas iraniens et le cassoulet, à mélanger les langues au gré des conversations. Ce nouveau prénom m'a juste permis de passer plus inaperçue.

Mais je ne veux pas dire que le changement de prénom soit la seule ou la meilleure solution pour s'intégrer. Il m'a donné confiance en moi à l'époque. Aujourd'hui, je suis parfaitement intégrée, et je considère ma double identité comme une richesse. Une richesse que je transmettrai à mes enfants, si un jour j'en ai. *(460 mots)*

*Luc André : « Vivre ensemble. Talieh, alias Mathilde », texte abrégé d'après : Ecoute, 07/07, p. 42, www.ecoute.de*

**Annotations :**

| | | |
|---|---|---|
| l. 2 | certes | certainement |
| l. 13 | un pèlerinage | *all. :* Pilgerfahrt |
| l. 16 | baptister | *all. :* taufen |
| l. 19 | serein, e | *all. :* heiter, unbeschwert |
| l. 20 | en tant que | *all. :* als |
| l. 22 | des lacunes, f | ce qui manque |
| l. 25 | franchouillard, e | *fam. adj. :* typiquement français |
| l. 28 | avec le recul | *all. :* rückblickend |
| l. 28 | un sacrifice | *all. :* Opfer |
| l. 29 | un héritage | ce qu'on tient de ses parents |
| l. 30 | le cassoulet | une spécialité française |
| l. 30 | au gré de | *all. :* je nach Belieben |
| l. 31 | passer inaperçu, e | ne pas se faire remarquer |

**Aufgabenstellung:**

1. Décrivez les étapes de la vie de Talieh, alias Mathilde. *(compréhension)* *(12 Punkte)*
2. Expliquez comment s'exprime la volonté d'intégration des parents de Talieh-Mathilde. *(analyse)* *(15 Punkte)*
3. Analysez les raisons du changement de nom et du baptême ainsi que les conséquences qui se présentent tout de suite et plus tard lors de son séjour aux Etats-Unis. *(analyse)* *(15 Punkte)*
4. Comparez les motifs du changement de nom de Talieh-Mathilde et d'Anne-Sélima. *(commentaire/produktiv-gestaltende Aufgabe)* *(18 Punkte)*

## Lösungsvorschläge

1. ***Hinweis:*** *Achten Sie bei dieser Aufgabenstellung darauf, die Etappen in Taliehs Leben in eigene Worte zu fassen oder diese mit den passenden Zitaten zu belegen. Da es sich hierbei um mehrere Etappen handelt, versuchen Sie, sich kurz und prägnant zu fassen.*

Dans l'article « Vivre ensemble, Talieh, alias Mathilde » il est question de la vie d'une jeune femme, Talieh, née en France de parents iraniens qui se fait baptiser et devient Mathilde. Son enfance en France est marquée par différentes étapes. Dans un premier temps, Talieh apprend la langue française comme première langue avant de connaître la langue maternelle de ses parents, l'iranien. Ensuite, elle entre dans une école privée (l. 9/10) afin d'être parmi les Français et non parmi les étrangers. Mais en tant que seule fille d'immigrés dans sa classe, elle se sent pourtant « un peu en marge » (l. 11/12). C'est une expérience vécue lors d'un pèlerinage à Lourdes (l. 13) qui marque la troisième étape de sa vie, celle de se faire baptiser et de changer de prénom. Elle adopte un nom français et devient Mathilde. Désormais elle se sent plus française et ne se pose « plus de questions » (l. 19) sur son identité. Plus tard, elle déménage avec ses parents et entre dans un nouveau collège. Dès lors, elle repart à zéro avec sa nouvelle identité. Bien qu'elle se sente plus française à partir de ce moment-là, elle fait une expérience assez délicate lors d'un séjour aux Etats-Unis. Au cours de ce séjour, elle constate qu'il lui manque certains détails dans la tradition des Français. Il en résulte que pour la première fois depuis son baptême, elle est partagée entre deux identités. Pourtant, elle décide de rentrer en France qu'elle désigne comme « Chez moi » (l.27). Cette dernière étape montre bien qu'elle s'est parfaitement intégrée dans la société française.

2. ***Hinweis:*** *Bei dieser Aufgabenstellung sollten Sie nur die Punkte erwähnen, die die Eltern angestrebt haben, ihre Tochter in die Gesellschaft einzugliedern und nicht die eigenen Motivationsgründe von Talieh.*

La volonté d'intégration des parents de Talieh-Mathilde se montre de façon complète. Comme Talieh est née en France, elle a la nationalité française dès sa naissance. C'est déjà très tôt que les parents reconnaissent que la nationalité ne fait pas encore l'intégration toute entière. A cause de cela, ils font d'abord apprendre le français à leur fille et ce n'est que plus tard qu'elle apprend la langue de ses parents, l'iranien. Cela explique aussi pourquoi ils choisissent une école catholique française dans laquelle il y a seulement des Français. D'un côté Talieh peut alors mieux s'intégrer dans la société, mais de l'autre côté cela entraîne aussi certains inconvénients. Tout d'abord à cause de son nom iranien qui se diffère des noms français, et puis à cause de la religion. A la maison, les parents apprennent aussi la culture française à sa fille en cuisinant « le cassoulet » (l. 30) par exemple. Mais dans ce cas, ils ne sont pas assez conséquents, car ils font aussi des repas iraniens, car ils cherchent en même temps à garder leur propre culture. En fin de compte, les parents de Talieh essaient de faire de leur mieux pour intégrer leur fille, mais ils attachent aussi de l'importance à transmettre leur langue et leur culture d'origine à Talieh-Mathilde.

3. ***Hinweis:*** *An dieser Stelle sollten Sie insbesondere auf das Schlüsselerlebnis der « pèlerinage » in Taliehs Leben eingehen und dieses ausführlicher erklären.*

Talieh, qui s'est bien intégrée dans la société française, mais n'a pas de nom français a toujours souffert de cette situation. Elle se distingue donc des autres à cause de l'origine de ses parents et en outre, elle ne passe jamais inaperçue. Ce qui a déclenché le changement de nom, c'était surtout l'expérience qu'elle a fait lors du pèlerinage à Lourdes. C'est à ce moment-là qu'elle se sent à l'écart de la société française, car elle est obligée de rester seule en dehors de l'église au lieu d'assister à la messe avec ses camarades de classe. Pour la première fois, elle comprend que l'intégration n'est pas aussi facile qu'elle le croyait. Comme elle ne peut pas accepter de ne pas faire partie de la communauté française, car elle se sent autant Française que les autres, elle décide de se faire baptiser et de devenir « Mathilde » (l. 17). Ce faisant, elle se sent mieux acceptée par les autres. Mais pourtant, Talieh-Mathilde n'est pas tout à fait française, car elle ne peut pas nier ses racines iraniennes. En effet, lors d'un séjour aux Etats-Unis, elle constate qu'elle a des lacunes quant à son identité française. Tout le monde pense qu'elle est Française à cause de son prénom qui est maintenant typiquement français. Mathilde doit constater qu'elle porte aussi un héritage culturel en elle qui est celui de ses parents. Pourtant, lorsqu'elle a le choix de rester aux Etats-Unis, elle décide de « rentrer en France » (l. 26) qu'elle appelle « Chez moi » (l. 27). Cela montre bien qu'elle est devenue plus sûre d'elle et qu'elle accepte d'être Française d'un côté, mais de l'autre côté aussi de maintenir le patrimoine culturel de ses parents, c'est-à-dire de continuer « à alterner les repas iraniens et le cassoulet, à mélanger les langues au gré des conversations » (l. 30/31). Elle ne regrette pas du tout de s'être fait baptiser, mais elle décide aussi d'être plus sereine et plus fière de sa deuxième origine ce qu'elle considère désormais comme une « richesse » (l. 35).

4. ***Hinweis:*** *In der vierten Arbeitsanweisung handelt es sich um einen klassischen Vergleich. Sie sollen an dieser Stelle ihre Lektürekenntnisse aus dem Buch „Anne ici, Sélima là-bas" nachweisen und diese mit der gegebenen Textstelle vergleichen. Achten Sie darauf, sowohl Gemeinsamkeiten als auch Unterschiede herauszuarbeiten.*

Lorsqu'on compare les motifs du changement de nom de Talieh-Mathilde et d'Anne-Sélima, on peut constater qu'il y a de grands parallèles entre les deux filles. Tout d'abord, toutes les deux changent leur prénom afin d'être mieux intégrée dans la société française car un nom français contribue à ne pas se faire remarquer. On peut passer plus inaperçu parmi les gens. Toutes les deux souffrent du fait de ne pas faire partie des Français et avoir une double identité les met tou-

jours un peu à l'écart. En plus, les deux filles ne cherchent rien de plus que d'être comme tout le monde.
Contrairement à Talieh, Sélima ne se fait pas baptiser. Elle n'implique pas la religion dans son chemin d'intégration. En changeant de prénom, elle espère en même temps avoir l'air plus sérieux et se faire mieux accepter par les gens intelligents dans son environnement. Pour elle, cela facilite à réussir un jour et à devenir une véritable Française. Sélima pense aussi qu'un nom particulier qui ressemble à un nom anglais ou breton fait paraître être une brillante élève. Ensuite, toutes les deux montrent qu'elles ont des difficultés à s'identifier avec leurs deux identités. Toutes les deux pensent qu'il est mieux de ne pas se faire remarquer afin de ne pas devenir victime du racisme. C'est surtout Sélima qui a de grandes difficultés à accepter que l'origine de ses parents est l'Algérie et sa deuxième langue l'arabe qu'elle refuse même de parler. Elle pense que l'arabe n'a rien de sérieux et elle a peur de devoir rester dans les HLM. Ce sont surtout les sorts de leurs anciens copains et copines tels que par exemple sa meilleure copine, Djamila, est victime d'un mariage forcé avec un Algérien, qui lui font peur. C'est pourquoi elle essaie de tout faire pour s'intégrer. En fin de compte, cette comparaison montre bien que les destins des deux filles se ressemblent. Ce sont des sorts de filles issues de l'immigration qui ne souhaitent qu'une seule chose, d'être autant acceptées par les autres que leurs copains qui sont de «vrais» Français.

## Régine Deforges, La bicylette bleue [extrait]

*Pendant l'occupation allemande, la famille Delmas, propriétaire d'un domaine de vignobles à Montillac, dans la région de Bordeaux, doit héberger des soldats allemands, dont un officier qui s'appelle Otto. La scène suivante se passe en été 1942. Après un repas en famille, Léa Delmas sort de la maison avec sa sœur cadette Laure et lui demande une explication. Dans la discussion, il est question de Françoise, la sœur aînée de Léa et Laure.*

« Que s'est il passé pour que papa soit aussi nerveux ? »

Laure baissa la tête. Deux larmes coulèrent sur ses mains posées sur ses genoux.

« Petite sœur, ne pleure pas. Dis-moi ce qui s'est passé. »

Laura se jeta en sanglotant au cou de son aînée.

« Jamais je n'oserai te le dire, surtout à toi. »

« Pourquoi, surtout à moi ? »

« Parce que toi, tu ne peux pas comprendre. »

« Comprendre quoi ? »

Les sanglots redoublèrent.

« Parle, je t'en prie, pense à papa. »

« Oh ! papa, ce n'est pas le plus grave. »

Que voulait-elle dire ? Agacée, Léa la secoua.

« Qu'est-ce que ça veut dire ? Qu'y a-t-il de plus grave ? »

« Françoise », balbutia-t-elle.

« Françoise ?… »

« Françoise et Otto. »

« Françoise et Otto ? Explique-toi, je ne comprends pas. »

« Ils veulent se marier. »

« Se marier… »

« Oui. Hier, le capitaine a fait sa demande à papa. »

« Je comprends. Et papa a refusé, évidemment. »

« J'en étais sûre, je le savais bien que tu ne comprendrais pas et que Françoise n'avait aucune chance que tu l'aides. Je le lui avais dit. Mais elle répétait : Tu te trompes, Léa a de l'expérience, elle sait ce que c'est que l'amour. Et moi, je lui disais que ce n'était pas vrai, que tu n'en savais rien. […] En dehors de Montillac, tu n'aimes rien ni personne. Le pauvre Mathias l'a bien compris. C'est pour ça qu'il est parti. »

« Laisse Mathias en dehors de ça, veux-tu ? C'est de Françoise dont il s'agit et de ses sales amours avec un Allemand. »

« De ça aussi, j'en étais sûre. Tu ne jures que par ton général de Gaulle et les terroristes qu'il envoie de Londres pour saboter les lignes téléphoniques, faire sauter les trains et assasiner des innocents. »

« Assassiner des innocents ! Comment oses-tu qualifier d'innocent l'ennemi qui occupe notre pays, qui l'affame, qui le déporte, qui le tue ? […] »

« C'est eux qui ont tort, ce sont des rebelles. »

« Des rebelles ! Ceux qui se battent pour l'honneur de la France ? »

« Ce ne sont que des mots, de grands mots vides. L'honneur de la France, c'est le Maréchal qui l'incarne. »

« Tais-toi, tu n'es qu'une sotte ignorante. Ton Maréchal est le complice d'Hitler. […] Il s'est servi de son prestige de héros de la guerre de 14 pour faire accepter la honte de l'armistice. »

« Sans cet armistice, des centaines de milliers de gens seraient morts, comme maman, sous les bombes. »

En prononçant le mot « maman », Laure se remit à pleurer. Léa prit sa tête et l'attira contre son épaule. *(498 mots)*

*Régine Deforges, « La bicyclette bleue », © Editions Fayard, Paris 1983, p 375 – 377*

**Annotations :**

| | | |
|---|---|---|
| l. 4 | sangloter | pleurer |
| l. 9 | redoubler | augmenter, devenir plus fort. |
| l. 14 | Françoise | la sœur aînée de Léa et de Laure |
| l. 26 | Mathias | ami d'enfance, amoureux de Léa |
| l. 38 | le Maréchal | le Maréchal Pétain, héros de la guerre de 1914 – 1918, en 1942 chef du gouvernement de Vichy, après 1945 condamné à mort pour collaboration |
| l. 40 | la guerre de 14 | la Première Guerre mondiale (1914 – 1918) |
| l. 43 | sous les bombes | la mère de Léa est morte sous un bombardement allemand |

**Aufgabenstellung:**

1. Résumez la discussion entre Léa et Laure. *(compréhension)* *(12 Punkte)*
2. Etudiez l'atmosphère et les réactions que provoque l'intention de Françoise auprès des membres de la famille. *(analyse)* *(11 Punkte)*
3. Analysez les opinions divergentes des deux sœurs qui se manifestent dans la discussion. *(analyse)* *(18 Punkte)*
4. Jugez les attitudes différentes des Français vis-à-vis de l'occupant allemand en vous basant sur le texte présent et sur le film de L. Malle *« Au revoir, les enfants ». (commentaire)* *(19 Punkte)*

## Lösungsvorschläge

1. **Hinweis:** *Sie sollten bei dieser Aufgabenstellung darauf achten, dass Sie die wichtigsten Punkte der Diskussion zwischen Lea und Laure herausarbeiten und diese mit eigenen Worten zusammenfassen. Hierbei sollte die Problematik des Gesprächs deutlich werden.*

   Cet extrait du roman « La bicyclette bleue » de Régine Deforges traite d'une discussion entre Léa et Laure, filles d'une famille française qui vit à Montillac, dans la région de Bordeaux. Dans cette discussion, il est question de Françoise, la sœur aînée de Léa et de Laure. Léa constate que son père est inquiet et demande à Laure de lui donner les raisons pour ce trouble. Laure se montre affectée, elle se met à pleurer. Elle hésite alors de donner des explications car elle craint que sa sœur Léa ne le comprenne pas. Léa commence alors à pousser Laure à lui raconter ce qui s'est produit. C'est à ce moment-là que Laure commence à parler de l'événement central concernant leur sœur aînée, Françoise, qui veut se marier avec un soldat allemand, Otto. Le père a refusé la liaison et Françoise demande maintenant l'aide à ses deux sœurs cadettes. Léa insulte sa sœur aînée à cause de son amour pour un Allemand, car elle n'est pas du côté de l'occupant. Lors de cet entretien, on apprend que Léa est du côté de la Résistance dirigée par Charles de Gaulle et elle désigne le maréchal Pétain de « complice d'Hitler ». Laure par contre, se met du côté du Maréchal Pétain, la tête du régime de Vichy. Laure et Léa se disputent jusqu'à ce que Laure mentionne sa mère morte et commence à pleurer. On apprend ensuite que leur mère est morte sous un bombardement allemand dans les années quarante.

2. **Hinweis:** *In diesem Aufgabenteil sollten Sie sich nochmal die unterschiedlichen Positionen von Léa, Laure und deren Vater in Bezug auf die älteste Tochter Françoise vor Augen halten. Sie können hierbei auch eventuelle Hintergrundinformationen über die Beziehung Frankreich – Deutschland im zweiten Weltkrieg, die Sie aus dem Unterricht kennen, in die Analyse mit einbetten.*

   Tout d'abord l'atmosphère telle qu'elle est décrite dans ce passage est très tendue, car l'intention de Françoise provoque des réactions très différentes au sein de la famille Delmas. D'un côté, il y a Laure qui se met du côté de Françoise, de l'autre côté, il y a le père et Léa qui se prononcent contre le mariage de Françoise et d'Otto. Le sujet du mariage de Françoise avec un soldat allemand crée une atmosphère assez sombre. Laure décrit la situation d'une manière inquiétante. « Oh ! papa, ce n'est pas le plus grave. » (l. 11) Elle se fait des soucis pour Françoise et elle espère que Léa lui donnera un coup de main pour qu'elles puissent enfin soutenir leur sœur aînée dans son projet de mariage. Effectivement, Léa n'accepte pas que sa sœur se marie avec un Allemand ce qu'elle désigne comme un « sale amour » (l. 29). En se référant à la réaction du père de la famille Delmas, il faudrait ajouter qu'à cette époque, le mariage d'une Française avec un Allemand constitue un scandale. Le contexte historique montre des images telles que les femmes tondues qui ont été humiliées en public. Avec son opinion, Léa s'oppose à sa sœur cadette ce qui va provoquer une discussion très forte même sur les relations entre la France et l'Allemagne. Par conséquence, les deux sœurs n'arrivent pas à aboutir à un compromis. Au-delà des rapports familiaux, cette scène montre les deux camps en France : le côté des Résistants et le côté des Collaborateurs.

3. ***Hinweis:*** *Machen Sie die unterschiedlichen Positionen der beiden Schwestern deutlich machen. Hierbei sollten Sie auf jeden Fall auch ihr Hintergrundwissen zu dem Thema mit einbringen, um die unterschiedlichen Haltungen der beiden Schwestern in Verbindung mit der französischen Gesellschaft zur Zeit der Besatzung zu bringen.*

Dans cet entretien entre Léa et Laure, on peut voir de façon très concrète les différentes opinions des Français vis-à-vis de l'Allemagne. En effet, la scène se déroule en 1942 sous l'Occupation. Au cours de la discussion, on apprend que Léa, la sœur de Laure, est du côté de la Résistance dirigée par Charles de Gaulle depuis 1940. Elle insulte les Français qui travaillent avec l'Occupant allemand : « Comment oses-tu qualifier d'innocent l'ennemi qui occupe notre pays, qui l'affame, qui le déporte, qui le tue ? […] » (l. 33/34). Pendant cet entretien, son attitude négative envers les Allemands et le régime de Vichy devient de plus en plus forte et émotionnelle. Le point culminant de son argumentation est marqué par une provocation. Elle insulte sa sœur en utilisant des mots méchants : « Tais-toi, tu n'es qu'une sotte ignorante. Ton Maréchal est le complice d'Hitler. […] » (l. 39). Par contre, Laure défend son opinion sur le régime de Vichy. Elle reproche à de Gaulle d'envoyer « des terroristes » (l. 31) depuis Londres et de « saboter les lignes téléphoniques », de « faire sauter les trains » et d'« assassiner des innocents » (l. 31/32). Son argumentation contre le général de Gaulle évolue aussi au cours de la conversation, mais elle reste plus tranquille que sa sœur et ne l'insulte pas. Elle critique la Résistance en montrant sa déception d'une façon assez rationnelle : « Ce ne sont que des mots, de grands mots vides. L'honneur de la France, c'est le Maréchal qui l'incarne » (l. 37/38). Après que Léa a prononcé le mot « armistice » (l. 41), Laure devient plus affective et intègre ses expériences personnelles concernant la mort de leur mère dans son argumentation (l. 42/43). Ensuite, Laure commence à pleurer. Sa réaction montre bien qu'elle est jeune et très sensible et qu'elle montre ses sentiments intimes.

4. ***Hinweis:*** *Wenden Sie über die Textstelle hinausgehend Ihr Hintergrundwissen aus dem Unterricht an. Stellen Sie zunächst noch einmal die unterschiedlichen Haltungen in der Familie Delmas heraus. Notieren Sie sich stichwortartig, welche Haltungen in dem Film „Au revoir les enfants“ deutlich werden und stellen sie diese einander gegenüber.*

En ce qui concerne les Allemands en France pendant l'Occupation, les opinions des Français étaient très divisées. Tout d'abord, le roman « La bicyclette bleue »

montre une sorte de microcosme de la société française au sein de la famille Delmas. D'une part, Léa et son père semblent être du côté de la Résistance en sympathisant avec de Gaulle, d'autre part Laure et sa sœur Françoise sont plutôt du côté de la Collaboration. Mais de toute façon, les positions des Delmas ne sont pas assez claires, car la famille héberge quand même des soldats allemands. On peut supposer qu'ils ont peur d'être saisis et c'est pourquoi ils respectent les conventions de l'occupant pour ne pas se faire remarquer. Cela montre que la plupart des Français restent plutôt neutres envers les Allemands parce qu'ils ont tous peur de devenir aussi les victimes des intrigues de la Collaboration.
Dans le film « Au revoir les enfants » on peut constater qu'il y a aussi toute la gamme des opinions parmi les Français. Mlle Quentin représente la société bourgeoise qui reste plutôt neutre face au régime allemand. Elle fait partie de ceux qui acceptent le comportement des Allemands et qui n'ose pas résister. François, son fils aîné par contre se révolte contre sa mère. Il propose d'entrer dans le maquis, ce qui est selon sa mère une idée d'enfant car elle pense qu'il faut plutôt penser à sa carrière scolaire. Ensuite, il y a aussi ceux qui sont des membres actifs dans la Résistance comme par exemple Moreau qui se cache dans le couvent. En général, on peut constater que l'ambiance dans le couvent en 1944 est plutôt anti-collaborationniste d'après les entretiens des enfants qui adoptent les opinions politiques de leurs parents. Ils sont au courant de la manipulation des médias, surtout de la radio et c'est pourquoi il faut se tenir à la vérité qui est entre les deux chaînes, Radio-Paris et radio Londres. En 1944 les Alliés ont déjà débarqué en Normandie et la plupart des Français espéraient que la guerre serait bientôt finie.

## Tous les jours le même cauchemar !

*Le texte suivant parle de l'Algérien Larbi qui travaille à Paris.*

Larbi ne supporte plus de travailler dans cette ville. Il ne peut plus voir en peinture sa camionnette et aimerait bien faire demi-tour pour rentrer chez lui. Mais il doit pourtant se dépêcher s'il veut arriver suffisamment tôt à l'entrepôt, Porte de Versailles, pour faire un nouveau chargement et revenir livrer à temps son client, un bar branché à proximité du canal Saint-Martin qui, à coup sûr, exigera un rabais sur le prix en cas de retard. On lui a déjà fait le coup… Avant, il aimait bien aller livrer chez Raymond, un vieil Auvergnat affable qui avait su faire de son bistrot un endroit chaleureux et vivant où tous les habitants s'arrêtaient à un moment ou un autre de la journée pour s'en jeter un petit et discuter le coup. Depuis que le bar a été repris, ce n'est plus pareil. Larbi ne peut pas sentir les nouveaux propriétaires, un couple de provinciaux arrogants habillés comme des ados américains qui le tutoient ostensiblement. […]

Si au moins il habitait à Paris, il ne perdrait pas des heures entières sur le périph. Mais aujourd'hui, avec quatre enfants et son salaire, ce n'est plus possible. Pas même à Ménilmontant, où il a pourtant grandi avec ses six frères et sœurs, car les prix ont flambé et les HLM sont rares. Ceux qui en bénéficient font tout pour ne pas les lâcher, sinon ils sont bon pour passer le périph, eux aussi.

La vie est devenue dure à Paris. Vraiment dure. Alors qu'à la télé, on parle sans cesse de respect et de tolérance, Larbi ne s'est jamais autant senti en milieu hostile. Etranger.

Coincé la plupart du temps dans sa camionnette, il ne voit plus personne. Les klaxons qu'il essuie à chaque fois qu'il gagne un mètre et les jurons des cyclistes et des rollers semblent lui crier qu'il n'est plus d'ici. Que cette ville ne veut pas de lui et de son boulot pourri. Il n'y en a plus que pour les chiens et ces jeunes branleurs déjà ridés et mal rasés avec leurs copines aux cheveux gras qui se baladent en treillis […] à n'importe quelle heure de la journée. Comme s'ils n'avaient pas de boulot… « Mais y vivent de quoi, ces gens ? » se demande toujours Larbi. C'est plus fort que lui mais ça l'agace, ces gosses de riches qui s'installent près des pauvres pour mieux les chasser. Vivre comme des pauvres sans les pauvres, c'est le nouveau truc des riches !

En fait, Larbi n'aime plus Paris. Ça pue la mort. Ça faisande doucement malgré les fêtes sinistres organisées par la mairie. Il est déjà impatient de rentrer à Evry pour retrouver sa femme et ses gosses. […] *(477 mots)*

*Le Perroquet libéré, La vie à Paris, du rêve à la réalité, article du 05 décembre 2005 dans : http://www.newropeans-magazine.org/content/view/3046/121/;Zugriff am 28. 05. 2008 ; Text geringfügig gekürzt*

**Annotations :**

| | | |
|---|---|---|
| l. 1 | voir en peinture | supporter |
| l. 4 | un bar branché | un bar à la mode |
| l. 6 | faire le coup à qn | *all. :* jdn. hereinlegen |
| l. 7 | affable | *all. :* jovial, leutselig, freundlich |
| l. 9 | s'en jeter un petit | boire un verre |
| l. 12 | ostensiblement | *all. :* offensichtlich |
| l. 13 | le périph | le périphérique |
| l. 15 | Ménilmontant | quartier populaire dans le XX[e] arrondissement à Paris |
| l. 17 | Ils sont bon pour passer le périph | Ils sont obligés de quitter le centre de Paris pour vivre de l'autre côté du périphérique |
| l. 21 | coincé, e | *all. :* eingezwängt |
| l. 24 | il n'y en a plus que pour les chiens | on ne s'occupe que des gens en difficulté |
| l. 24 | branleur, *m* | derbes Schimpfwort, *all. :* Wichser |
| l. 25 | en treillis | *all. :* im Drillich-, Kampfanzug |
| l. 30 | faisander | *all. :* abgestanden schmecken |
| l. 31 | Evry | commune située à 26 kilomètres au sud-est de Paris |

**Aufgabenstellung:**

1. Résumez les informations que le texte donne sur le personnage principal. *(compréhension)* *(12 Punkte)*

2. Expliquez les problèmes auxquels Larbi est confronté tous les jours. *(analyse)* *(18 Punkte)*

3. Dégagez l'image de Paris que le texte évoque. *(analyse)* *(15 Punkte)*

4. Un délégué municipal chargé du développement culturel de la ville de Paris lit cet article du *Perroquet libéré*.
   Imaginez sa réaction : dans une lettre adressée au magazine, il se réfère à la situation de Larbi, admet des désavantages d'un méga-centre comme Paris, et met surtout en valeur les aspects positifs de sa ville.
   Ecrivez cette lettre. *(commentaire/produktiv-gestaltende Aufgabe)* *(15 Punkte)*

## Lösungsvorschläge

1. ***Hinweis:*** *Achten Sie bei diesem Résumé darauf, die wichtigsten Informationen über die Hauptperson in ihren eigenen Worten und nicht in Form von Zitaten wiederzugeben. Die Sätze sollten hierbei kurz und prägnant sein und keine zusätzlichen Informationen wie zum Beispiel Kommentare oder Wertungen enthalten.*

   Larbi est livreur de boissons. Il approvisionne des bars avec une camionnette et il se fournit dans un entrepôt Porte de Versailles. Ce travail est mal rémunéré.
   Père de quatre enfants, il ne peut pas se permettre d'habiter Paris et vit donc en banlieue, à Evry.
   Il ne peut pas envisager de vivre par exemple à Ménilmontant, le quartier où il a grandi avec ses nombreux frères et sœurs, car même là, les loyers sont devenus inabordables.
   Larbi se sent mal à l'aise à Paris. Il supporte difficilement les encombrements, l'arrogance des Parisiens et la tristesse ambiante.

2. ***Hinweis:*** *Belegen Sie wenn möglich die unterschiedlichen Probleme, mit denen Larbi konfrontiert wird, mit mehreren Textstellen. Auch bei dieser Aufgabe ist es wichtig, den Inhalt mit eigenen Worten wiederzugeben und längere Zitate zu vermeiden.*

   Dans sa vie quotidienne, Larbi rencontre un certain nombre de problèmes.
   En tant que livreur, il doit respecter des délais de livraison, mais cela s'avère difficile en raison des longs trajets qu'il doit effectuer et des embouteillages (l. 13, 22), par exemple entre son entrepôt Porte de Versailles et un bar près du canal Saint-Martin (l. 3–5). S'il ne respecte pas les horaires, il se peut que les clients refusent de payer l'intégralité de la facture.
   Un autre problème est celui des rapports humains. Larbi ne supporte ni l'arrogance des nouveaux Parisiens ni leur look (l. 11, l. 25) ni leur familiarité (l. 11).
   Le problème le plus important est probablement celui du montant des loyers. Depuis qu'une couche aisée s'installe dans les quartiers populaires, les plus pauvres doivent aller vivre en banlieue. Ce n'était pas le cas il y a quelques décennies puisque les parents de Larbi, qui n'étaient certainement pas fortunés, ont pu élever leurs sept enfants à Ménilmontant (l. 15).
   Enfin, le dernier problème que Larbi rencontre est celui de l'agressivité ambiante. S'il ne semble pas vraiment victime du racisme, il a néanmoins l'impression d'être discriminé (l. 19, 22/23).

3. ***Hinweis:*** *Bei dieser Aufgabenstellung sollte zu Beginn in einem Satz zusammengefasst werden, welches Bild Larbi grundsätzlich von Paris hat. Dieses Bild sollte anhand mehrerer Textstellen belegt werden, entweder in eigenen Worten oder mit kurzen Zitaten.*

L'image de Paris qui se dégage de ce texte est exclusivement négative. Les aspects négatifs sont la cherté des loyers et le manque de HLM (l. 15/16) qui obligent les couches populaires à émigrer vers les banlieues. Alors qu'autrefois les gens aisés habitaient les « beaux quartiers », la nouvelle génération de riches envahit maintenant les quartiers populaires (l. 28). Contrairement à l'ancienne génération, celle-ci n'affiche plus sa richesse mais préfère un look décontracté (l. 11, 25) ce qui la rend plus difficilement identifiable. Néanmoins, l'arrogance de classe demeure (« branleurs », l. 24, l. 11). A cause de cette nouvelle génération, les quartiers populaires ont perdu leur « âme ». Il n'y a quasiment plus de bistrots (comme celui de Raymond) tenus par de vrais Auvergnats où règne la convivialité (l. 7–9). Alors qu'il y avait autrefois un brassage social à Paris, il y a aujourd'hui le monde des riches à l'intérieur du périphérique et celui des pauvres au-delà. Dans ce nouveau Paris de riches, il semble qu'il n'y ait plus beaucoup d'ambiance et les élus paraissent incapables de créer une animation : les fêtes de la mairie sont « sinistres » (l. 30/31).
Enfin, le texte évoque aussi l'image d'un Paris grouillant et bruyant. Les difficultés sont les embouteillages (l. 21) mais aussi la multiplication des vélos et des rollers (l. 22/23) qui compliquent la circulation. De cet état de fait résulte l'agressivité ambiante : klaxons, cris, jurons (l. 21–23).

4. ***Hinweis:*** *Bei dieser Aufgabenstellung ist es wichtig, zunächst verschiedene Argumente, die zum einen gegen das Leben in einer Metropole wie Paris sprechen, zu sammeln und anschließend die Argumente, die für das Leben in der Großstadt, sprechen, besonders hervorzuheben. Es soll in diesem Brief deutlich werden, dass der Verfasser ein positives Bild von Paris und der Entwicklung der Stadt hat. Außerdem ist es wichtig, die Form eines „offiziellen Briefes" zu beachten (äußere Merkmale und Stil).*

Paris, le 20.12.2005

M. Jacques Lélu
Délégué municipal
Hôtel de Ville
75004 Paris

à

Le Perroquet libéré
12, rue des martyrs
75009 Paris

Objet : Votre article « La vie à Paris, du rêve à la réalité » du 05 décembre 2005

Madame, Monsieur,

En tant que délégué municipal chargé du développement culturel de la Ville de Paris, je porte un grand intérêt aux jugements exprimés sur notre cité et sur l'action de la municipalité, de sorte que les critiques de votre article ne m'ont pas laissé indifférent.

Les difficultés de vie que rencontre le père algérien dont vous faites le portrait me touchent beaucoup. Néanmoins, il serait honnête de préciser qu'elles ne sont aucunement liées à sa situation d'immigré, mais concernent nombre de nos compatriotes habitant les grandes villes.
Concernant ses problèmes de logement, vous n'êtes pas sans savoir que l'équipe municipale travaille activement à la création de HLM et à une plus juste attribution des logements sociaux, mais qu'elle doit également se conformer à la législation en cours.
Quant aux difficultés de circulation auxquelles se voient confrontées toutes les grosses agglomérations, je tiens à vous rappeler les nombreux projets lancés depuis notre arrivée à la direction des affaires de la ville pour réduire les nuisances de l'automobile et favoriser le développement des moyens de transport en commun et alternatifs.
Enfin, en ce qui concerne une critique qui me touche personnellement, celle du domaine culturel, il me faut vous signaler que toutes les manifestations mises en place par mon équipe connaissent un réel succès populaire attesté par le nombre de visiteurs. A titre d'exemple, je ne nommerai que la réalisation de Paris-Plage imitée par de nombreuses capitales.
Non, Paris ne pue pas la mort. Paris nous comble d'énergie. A nous de la mobiliser pour rendre la ville plus belle encore !

En espérant avoir le plaisir de vous saluer lors de l'inauguration de notre prochaine exposition à l'Hôtel de Ville pour laquelle vous trouverez ci-joint deux invitations, je vous prie d'agréer, Madame, Monsieur, mes salutations les meilleures.

Jacques Lélu
Service des Affaires culturelles

## Paris occupé

Une queue interminable s'allonge, partant d'un terrain vague. Machinalement, cabas à la main, un homme prend la file qui n'avance pas. Au bout d'un long moment, il demande : « C'est une queue pour quoi ? » à son voisin qui répond : « Vous avez vu le terrain vague ? Il paraît qu'on va y construire un immeuble et qu'au rez-de-chaussée il y aura une charcuterie… ». […]

Pendant quatre ans, des millions de Parisiens, le ventre creux vont découvrir un vocabulaire aussi nouveau que l'ordre qui s'est abattu sur leur ville. Les mots-clefs : guerre, ravitaillement, tickets, rations et marché noir. D'autres mots se parent d'un prestige inouï et tintent aux oreilles des affamés […] : jambon, haricots, pain, lait, sucre, œufs et, au-dessus de tous, beurre. Plus beau que l'or dont il a la couleur, le beurre sacré ! Dès 1940, la guerre du ravitaillement est déclarée qui, comme toute guerre, aura ses profiteurs, ses planqués, ses débrouillards et ses victimes. Et son objectif : triompher, tant bien que mal, de la pénurie et de la faim. Très vite, deux mondes se mettent en place : celui du rationnement officiel et, à ses côtés, celui du marché noir. Le premier qui se veut organisé, codifié et moral ; le second qui marque le triomphe d'un système dont les Français […] vont exploiter les innombrables ressources et qui s'appelle D. Plus qu'aucune autre ville de France, Paris, gros de ses millions d'habitants, se trouve lancé dans la bataille de la misère et de ses combats souvent douteux. Héroïne de ces temps-là, la ménagère. Roi de ses royaumes, le crémier. Pirate, corsaire, démon maudit et courtisé de ces enfers, le trafiquant de marché noir. […]

On a faim. On a froid. Plus de bois. Peu de charbon. On ne chauffe qu'une seule pièce où la famille se rassemble. Ou bien on passe les soirées tantôt chez un cousin – dont c'est le « tour de chauffage » – tantôt chez un autre, selon des rythmes grâce auxquels se nouent des amitiés et se tissent des relations. Au bureau, à l'usine on travaille emmitouflé dans des lainages ou des vestes épaisses. Les plus démunis vont dans le métro chercher un peu de chaleur. D'autres se réfugient dans des cafés. Dès qu'un lieu, fût-il le plus singulier, est signalé comme « bien chauffé » c'est l'affluence. Entre nous, le Collège de France a cette réputation et jamais on n'y avait vu tant de vieillards grelottants en franchir les portes pour y suivre les cours. Distraitement, il faut dire. Au bout de cinq minutes, béats, ils somnolent sans souci de ce que pérorent, derrière leurs chaires, les princes volubiles du savoir.

On a faim. On a froid. Et on marche. Ou on pédale. Paris, en 44, comptera 2 000 000 de bicyclettes. Tout le monde pédale, du prolo au président du tribunal, de la midinette au curé… et à l'évêque. Quant au métro, véritable réserve de veines et d'artères du géant parisien, il transportera, durant l'Occupation, plus d'un milliard de voyageurs par an. Sans lui Paris tout entier aurait été paralysé.

On a faim. On a froid. Et on meurt. *(556 mots)*

*Jean Cau, « Paris occupé », © Paris–Match N° 1525, 18 août 1978, p. 64–65*
*Le journal Paris Match est un hebdomadaire comparable au magazine allemand Stern.*

## Annotations :

| | | |
|---|---|---|
| l. 1 | le cabas | le sac à provisions |
| l. 9 | tinter | *syn :* résonner |
| l. 9 | un affamé | qn qui a très faim |
| l. 12 | un planqué | une personne qui évite le service militaire |
| l. 16/17 | le système D | abréviation de : « système débrouille », système pour survivre dans une situation difficile |
| l. 26 | emmitouflé, e | enveloppé dans des vêtements chauds |
| l. 26 | un lainage | un vêtement de laine (Wolle) tricoté |
| l. 28 | et fût-il le plus singulier | et même s'il est très étrange, bizarre |
| l. 29 | le Collège de France | Institut d'enseignement et de recherche fondé en 1530 |
| l. 31 | béat, e | très heureux |
| l. 32 | pérorer | tenir un discours |
| l. 32 | la chaire | *all. :* Rednerpult |
| l. 32 | volubile | *all. :* redselig |
| l. 35 | le prolo | *péj. :* le simple ouvrier |
| l. 36 | le midinette | une jeune fille un peu naïve et frivole |

## Aufgabenstellung:

1. Présentez la situation des Parisiens. *(compréhension)* *(12 Punkte)*
2. Etudiez les réactions des Parisiens face à cette situation. *(analyse)* *(12 Punkte)*
3. Dégagez les moyens stylistiques que l'auteur emploie pour souligner les difficultés auxquelles les Parisiens sont confrontés. *(analyse)* *(20 Punkte)*
4. « Comment survivre sous l'Occupation ? »
   Comparez le comportement et les efforts des Parisiens décrits dans ce passage avec le comportement du Père Jean et des autres personnages dans le film de Louis Malle *« Au revoir, les enfants »*. *(commentaire)* *(16 Punkte)*

## Lösungsvorschläge

1. ***Hinweis:*** *Nennen Sie in einem einleitenden Satz Autor, Titel, Textsorte und Erscheinungsjahr des Textes. Fassen Sie dann die Aussagen des Textes unter kurzer Nennung des historischen Hintergrundes wertneutral zusammen.*

   L'article « Paris occupé » de Jean Cau, paru dans l'hebdomadaire *Paris Match* le 18 août 1978, parle de la situation difficile des Parisiens sous l'occupation allemande pendant la Seconde Guerre mondiale entre 1940 et 1944.
   Pendant cette guerre, la France est divisée en deux zones, la zone libre au sud du pays et la zone occupée qui inclut Paris. Plus encore que les autres régions, Paris souffre particulièrement de cette occupation. Les habitants n'ont rien à manger à cause de la pénurie des denrées alimentaires. Le ravitaillement est organisé de manière très stricte ce qui favorise la mise en place d'un marché noir où le système D règne. De plus, les Parisiens ont très froid, à cause du manque de charbon et de bois de chauffage. Pour ne pas souffrir trop, ils prennent alors des tours de chauffage et se retrouvent les uns chez les autres ou se réfugient dans le métro et dans les cafés et mettent beaucoup de vêtements au travail. Certains vont au Collège de France pour ne pas avoir froid et s'endorment pendant les cours. Il est évident que les pauvres sont les plus touchés, car ils n'ont pas les moyens de se chauffer ou de faire des échanges au marché noir. Comme moyens de transport, le métro et le vélo prennent une très grande importance à travers toutes les couches sociales.

2. ***Hinweis:*** *Stellen Sie das Verhalten der Pariser Bevölkerung in der historischen Situation dar, so wie der Text es präsentiert. Achten Sie dabei auch auf die Wertungen, die der Autor vornimmt (z. B. Darstellung des „système D“).*

   Les réactions des Parisiens face à cette situation sont ambivalentes. Tout le monde tente de survivre, de toutes les manières possibles. Certains affrontent leur situation en cherchant à manger légalement : ils font la queue pour attendre le rationnement officiel. Mais comme le ravitaillement fonctionne plutôt mal, le marché noir se développe rapidement. D'autres y ont alors recours pour améliorer leurs conditions de vie ou deviennent trafiquants eux-mêmes. Ce « système D » est moralement douteux, puisqu'il avantage ceux qui ont quelque chose à échanger, de l'argent ou de la marchandise, et les plus pauvres n'en ont rien. Le manque de charbon et de bois de chauffage produit toutefois aussi des effets positifs. Les gens prennent des tours de chauffage et se retrouvent chez les différents membres d'une famille ou de groupes d'amis pour économiser le peu de bois qui reste. Cela crée des liens proches et de la solidarité dans un temps très difficile. Pour ne pas avoir froid au travail, les gens se couvrent en mettant des vêtements très chauds. Ils se tiennent aussi au chaud dans les cafés et il n'est pas surprenant qu'on en voit même au Collège de France où ils dorment pendant les cours, bien au chaud. Le métro joue un rôle important aussi dans cette période, non seulement, parce que les gens y sont au chaud mais aussi parce qu'avec le vélo, ce sont les seuls moyens de transport qui fonctionnent encore. Les différences entre les couches sociales y sont effacées complètement, car tout le monde prend le métro qui fait en sorte que Paris reste vivant.

3. ***Hinweis:*** *Diese textanalytische Aufgabe erfordert eine genaue Detailanalyse des Textes, den Sie auf Stilmittel und deren Funktion für die inhaltliche Aussage untersuchen müssen, um die Ergebnisse aspektgeleitet im Gesamtzusammenhang darzustellen. Berücksichtigen Sie dabei auch den Effekt, den der Autor beim Leser erreichen möchte.*

   Dans son article de *Paris Match*, Jean Cau utilise de nombreux moyens stylistiques pour souligner les difficultés auxquelles les Parisiens sont confrontés. Son objectif est de rendre la situation très claire aux lecteurs des années 70 en employant des effets littéraires. Cau adresse la parole au lecteur quand il dit par exemple « Entre nous » (l. 29) afin de l'inclure de plus près dans la situation décrite. Même si Cau essaie d'aborder son sujet au début du texte en racontant une plaisanterie, le côté dramatique de la situation domine. Son langage est très imagé et il utilise beaucoup de métaphores. Ainsi, il nomme les efforts de survie des gens « la bataille de la misère » (l. 18) et rapproche alors la recherche de quelque chose à manger à une guerre quotidienne qui fait de la vie un champ de bataille. En utilisant une hyperbole, il parle du « beurre sacré » (l. 11) pour désigner une denrée très recherchée qu'il compare à celle de l'or. Pour lui, la ménagère devient dans ce temps « l'héroïne » et le crémier « le roi de ses royaumes » (l. 19), et quand il décrit les différentes personnes qui agissent sur le marché noir, il les appelle « pirate, corsaire, démon maudit » (l. 20) et évoque de cette manière tout un monde fabuleux que le lecteur peut imaginer. La situation à laquelle les gens sont confrontés, le choix qu'ils doivent faire entre une survie honnête et le marché noir profiteur et moralement douteux est souligné par le contraste entre les « deux mondes » (l. 13/14) qui sont en guerre tous les jours. Les phrases souvent incomplètes ainsi que la personnification du « géant » Paris avec son métro en tant que système vasculaire « d'artères et des veines » (l. 36/37) sont utilisées aussi dans cette optique qui met en scène une lutte quotidienne. Ce qui frappe le lecteur est surtout la structure parallèle que l'auteur crée en utilisant des répétitions en début de paragraphe : « On a faim. On a froid. » (l. 22, 34, 39) qui culminent dans la gradation : « Et on meurt » (l. 39) comme point final de son texte qui montre à quel point la situation est dramatique. Pour conclure, on peut souligner que Jean Cau essaie de dessiner une image très forte de la situation à Paris pendant l'occupation allemande et il tente de rapprocher le lecteur des événements.

4. ***Hinweis:*** *Um den Vergleich der beiden Texte vorzunehmen, stellen Sie zuerst kurz den inhaltlichen Zusammenhang des Films dar. Erläutern Sie dann Gemeinsamkeiten und unterschiede der beiden Texte. Berücksichtigen Sie dabei auch die Intention des jeweiligen Autors, um abschließend den entscheidenden Unterschied zu benennen.*

« Comment survivre sous l'occupation ? » Il y a des ressemblances et des différences dans le comportement des personnages du film « Au revoir les enfants » de Louis Malle et des Parisiens décrits par Jean Cau dans son article de Paris Match face à la situation de guerre. Les enfants dans le film ont tout aussi faim et froid que l'article le raconte pour les Parisiens de l'époque. Les élèves n'ont pas beaucoup à manger et ils manquent de bois de chauffage. On les voit habillés très chaudement en cours, certains professeurs portent même des gants. Dans les salles de bain, il y a des stalactites de glace, tellement il fait froid. Un élève s'évanouit à cause des mauvaises conditions de vie. Mais tout comme l'article le montre, les personnages du film s'arrangent de leur mieux avec la nouvelle situation. Dans le film, il existe aussi un marché noir où les produits sont échangés, et les deux frères, Julien et François Quentin, y participent. Joseph, un garçon qui aide en cuisine, est accusé de vol et quand il se fait expulser de l'internat, il fait du trafic à l'extérieur et collabore avec les Allemands nazis, peu importe l'idéologie qu'ils représentent. Malle montre très bien le profiteur que Joseph est devenu puisqu'il est très bien vêtu et fume des cigarettes chères depuis qu'il fait affaire avec les nazis. Mais la grande différence entre le film et le monde présenté dans l'article est le comportement du Père Jean de Louis Malle. Ce personnage est catégoriquement contre toute participation au trafic et au marché noir qui, pour lui, doit être condamné moralement puisqu'il désavantage les démunis. Il veut que les élèves apprennent à partager leurs biens et il essaie de donner un exemple positif en cachant dans un internat catholique des garçons juifs poursuivis et des « réfractaires » qui veulent éviter le Service du Travail Obligatoire en Allemagne et s'engagent dans la Résistance. Uniquement quand il renvoie Joseph de l'école après l'avoir surpris avec des denrées volées, le Père Jean n'arrive pas à suivre tout à fait ses principes car il ne traite pas les enfants des parents plus aisés de la même manière que Joseph. Tout de même, le Père Jean s'oppose à l'idée que la survie individuelle est tout ce qui compte et il prêche la solidarité, l'humanité et l'amour du prochain. Au risque de sa propre vie, il défend les jeunes juifs cachés et prend une position politique plutôt que de rester inactif face à la situation. Ces aspects politiques ne sont aucunement mentionnés dans l'article de *Paris Match*.

## Robert Sabatier, Les Enfants de l'été

*Localisation du passage :*
*Siffrein, un vieil artisan, et sa cousine Magali vivent dans un domaine en Provence. Ils s'occupent d'Alain, 10 ans, fils d'un ami. Ils aiment bien un écrivain parisien nommé l'Escrivain, qui passe chaque année ses vacances dans la région. Un jour, celui-ci passe devant leur maison et Siffrein l'invite, comme souvent, à boire un coup.*

L'Escrivain, après avoir fait couler le vin clair dans sa bouche gourmande et dit « C'est qu'il est bon ! », prit un air de grand sérieux et annonça comme un exploit :

– J'ai planté sept cyprès et j'ai donné à chacun le nom d'un jour de la semaine.

– Ce n'est pas bien la saison, observa Siffrein.

– Et où serai-je quand ce sera la saison ? Les temps sont incertains, maître Siffrein, et j'ai réfléchi : je me sentais si heureux. Puis, le facteur est venu, j'ai lu les journaux sans bonnes nouvelles, avec plus de sang et de larmes que d'encre, et je me suis dit : le monde est-il bien fait ? Réponse : non. Il ne tourne pas tout à fait rond : c'est qu'il est aplati aux deux pôles. Comme lui, les gens ont la tête plate. Notre terre est belle et bonne, et savez-vous qu'à quelques lieues d'ici, sur le plateau où paissaient les moutons, sous la terre, on a enterré des fusées, de quoi faire sauter la citrouille toute entière…

– Je sais, dit gravement Siffrein.

– Alors, ne sachant que faire, j'ai regardé mes mains inutiles et j'ai eu l'idée de planter sept cyprès. J'espère les voir grandir d'année en année. Ils me raconteront la coulée du temps. Ici, il passe si vite, trop vite. Voici le mois d'août. Bientôt on verra les chasseurs qui nous feront passer les pintades pour des faisans, les moineaux pour des grives, et qui, s'ils sont bredouilles, rapineront vos melons et vos tomates.

« Jour de pessimisme. Il est bien triste, le pôvre ! » se dit Siffrein en reversant du vin blanc comme un remède […].

– Après les plantations, dit l'Escrivain en se tenant les reins, j'ai emprunté la camionnette du pépiniériste de plants de vigne et je suis allé faire mes courses : un bon canard à Sablet, du jambon et du fricandeau à Malaucène, de l'huile d'olive à Beaume-de-Venise…

– Vous vous soignez bien, dit Siffrein.

– …et, enfin, j'ai fait le pèlerinage des vins un peu partout dans la région : à Cairanne et à Rasteau, à Gigondas et à Châteauneuf-du-Pape.

– Et c'est tout ? Vous avez dû bien vous oindre la poulie, alors. Les vignerons sont accueillants et ne plaignent pas la rouge boisson.

– Modérément. Après, j'ai fait la sieste sous un figuier, car la camionnette qui est bien vieille faisait le « ziguezague ». Au fait, je vous ai apporté six bouteilles de Châteauneuf, du 1967.

– Grand merci, ah ! grand merci, il ne fallait pas…

L'Escrivain sortit de la poche giletière sa tabatière ornée pour plonger le pouce et l'index dans le tabac râpé.

– Au fait, dit Siffrein, sans indiscrétion, je me suis toujours demandé pourquoi vous prisez. Ça ne se fait plus depuis si longtemps. J'en connais bien quelques-uns qui mâchent la carotte, mais des priseurs, point. Vous devez faire l'original à Paris avec ceux de la littérature ?

– Non, affirma posément l'Escrivain, au début ce fut pour le feu, après pour le plaisir. Et je ne vois pas pourquoi je ferais l'original, tout le monde est original.

Alain vit bien que l'Escrivain accusé de coquetterie était un peu agacé. Il aimait bien ces échanges entre les deux hommes. Il demanda :

– Pour le feu ? Pourquoi pour le feu ? Avec la prise, on n'allume pas le tabac ?

– Justement. Avez-vous vu brûler la Lègue l'an passé ? Et les hauteurs de Beaumes ? Cela fend la cœur de voir périr tous ces beaux arbres que le sol a mis si longtemps à façonner. *(641 mots)*

*« Les Enfants de l'été », Robert Sabatier, © Editions Albin Michel, 1978, p. 131–133*

**Annotations :**

| | | |
|---|---|---|
| l. 10 | une lieue | unité de longueur = ~ 1,48 km |
| l. 12 | la citrouille | *ici :* la terre, le monde |
| l. 17 | faire passer pour | faire croire que |
| l. 17 | la pintade | *all. :* Perlhuhn |
| l. 18 | la grive | *all. :* Wacholderdrossel |
| l. 18 | être bredouille | un chasseur est bredouille lorsqu'il ne rapporte rien de la chasse |
| l. 18 | rapiner | voler |
| l. 19 | le pôvre | *provençal :* le pauvre |
| l. 22 | le pépiniériste | *all. :* Besitzer einer Baumschule |
| l. 22 | le plant | *all. :* Setzling |
| l. 23 | le fricandeau | *all. :* Spickbraten |
| l. 26 | le pèlerinage | *ici :* passer d'un vigneron à l'autre pour déguster des vins |
| l. 27 | Cairanne, Rasteau, Gigondas, Châteauneuf-du-Pape | bekannte Weinorte |
| l. 28 | s'oindre la poulie | expression populaire pour : boire de l'alcool |
| l. 29 | la rouge boisson | le vin rouge |
| l. 34 | la poche giletière | la poche d'un gilet, d'une veste |
| l. 37 | priser | aspirer du tabac par le nez |
| l. 38 | la carotte | *ici :* un bâton de tabac à mâcher |
| l. 45 | la Lègue, Beaumes | trockene, mit Strauchwerk bedeckte Gegend in der Provence |
| l. 46 | fendre le cœur | faire éprouver un vif sentiment de chagrin |

**Aufgabenstellung:**

1. Présentez le contenu de la conversation. *(compréhension)* *(15 Punkte)*
2. Caractérisez l'Escrivain. *(analyse)* *(15 Punkte)*
3. Analysez l'image de la Provence donnée ici par le protagoniste. *(analyse)* *(15 Punkte)*
4. Le soir, après une belle journée d'été, l'Escrivain s'installe sur la terrasse de sa maison de vacances pas trop loin des Alpes maritimes d'un côté et de la Méditerranée de l'autre côté.
   C'est alors qu'il se met à écrire une lettre à un ami parisien dans laquelle il exprime ses idées par rapport à sa région de vacances.
   Ecrivez cette lettre. *(commentaire/produktiv-gestaltende Aufgabe)* *(15 Punkte)*

## Lösungsvorschläge

1. ***Hinweis:** Nennen Sie in einem einleitenden Satz Autor, Titel, Textsorte und Erscheinungsjahr des Textes. Benennen Sie die Gesprächssituation und -teilnehmer kurz und fassen Sie dann die Kernaussagen des Gespräches gemäß seinem Verlauf zusammen.*

Dans l'extrait du roman « Les enfants de l'été » de Robert Sabatier, paru en 1978, il s'agit d'une conversation entre le vieil artisan Siffrein et un écrivain parisien, nommé l'Escrivain qui passe habituellement ses vacances en Provence. Siffrein habite la région avec sa cousine Magali, et ils s'occupent d'un garçon de dix ans qui est le fils d'un ami. Quand l'Escrivain passe chez eux un soir, Siffrein l'invite à prendre un verre et ils discutent. Pendant que les deux hommes boivent du vin, l'Escrivain raconte sa journée : il a planté sept cyprès et leur a donné les noms des jours de la semaine. Quand Siffrein remarque que ce n'est pas la saison pour planter des arbres, l'écrivain parisien explique qu'il ne sera peut-être plus là au moment approprié et qu'il est bien malheureux face à la misère du monde que les journaux racontent tous les jours. Il est pessimiste malgré le fait que la terre soit belle. Même en Provence, où tout est si beau, il y a des armes cachées sous la terre qui font penser au temps de guerre et menacent la vie idyllique. Alors, il a voulu se sentir utile de ses mains et a planté des cyprès pour les voir grandir et ainsi pouvoir témoigner du temps qui passe. Siffrein plaint intérieurement son ami et lui ressert du vin alors que l'Escrivain continue son histoire. Avec une camionnette qu'il a empruntée, il a fait les courses dans les villages autour pour profiter des bons produits de la région avant de faire le tour des vignobles pour goûter le vin. Siffrein remarque que l'Escrivain se fait du bien et soupçonne qu'il a bien bu. En réponse, l'Escrivain ajoute qu'il s'est reposé sous un figuier et qu'il a acheté du vin pour l'offrir à Siffrein qui en est très content. A la fin, l'écrivain prend son tabac pour le priser. Quand Siffrein remarque que plus personne ne prise le tabac et que cette habitude doit être exceptionnelle et typique des gens de la littérature à Paris, l'Escrivain se sent accusé de coquetterie et explique que tout le monde est original et qu'il n'est pas une exception. D'ailleurs il le fait « pour le feu ». Alain, le jeune garçon, écoute la conversation entre les hommes et demande ce qui est le lien entre le fait de priser le tabac et le feu. L'Escrivain explique qu'il veut éviter le risque des incendies parce qu'il trouve cela très triste quand les beaux arbres brûlent. C'est pour cela qu'il ne veut pas voir les belles choses de la terre disparaître.

2. **Hinweis:** *Hierbei handelt es sich um eine textanalytische Aufgabe, bei der Sie die latenten und manifesten Informationen, die der Text über die Figur gibt, in einer sinnvollen Reihenfolge erläutern, wobei sich ein übersichtliches Gesamtbild des Charakters der Figur ergeben soll.*

Le personnage nommé l'Escrivain dans le roman de Robert Sabatier est un écrivain parisien qui passe ses vacances tous les ans en Provence. On n'apprend rien sur son âge ou sa situation familiale. Mais la conversation avec son ami provençal Siffrein révèle de multiples facettes de son caractère. Il est un intellectuel qui parle d'une manière distinguée et il aime faire part de ses impressions et pensées. Il commente les informations que les journaux donnent et se montre philosophe quant aux choses de la vie, souvent sur un ton triste et mélancolique et dans un langage imagé. Bien que la terre soit très belle, il voit le monde d'un œil pessimiste et croit que les gens sont souvent limités et même parfois méchants car ils essaient de tromper les autres. Pour lui, la nature est très belle et il en profite quand il se repose sous un figuier ou quand il goûte aux spécialités provençales. Il voit que les hommes détruisent de plus en plus cette nature qu'il aime beaucoup ce qui le laisse pensif et plein de regrets. Malgré son côté pessimiste, l'Escrivain est une personne très ouverte qui aime parler avec les gens et savourer les produits provençaux, le vin et la nourriture : c'est un bon vivant. Il fait attention de ne pas détruire cette terre aimée en prisant son tabac plutôt que de le fumer, par exemple. Comme il sent qu'il ne pourra malheureusement pas vraiment changer le monde pour le mieux et que tout est éphémère, il essaie de se rendre utile et plante des arbres pour les voir grandir et pour ainsi ajouter quelque chose de positif au monde.

3. **Hinweis:** *Stellen Sie die positiven und negativen Seiten der Provence, die der Text aus der Sicht des Protagonisten beleuchtet, vor dem Hintergrund Ihres Wissens der Region dar.*

L'image que le protagoniste donne de la Provence est très positive, voire idyllique. La Provence est montrée comme une région très riche et belle, on y trouve de nombreuses spécialités culinaires, comme l'huile d'olive, les bonnes viandes et charcuteries et bien sûr, un excellent vin servi par les Provençaux très hospitaliers et généreux. Ainsi, on peut y profiter pleinement de la belle vie. Le soleil et la nature font de la Provence une région de vacances parfaite qui permet de se reposer de la vie souvent stressante en ville et d'oublier ses problèmes et ses soucis. L'image du protagoniste qui fait sa sieste sous un figuier montre la simplicité et un mode de vie détendu. Mais le protagoniste souligne aussi que cette vie idyllique est menacée par les incendies typiques de cette région qui détruisent une grande partie du pays tous les étés. En plus, les fusées qui sont enterrées sous les champs font allusion à la guerre et au passé terrible. Le protagoniste ne se fait pas d'illusion par rapport à cette belle nature qui pourrait être détruite. En réaction, il plante des arbres pour soutenir le côté positif de ce pays.

4. ***Hinweis:*** *Berücksichtigen Sie bei dieser Gestaltungsaufgabe die typischen Merkmale der Textsorte des persönlichen Briefes (Anrede, Schlussformel) und formulieren Sie auf der Grundlage Ihrer Kenntnisse über die schreibende Figur einen für seinen Charakter typischen Brief, der z. B. auch passende Gefühlsäußerungen enthalten kann. Achten Sie bei der Darstellung der inhaltlichen Ereignisse des Tages auf die Perspektive des Schreibenden und auf einen angemessenen Bezug zum Adressaten.*

Mon très cher ami,

c'est de ma terrasse que je t'adresse cette lettre pour te raconter comme promis mes vacances ensoleillées en Provence où j'ai passé aujourd'hui une journée très agréable dont je veux te faire part. De ma table, je vois d'un côté le bleu profond de la Méditerranée, de l'autre côté, les montagnes majestueuses des Alpes maritimes. C'est splendide, je t'en assure. Je rentre de chez mon ami Siffrein qui m'a invité à boire un verre quand je lui ai apporté du vin de mon tour des vignerons. Tout est si plaisant ici ! Et les gens sont généreux et si accueillants puis il y a toujours le temps pour discuter et se faire plaisir. Ce matin, j'ai emprunté une petite camionnette pour faire mes courses dans les villages autour, que de bonnes choses à trouver partout : les spécialités culinaires du coin, la viande, les herbes, l'huile d'olive. Le goût de cette cuisine est si frais, si naturel et plein d'arômes ! Cet après-midi, j'ai fait la sieste sous un figuier, quel changement par rapport à mon appartement à Paris ! Mais, à mon grand regret, il y a aussi un côté dangereux ici. Chaque année, les incendies font des dégâts et pas loin d'ici il y a des fusées souterraines qui témoignent de la menace de guerre. Cela me rend triste et je me sens seul et inutile au monde quand j'y pense. Mais tu me connais, j'essaie de trouver un moyen pour ne pas rester trop longtemps mélancolique, et j'ai donc planté des cyprès dans le jardin, même si ce n'est pas vraiment la saison pour le faire. J'ai donné un nom à chaque arbre et je me réjouis de pouvoir les voir grandir et de sentir le temps passer. Je suis sûr que tu comprends ce que je ressens, n'est-ce pas, cher Jean ? Cela me ferait tellement plaisir de te recevoir ici, cher ami, n'hésite pas, si tu en as l'envie et le temps ! Donne-moi de tes nouvelles et celles de nos amis, s'il te plaît, quand tu auras un moment.

Je t'embrasse bien fort,
l'Escrivain

**Nordrhein-Westfalen: Französisch (n) Grundkurs 2010**
**Aufgabe 1**

## Anna Gavalda : *35 kilos d'espoir* [extrait]

Je hais l'école.

Je la hais plus que tout au monde.

Et même plus que ça encore…

Elle me pourrit la vie.

Jusqu'à l'âge de trois ans, je peux dire que j'ai été heureux. Je ne m'en souviens plus vraiment, mais, à mon avis, ça allait. Je jouais, je regardais ma cassette de *Petit Ours Brun* dix fois de suite, je dessinais et j'inventais des milliards d'aventures à Grodoudou, mon chien en peluche que j'adorais. Ma mère m'a raconté que je restais des heures entières dans ma chambre à jacasser et à parler tout seul. J'en conclus donc que j'étais heureux.

A cette époque de ma vie, j'aimais tout le monde, et je croyais que tout le monde s'aimait. Et puis, quand j'ai eu trois ans et cinq mois, patatras ! l'école.

[…]

Maintenant j'ai treize ans et je suis en sixième. Oui, je sais, il y a quelque chose qui ne va pas. Je vous explique tout de suite, ce n'est pas la peine de compter sur vos doigts. J'ai redoublé deux fois […].

L'école, c'est toujours le drame à la maison, vous pouvez imaginer… Ma mère pleure et mon père m'engueule, ou alors c'est le contraire, c'est ma mère qui m'engueule et mon père qui ne dit rien. Moi, ça me rend malheureux de les voir comme ça, mais qu'est-ce que je peux faire ? […] Rien. Je ne peux rien dire parce que si j'ouvre la bouche, c'est pire que tout. Eux, ils ne trouvent qu'une chose à répéter comme des perroquets :

« Travaille ! »

« Travaille ! » « Travaille ! » « Travaille ! » « Travaille ! »

D'accord, j'ai compris. Je ne suis pas complètement crétin, quand même. Je voudrais bien travailler ; mais l'ennui, c'est que je n'y arrive pas. Tout ce qui se passe à l'école, c'est comme si c'était du chinois pour moi. Ça rentre par une oreille et ressort par l'autre. On m'a emmené voir des milliards de docteurs, pour les yeux, pour les oreilles, et même pour le cerveau. Et la conclusion de tout ce temps perdu, c'est que j'ai un problème de concentration. Tu parles ! Moi, je sais très bien ce que j'ai, il suffit de me le demander. Je n'ai pas de problème. Je n'en ai aucun. C'est juste que ça ne m'intéresse pas.

Ça ne m'intéresse pas. Point à la ligne. *(441 mots)*

**Annotations :**

| | | |
|---|---|---|
| l. 4 | pourrir | *all. :* verderben, die Lust am Leben nehmen |
| l. 7 | Petit Ours Brun | titre d'une cassette pour les petits enfants (*all. :* Kleiner brauner Bär) |
| l. 9 | jacasser | bavarder |
| l. 9 | j'en conclus | *all. :* Ich schloss daraus |
| l. 12 | patatras ! | *all. :* bums! Pardauz! |
| l. 12 | l'école | *ici :* école maternelle |
| l. 25 | crétin | *adj. :* idiot |
| l. 30 | tu parles ! | tu te trompes ! Erreur ! |
| l. 33 | point à la ligne | *all. :* Schluss, aus! |

## Aufgabenstellung

Punkte

1. Décrivez la situation dans laquelle se trouve le narrateur. *(compréhension)* 15

2. Dégagez les problèmes qui résultent de cette situation. *(analyse)* 9

3. Examinez l'attitude des parents vis-à-vis de l'échec scolaire de leur fils ainsi que les sentiments et les réflexions de celui-ci. *(analyse)* 18

4. Mettez-vous à la place du jeune garçon qui se confie à son grand-père parce que celui-ci s'occupe souvent de lui.
   Dans une lettre, il lui parle de ses conflits avec ses parents et explique ses problèmes à l'école.
   Ecrivez cette lettre. *(commentaire/produktiv-gestaltende Aufgabe)* 18

## Lösungsvorschläge

1. Le narrateur, un garçon de 13 ans, se trouve en situation de crise scolaire. Il décrit l'école comme son plus grand ennemi qu'il déteste plus que tout au monde. Cette haine résulte d'un échec scolaire continu, il a même déjà redoublé deux fois. Jusqu'à la date de sa scolarisation, il a eu une enfance heureuse car il pouvait faire ce qui lui plaisait. Il jouait, il dessinait, il imaginait des histoires et personne ne le gênait dans son jeu. Ensuite, lorsqu'il a commencé à aller à l'école, ça a changé d'un jour à l'autre. Les échecs scolaires se sont succédés et la relation avec ses parents est devenue de plus en plus problématique. L'école est devenue le sujet numéro un à la maison et ses parents se désespèrent devant son attitude négative envers l'école. Comme les parents ne trouvent pas de solution à ce problème, les relations familiales commencent à se détériorer. Les parents considèrent que cet échec scolaire est dû à la paresse et ils demandent à leur fils de travailler plus. Mais le narrateur connaît les vraies raisons de son échec scolaire. Comme il ne s'intéresse pas du tout à ce que les professeurs lui disent à l'école, il n'arrive pas à suivre le cours. Il s'ennuie. Ce manque d'intérêt marque le début d'un cercle vicieux : le manque de motivation et de volonté d'apprendre entraîne l'incompréhension de la matière scolaire.

2. La situation d'échec scolaire marque le point de départ d'un conflit familial entre le narrateur et ses parents. Tout d'abord, les parents sont furieux et reprochent à leur fils de ne pas travailler assez pour l'école. Cette réaction est une marque d'impuissance, c'est-à-dire que les parents ne sont pas en mesure d'analyser le problème fondamental. En plus, ils n'arrivent pas à mener une discussion en tête-à-tête avec leur fils pour trouver une solution acceptable pour tous, par exemple engager quelqu'un qui lui donnerait des cours de rattrapage ou parler avec un des professeurs de son école. Ce drame montre qu'ils ne sont pas capables de comprendre le fond de ses problèmes scolaires, c'est-à-dire qu'il a un problème de motivation à cause de son manque d'intérêt pour la matière. Comme la communication entre parents et fils n'est plus possible, le problème persiste et les conflits familiaux s'aggravent. Par conséquent, le narrateur et ses parents s'éloignent de plus en plus les uns des autres et leur relation se détériore.

3. Les parents ne sont pas en mesure de comprendre l'origine des problèmes scolaires du narrateur. C'est pourquoi ils insistent et lui demandent toujours de travailler plus. Signe qu'ils pensent que leur fils est tout simplement paresseux. Pour eux, la solution est là et donc, ils n'ont pas à chercher d'autres explications. Par contre, le narrateur se rend compte de la vue simpliste de ses parents car, dans le texte, il révèle qu'il n'est pas trop bête pour comprendre le problème qui résulte de son manque de motivation. Il souffre de l'incompréhension de ses parents. Il se trouve donc dans un cercle vicieux. Comme les parents ne cherchent pas à comprendre leur fils, celui-ci n'a même pas la possibilité de leur expliquer son

propre point de vue. C'est pourquoi il ne peut pas se sortir de cette situation malheureuse. Contrairement à l'opinion de ses parents, le narrateur prouve ici qu'il est intelligent car il est le seul à comprendre le fond de ses problèmes. En plus, il veut en discuter avec eux, mais ils ne sont pas prêts à parler avec lui. Au lieu d'écouter leur fils, les parents décident alors de consulter un médecin. C'est un moyen de facilité car ils n'ont pas besoin de s'occuper eux-mêmes des problèmes de leur fils. En somme, il est évident qu'il s'agit ici d'une sorte de fuite devant la réalité qui bloque la communication entre les membres de la famille et il en résulte un grand conflit familial.

4. ***Hinweis:*** *Der Brief sollte sowohl das Verhältnis des Jungen zu seinen Eltern als auch Gründe für das Schulversagen sowie die Bitte einer Unterstützung durch den Großvater beinhalten.*

Mon cher papi,

C'est la première fois que je t'écris pour te demander ton aide. Je t'écris parce qu'entre mes parents et moi, il y a une barrière infranchissable. Mes parents ne me comprennent pas et moi, je n'arrive pas à leur expliquer ce qui me préoccupe. Tout ça, c'est à cause de l'école. J'ai toujours les mêmes problèmes scolaires. Je ne suis pas assez attentif, j'oublie mes devoirs, mes notes sont mauvaises et par conséquent mes parents n'arrêtent pas de me faire des reproches. Ils me demandent tout le temps de travailler plus mais je ne peux pas. Eux, ils ne comprennent pas d'où résultent mes problèmes. En plus, ils ne sont pas disposés à en discuter. Quand j'ouvre la bouche, ils se mettent à crier encore plus fort. C'est vraiment l'horreur. Maman et papa en viennent à se disputer déjà entre eux et je ne les vois plus s'embrasser. Je souhaiterais qu'ils me comprennent au moins un petit peu. Tu te demandes sûrement pourquoi je ne travaille pas assez à l'école. Voilà mon explication personnelle : je n'aime pas du tout l'école. Elle me rend malheureux et puis, elle ne m'intéresse pas. Les profs racontent des choses que je ne comprends pas car cela ne m'intéresse pas du tout. En plus, j'ai un problème de motivation. Je n'ai pas envie de travailler tous les soirs après l'école. Je veux aussi rencontrer mes amis et jouer avec eux. Les profs à l'école ne nous donnent pas la possibilité d'être créatifs, d'inventer ou de fabriquer quelque chose, il faut toujours faire ce qu'ils exigent. Puis, ils parlent tout le temps et nous, on les écoute un certain temps et puis, on n'est plus attentif et on commence à rêver. Je sais bien que l'école est importante car sinon, on ne pourra pas apprendre un métier plus tard. Mais il faut que quelqu'un m'aide à franchir cet obstacle. Je n'y arrive pas tout seul. Papi, j'espère que tu pourras m'aider à trouver une bonne solution. En plus, tu peux essayer de parler avec maman et papa et leur raconter ce qui me préoccupe ? Je te remercie de toujours me conseiller lorsqu'il y a quelque chose à régler.

Je t'embrasse !
Ton petit-fils qui t'aime beaucoup

## Jeanne Benameur : *Samira des Quatre-Routes* [extrait]

*Un soir, la famille de Samira se trouve dans son appartement en banlieue parisienne. La télévision marche : on annonce une information importante. Samira, une jeune fille de 13 ans, raconte ce qui se passe.*

C'est au moment où Fatima m'a appelée pour mettre le couvert que mon père a lancé un CHUT ! qui nous a laissées immobiles.

C'est dans ce silence que nous avons appris qu'en Algérie, bientôt, tout serait écrit en arabe, que la langue française allait disparaître des journaux, de la communication, de tout.

Ma mère, qui s'était avancée, s'est réjouie, et Fatima aussi.

– Il est grand temps, disent-elles, qu'on en revienne à la langue du pays.

Mon père n'a rien dit.

Moi, j'ai eu tout à coup le cœur serré. Alors, comment je ferai pour comprendre quand j'irai là-bas aux vacances puisque je ne lis pas l'arabe ?

Ma langue maintenant, c'est le français. Je serai vraiment une étrangère qui ne comprend rien. On ne voudra plus des gens comme moi. On les mettra à l'écart. J'ai le cœur gros.

Mon père, lui, ne s'est pas réjoui. Il a dit :

– Attendons que ce soit voté ! […]

Fatima a continué à montrer sa joie en insistant : Kaddour avait bien eu raison de créer ses cours du mercredi. Comme ça, au moins, les petits de la Cité ne seraient pas des étrangers dans leur propre pays. Mon père a coupé net :

– Ce n'est pas en supprimant une richesse qu'on combat la pauvreté.

Quand il se met à parler par petites phrases qui sonnent comme des proverbes, à la façon de ma grand-mère, on sait qu'il vaut mieux se taire.

Fatima s'est tue, mais avant, elle a lancé en me regardant :

– Tu peux toujours venir et rattraper ton retard, Samira !

Je l'aurais giflée. Je n'ai pas répondu. A l'intérieur de moi grondait ma colère. Idiote, idiote et idiote, voilà ce que tu es, Fatima, avec tes airs supérieurs parce que tu te maries avec ton Kaddour ! Qu'est-ce que tu vas en faire de ta vie, toi ? Tu n'as même pas choisi de métier !

Celui de ton mari te suffit. Cause donc, va ! et donne des leçons aux autres ! J'attendrai pas pour être libre, moi, quand je serai grande !

En allant me coucher je laisse ma colère s'apaiser en pensant que libre, je le suis déjà un peu, puisque j'ai un secret et que François, là-bas, dans sa chambre, doit lire mes mots. Pourvu qu'au moins, lui, les lise ! *(400 mots)*

*Jeanne Benameur : Samira des Quatre-Routes, Castor Poche Flammarion, Paris 1992, p. 88–90*

**Annotations :**

| | | |
|---|---|---|
| l. 1 | Fatima | la sœur de Samira |
| l. 2 | chut ! | *all. :* pst! |
| l. 6 | s'avancer | *ici :* s'approcher |
| l. 6 | se réjouir | être content |
| l. 7 | en revenir à | reprendre |
| l. 9 | avoir le cœur serré | être inquiet, angoissé |
| l. 12/13 | avoir le cœur gros | être triste |
| l. 17 | les cours du mercredi | chaque mercredi, Kaddour, le futur mari de Fatima donne un cours aux enfants du quartier pour leur apprendre la langue et la culture arabes |
| l. 18 | couper net | interrompre brusquement |
| l. 22 | tu, e | participe passé du verbe se taire, *all. :* schweigen |
| l. 24 | gifler qn | *all. :* jemanden ohrfeigen |
| l. 24 | gronder | *all. :* knurren |
| l. 25 | un air supérieur | l'expression du visage d'une personne très sûre d'elle-même |
| l. 30 | s'apaiser | se calmer, retrouver la paix |
| l. 31 | François | l'ami français de Samira |

## Aufgabenstellung

Punkte

1. Présentez les personnages de la famille et la situation. *(compréhension)* 12

2. Dégagez les réactions que l'information télévisée provoque chez les membres de la famille. *(analyse)* 15

3. Analysez la relation entre les deux sœurs et leurs différentes conceptions de vie. *(analyse)* 18

4. Le soir, dans sa chambre, Samira écrit une lettre à son ami François. Dans cette lettre, elle lui parle de la controverse avec sa sœur, de ses craintes et de ses projets.
   Mettez-vous à la place de Samira et écrivez cette lettre. *(commentaire/ produktiv-gestaltende Aufgabe)* 15

---

## Lösungsvorschläge

1. Dans cet extrait du roman « Samira des Quatre-Routes », la narratrice Samira qui a treize ans, raconte une soirée au sein de sa famille qui habite en banlieue parisienne. Samira, sa sœur aînée Fatima et probablement aussi leur mère sont en train de préparer le dîner. Le père de la famille regarde en même temps le journal télévisé qui annonce qu'en Algérie, la langue française sera bientôt remplacée par l'arabe dans les journaux et dans la communication. Cet évènement déclenche une grande discussion et provoque différentes réactions dans la famille. Samira et son père sont contre cette décision. Par contre, la mère de Samira et Fatima approuvent la décision. On apprend aussi que Fatima va bientôt se marier avec Kaddour, un Arabe qui donne des cours d'arabe aux enfants du quartier. Comme

sa mère, c'est une jeune femme traditionnelle qui respecte les anciennes coutumes. Par contre, Samira est une jeune fille moderne qui rêve d'être indépendante et libre, d'avoir plus tard un métier. Contrairement à sa sœur aînée, elle ne sait ni parler ni écrire l'arabe. Elle parle français et elle va se sentir comme une étrangère dans son pays d'origine, l'Algérie. En plus, Samira n'accepte pas que sa sœur Fatima se marie avec Kaddour et reste à la maison au lieu de continuer l'école et d'apprendre un métier. A la fin, Samira parle d'un certain François avec lequel elle garde un secret. On peut supposer que c'est son ami et qu'elle n'a probablement pas le droit de le rencontrer.

2. Les réactions des membres de la famille de Samira face à l'information télévisée sont très différentes. La mère de Samira ainsi que la sœur aînée, Fatima, se réjouissent de la décision du gouvernement algérien. Toutes les deux ont une conception de vie plutôt traditionnelle : elles savent parler et écrire l'arabe et elles se conforment au rôle classique des femmes qui restent à la maison pour garder les enfants et faire le ménage. La réaction du père est modérée au début : tout d'abord, il se tait, mais au cours de la discussion il montre son désaccord avec la décision en insistant qu'il s'agit seulement d'une proposition de loi du gouvernement et que rien n'est encore voté. Devant la réaction positive de sa fille Fatima, il s'emporte en critiquant ouvertement la démarche du gouvernement algérien. Samira se met du côté de son père mais, contrairement à lui, elle ne dévoile pas son opinion. Au fond, cette décision lui fait tout d'abord peur, car elle ne sait ni parler ni écrire l'arabe et elle craint de ne pas être acceptée et comprise dans son propre pays. Elle sera une étrangère comme tous les autres Français qui y passent leurs vacances. En plus, elle sera exclue de la communauté familiale et amicale qui communique en arabe. En fait, elle a peur d'être mise à l'écart. En outre, la colère intérieure de Samira envers sa sœur aînée montre qu'elle n'accepte pas le comportement de celle-ci, qui se conforme à des valeurs traditionnelles dépassées. Samira ne veut pas apprendre la langue arabe car elle a adopté l'identité française. Elle est fière de faire partie de la communauté des Français mais elle se rend aussi compte qu'elle appartient à deux milieux culturels différents.

3. ***Hinweis:*** *An dieser Stelle sollen Sie darauf achten, dass Sie die Gegensätzlichkeit der beiden Schwestern herausarbeiten, die zu dem Konflikt führen.*

Les réactions de Fatima et de Samira à la nouvelle du journal télévisé montrent que les deux filles ont deux conceptions de vie très différentes. Tout d'abord, Fatima manifeste son accord avec le gouvernement algérien en se réjouissant avec sa mère. Samira, par contre, ne montre aucune réaction, mais intérieurement, elle exprime son mépris envers la réaction de sa sœur aînée. Après la remarque ironique de Fatima que Samira avait encore le temps de rattraper ses cours d'arabe, celle-ci semble prête à exploser de colère. En son for intérieur, elle se moque de sa sœur Fatima et la traite d'une idiote parce qu'elle se marie avec Kaddour sans avoir même une formation professionnelle. Samira ne peut pas accepter que sa sœur se soumette à un homme. Mais comme elle est la sœur cadette, elle n'ose pas s'opposer à la famille. Lorsqu'on compare les deux jeunes filles, on peut constater que Fatima est plutôt une femme traditionaliste qui adopte les valeurs dépassées transmises par la génération de sa grand-mère. Elle accepte volontiers de se marier avec Kaddour, un Arabe, qui a lui aussi une conception de vie traditionnelle, selon laquelle la femme reste à la maison pour éduquer les enfants et seul l'homme gagne l'argent pour nourrir la famille. Samira par contre a besoin de liberté. Elle ne veut se soumettre à personne et préfère travailler ou faire des études après l'école. Le fait qu'elle ne veut plus apprendre la langue arabe montre qu'elle s'est bien intégrée en France et qu'elle se sent plus française qu'arabe. Au fond, elle est fière car elle est déjà un peu libre à cause du secret qu'elle partage avec son ami François qui est Français. A son avis, le mode de vie que mène sa sœur aînée n'est plus actuel. Une jeune femme d'aujourd'hui a elle aussi le droit d'exercer un métier et de s'épanouir.

4. ***Hinweis:** In dem Brief sollten Sie darauf achten, dass dieser sowohl die aktuelle Situation Samiras als auch deren Sicht in die Zukunft beinhalten sollte.*

Mon cher François,

Ce soir, je suis vraiment en colère contre toute la famille. On a regardé les informations télévisées ensemble et une nouvelle m'a choquée. Le gouvernement algérien a annoncé que la langue française disparaîtrait complètement en Algérie et que tout serait écrit en arabe. J'ai été tellement choquée, tu ne peux pas l'imaginer. Je ne sais ni lire ni écrire l'arabe. Je suis déçue de la réaction de ma mère et de ma sœur Fatima. Elles se sont réjouies de la décision en Algérie. Je ne peux pas comprendre leur attitude trop traditionnelle. C'est surtout ma sœur qui me rend furieuse. Elle se marie avec Kaddour, le prof d'arabe, sans avoir terminé l'école, ni avoir appris un métier. Il me semble qu'elle n'a même pas d'opinion, qu'elle se soumet volontiers à un homme. En fait, je voudrais bien exprimer mes sentiments librement mais je ne veux pas que la famille soit en colère contre moi. Je ne veux pas vivre comme ma sœur. Je préfère être libre, indépendante, passer mon bac, voyager, faire des études. Je veux avoir un métier qui me rende heureuse et qui me donne le sentiment d'apporter quelque chose à la société. Plus tard, j'imagine avoir un mari qui ne soit pas mon maître, mais qui soit mon égal. Par contre, ce qui m'inquiète, ce sont mes origines algériennes. Toute ma famille vient de là-bas et moi, je ne sais pas vraiment qui je suis. Pour certains, je resterai toujours une beurette qui cherche à être une « vraie » Française. Je suis partagée entre deux cultures différentes et je sais bien que je ne peux pas accepter de vivre comme les femmes qui respectent ces anciennes traditions algériennes. Je sais que j'ai le courage de prendre mes propres décisions mais je n'y arrive pas toute seule. François, il faut que tu me soutiennes dans ce difficile projet. Je compte sur toi, tu es le seul qui soit capable de comprendre mes craintes. Je te remercie d'être si compréhensif.

Ton amie Samira

## Tahar Ben Jelloun : *Les yeux baissés* [extrait]

*La scène suivante est tirée du roman « Les yeux baissés » de Tahar Ben Jelloun. Au moment d'arriver à Paris, Fathma, la narratrice dans l'extrait suivant, a 11 ans. Son père travaille déjà depuis quelque temps en France. Fathma, son petit frère et leur mère sont restés dans un village au Maroc du Sud où on ne parle que la langue berbère. Après la mort du petit frère, le père fait venir sa famille à Paris.*

Nous arrivâmes à Paris à l'aube. Le ciel était gris, les rues devaient être peintes en gris aussi, les gens marchaient d'un pas décidé en regardant par terre, leurs habits étaient sombres. Les murs étaient tantôt noirs, tantôt gris. Il faisait froid. Je me frottais les yeux pour bien voir et tout enregistrer. […] Je regardais les murs et les visages, confondus dans une même tristesse. Je comptais les fenêtres des maisons hautes. Je perdais le fil de mes calculs. Il y avait trop de fenêtres, trop de maisons les unes sur les autres. C'était tellement haut que mes yeux s'égaraient dans les nuages. J'avais le vertige. Des dizaines de questions se bousculaient dans ma tête. Elles allaient et venaient, chargées de mystère et d'impatience. Mais à qui les poser ? A mon père qui était très fatigué, et qui ne pouvait répondre à la curiosité d'une enfant recevant en plein visage de bon matin tout un monde auquel elle ne comprenait strictement rien ?

[…]

Notre installation se fit assez rapidement. Nous fûmes aidés par d'autres familles marocaines, ainsi que par Mme Simone, envoyée par la mairie pour nous faciliter les démarches administratives.

Grande, assez corpulente, le sourire facile, Mme Simone était notre fée et notre amie. Assistante sociale, elle essaya au début de nous expliquer sa fonction et son rôle, mais pour nous c'était un ange envoyé par Dieu pour nous accueillir dans cette ville où tout était difficile. Elle parlait quelques mots d'arabe et nous disait qu'elle avait vécu et travaillé à Beni Melal.

Moi, j'étais rebelle. Je ne parlais qu'avec mes parents. Ma langue, c'était le berbère, et je ne comprenais pas qu'on utilise un autre dialecte pour communiquer. Comme tous les enfants, je considérais que ma langue maternelle était universelle. J'étais rebelle, et même agressive, parce que les gens ne me répondaient pas quand je leur parlais. Mme Simone me disait des mots arabes qui étaient pour moi aussi étranges que ceux qu'elle prononçait dans sa propre langue. Je me disais : elle ne m'aime pas puisqu'elle ne me parle pas berbère. Alors je crachais, je criais, je jetais par terre des objets.

Je n'étais ni gâtée ni difficile. J'étais assaillie de choses nouvelles et je voulais comprendre. J'avais l'impression d'être devenue, du jour au lendemain, sourde-muette, jetée, et oubliée par mes parents dans une ville où tout le monde me tournait le dos, où personne ne me regardait ni ne me parlait. Peut-être que j'étais transparente, invisible, que la couleur sombre de ma peau faisait qu'on me confondait avec les arbres. Je passais des heures à côté d'un arbre. Personne ne s'arrêtait. J'étais un arbre, disons un arbuste, à cause de ma petite taille et de ma maigreur. J'étais bonne pour servir d'épouvantail. *(490 mots)*

*Tahar Ben Jelloun : Les yeux baissés, Editions du Seuil, Paris 1991, p. 69–71*

**Annotations :**

| | | |
|---|---|---|
| l. 7 | s'égarer | se perdre |
| l. 8 | un vertige | *all. :* Schwindelanfall |
| l. 15 | une démarche administrative | *all. :* Behördengang |
| l. 20 | Beni Melal | une ville au Maroc |
| l. 27 | cracher | *all. :* spucken |
| l. 29 | gâter | *all. :* verwöhnen, verhätscheln |
| l. 29 | assaillir | attaquer brusquement |
| l. 30/31 | une sourde-muette | une personne qui ne peut ni entendre ni parler |
| l. 35 | un arbuste | un petit arbre |
| l. 36 | un épouvantail | *all. :* Vogelscheuche |

## Aufgabenstellung

| | | Punkte |
|---|---|---|
| 1. | Résumez le texte. *(compréhension)* | 9 |
| 2. | Analysez les premières impressions de la narratrice peu après son arrivée à Paris et l'effet que cette ville exerce sur elle. *(analyse)* | 15 |
| 3. | Expliquez les réactions et les sentiments de Fathma après l'installation de la famille. *(analyse)* | 18 |
| 4. | Mme Simone se rend vite compte que Fathma est une jeune fille intelligente. Elle veut absolument aider la petite Marocaine. Dans son rapport, elle explique la situation actuelle de Fathma, ses perspectives dans un milieu maghrébin et ses idées pour faciliter sa vie en France. Ecrivez ce rapport. *(commentaire/produktiv-gestaltende Aufgabe)* | 18 |

## Lösungsvorschläge

1. ***Hinweis:*** *Im Rahmen des Resümees sollen Sie die Geschehnisse, die im Text aus der Sicht Fathmas erzählt werden, in eigenen Worten wiedergeben. Entnehmen Sie dazu dem Text die wichtigsten Informationen zur Ankunft der Hauptperson in Paris und ihren ersten Eindrücken sowie die Hilfestellung bei der Unterbringung und ihre Gefühle in der neuen Umgebung. Verwenden Sie als Tempus das présent.*

Dans l'extrait tiré du roman « Les yeux baissés » écrit par Ben Jelloun Fathma, une immigrante du Maroc, parle de ses premières impressions de la ville de Paris. Fathma et sa famille arrivent à Paris le matin très tôt. Il fait mauvais temps et la ville grise et les habitants habillés de vêtements foncés l'attristent. Elle a même le vertige à cause de la hauteur et du grand nombre de maisons dans cette grande ville. Il n'y a pas de problèmes pour trouver un appartement et pour s'y installer parce que d'autres familles marocaines et Mme Simone, travailleuse sociale, les aident. Mais d'abord, Fathma, à l'âge de 11 ans, ne comprend pas que les autres ne comprennent pas sa langue, le berbère. Elle devient rebelle et agressive et elle ne parle qu'avec ses parents. En se promenant en ville, personne ne s'intéresse à elle, personne ne lui prête attention. Elle a peur de cet anonymat et se sent exclue, dans une situation désespérée.

2. ***Hinweis:*** *In dieser ersten Analyseaufgabe sollen Sie die Eindrücke Fathmas unmittelbar nach der Ankunft der Familie in Paris beschreiben und mithilfe der im Text verwendeten sprachlichen Mittel analysieren. Versetzen Sie sich dazu auch in die Lage eines 11-jährigen Mädchens, das aus einem Dorf in Südmarokko nun in die Millionenmetropole Paris kommt.*

A l'arrivée de Fathma à Paris, il fait mauvais temps. Tout est plongé dans des couleurs sombres (« les rues devaient être peintes en gris », l. 2/3, « les murs étaient tantôt noirs, tantôt gris », l. 3) et semble triste et froid. Cette impression est soulignée par la monotonie des grands et hauts bâtiments (l. 5–8) qui provoquent des vertiges chez elle (l. 8). Elle a le sentiment d'être écrasée par cette architecture qui intimide la jeune Marocaine.
Les gens se fondent bien dans cette image. Ils portent des vêtements sombres (l. 2/3) et regardent par terre (l. 2). Tout est impersonnel. Elle ne sait pas à qui s'adresser parce que même son père n'est pas capable, selon elle, de répondre à ses « dizaines de questions » (l. 8). Elle pense qu'il est trop « fatigué » (l. 10) et qu'il ne comprend pas sa « curiosité » (l. 10). Son isolement se manifeste aussi dans le fait que, dans cet extrait, la narratrice ne parle que d'elle-même, elle ne mentionne son père qu'une fois, il n'est même pas question des autres membres de sa famille.

Elle est seule dans une grande ville, une enfant de onze ans qui a vécu dans un petit village marocain depuis sa naissance et qui ne connaît que le petit monde de son village et des familles qui y vivaient. Elle est encore trop jeune pour assimiler autant d'impressions nouvelles. Somme toute, Fathma est confrontée à un monde qui est tout à fait nouveau et inconnu pour elle et qu'elle ne comprend pas.

3. ***Hinweis:*** *Bei der Betrachtung und Erläuterung sollen Sie sich auf den zweiten Teil des Textes beziehen. Vermeiden Sie unnötige Wiederholungen von Aspekten aus der Bearbeitung der zweiten Aufgabe. Sie können Ihren Schwerpunkt z.B. auf die Schwierigkeiten Fathmas beziehen, die sich über ihre ersten Eindrücke hinaus ergeben und ihre Erwartungshaltung mit einbeziehen.*

D'abord, la narratrice souligne que la famille n'a aucun problème quand elle s'installe à Paris. D'un côté, il y a d'autres familles marocaines et de l'autre côté, Mme Simone les aident à trouver un appartement et à s'occuper des « démarches administratives » (l. 15). Elle est assistante sociale à la mairie de Paris et pour la famille, elle est « un ange envoyé par Dieu » (l. 18). Elle est apparemment très engagée, elle s'occupe de la famille et de tout ce dont ils ont besoin pour se repérer et pour trouver leur chemin dans un nouvel environnement où tout est si difficile.

Mais Fathma, rétrospectivement, est « rebelle » (l. 21). Le plus grand problème, c'est la langue étrangère et le rôle de sa langue maternelle. Elle ne parle que le berbère et elle ne comprend pas et n'accepte pas que les autres ne le parlent pas. Elle est trop jeune pour comprendre que sa langue n'est pas la seule langue parlée dans le monde entier et qu'il faut parler français à Paris si on veut acheter quelque chose, parler à quelqu'un ou trouver des amis. Elle ne comprend même pas que les gens ne sachent peut-être pas répondre aux questions de Fathma parce qu'ils ne parlent pas sa langue. Par conséquent, elle devient « agressive » (l. 24). Elle a des réactions enfantines : elle « crachait, criait [et] jetait par terre des objets » (l. 27/28) parce que Mme Simone ne parlait pas non plus le berbère, mais uniquement quelques mots en arabe de sorte que Fathma pense que cette dernière « ne [l']aime pas » (l. 26).

En se référant à l'anonymat dans la grande ville déjà mentionné au sujet d'étude n° 2, on peut ajouter que Fathma accuse sa famille de l'avoir « oubliée [...] dans une ville où tout le monde [lui] tournait le dos » (l. 31/32). Elle semble être « sourde-muette » (l. 30/31), « transparente, invisible » (l. 33). Elle se sent négligée. En plus, elle se compare à un arbre, ayant la même couleur sombre de peau, étant un « arbuste » (l. 35) auquel les gens ne font pas attention. Elle en vient à la conclusion qu'elle est « bonne pour servir d'épouvantail » (l. 36), une chose (pas une fillette) qui est laide et qui effarouche tout le monde.

4. ***Hinweis:*** *Versetzen Sie sich in die Lage der Sozialarbeiterin Mme Simone und verfassen Sie einen Bericht aus ihrer Perspektive, in dem Sie sowohl auf die aktuelle Situation Fathmas und die daraus resultierenden Schwierigkeiten eingehen und danach Vorschläge für die weitere Zukunft der jungen Marokanerin entwickeln, die eine Integration in die französische Gesellschaft ermöglicht. Der Bericht ist ein offizielles Dokument und darf keine umgangssprachlichen oder unvollständigen Satzkonstruktionen enthalten.*

Fathma est une jeune Marocaine de onze ans, intelligente, qui vient d'arriver à Paris avec ses parents. Elle vient d'un petit village dans le sud du Maroc et elle a de grands problèmes à se retrouver dans une grande ville comme Paris. Elle est curieuse et elle a beaucoup de questions auxquelles personne ne peut répondre. Il faut encourager la fillette et lui faciliter la vie à Paris.

Fathma vient d'un autre environnement culturel, elle est confrontée à une culture qu'elle ne connaît pas. Elle vit dans une famille marocaine, dans laquelle on vit selon les règles traditionnelles. Le père (et la mère non plus) ne sont pas capables de faire connaître à la fillette la culture française et de la lui expliquer. Le métier du père n'est pas bien payé, la famille ne connait que la vie en HLM. En plus, Fathma ne parle que le berbère et elle a de grandes difficultés à accepter qu'il faut parler français. Bien entendu, on parle le berbère à la maison.

Il faut que Fathma apprenne le français le plus vite possible, dans un cours de langue pour immigrés et je propose qu'elle participe à un cours pour renforcer sa confiance en elle, organisés par exemple par les institutions religieuses. En outre, il faut la soutenir à l'école, par exemple en lui offrant des stages lui permettant une bonne formation et un bon apprentissage. Il serait bien pour elle de pouvoir prendre part à la vie citadine : visiter des musées, aller au théâtre, au cinéma, participer à des fêtes.

## Marseille – Bouches-du-Rhône : 467 avis sur Marseille

*Sur le site Internet « Linternaute », on peut donner son avis sur des villes françaises. Voilà ce que Nathalie et Angeline ont écrit :*

**Agréablement surprise !**

« Ayant décidé de venir vivre dans le sud de la France tout en gardant les commodités d'une très grande ville, Marseille et Nice se sont donc imposées dans mes choix et je dois dire que je suis restée très agréablement surprise par Marseille. Comme beaucoup je suis arrivée dans cette ville avec tous les clichés qu'on lui connaît… Et bien, force est de constater que cette ville est une merveille ! Bien sûr, je me suis rendue dans les quartiers nord, j'ai eu quelques visites de maisons là-bas et le contraste avec les quartiers sud riches et luxueux est saisissant, mais ce contraste est le même dans toutes les villes. Cette ville est en rénovation de partout, et la rue de la République est tout simplement à couper le souffle tant elle est belle, c'est d'ailleurs là que j'ai choisi de vivre. La ville est tout simplement gigantissime, je pensais avoir tout vu en vivant sur Paris, mais je dois admettre que mes prétentions étaient mal venues… Cette ville est tellement immense que je m'y suis perdue plusieurs fois, mais à chaque fois cela m'a permis de découvrir un autre aspect de la ville, à la fois moderne et futuriste […]. Il y a également la rue dite 'de la mode' qui est un quartier où l'on trouve tous les créateurs de la nouvelle génération, ils s'exposent, vendent et créent sur place… Et puis l'avenue du Prado, et bien sûr la Corniche, véritable moment de détente pour faire son footing au coucher du soleil ou le matin pour admirer la mer… Il y a tellement de choses à dire, à faire et à voir qu'il est impossible de tout dire ici si ce n'est que je suis tombée amoureuse de cette ville ! »
[Avis de Nathalie]

**Ce que je n'aime pas à Marseille**

« Marseille accumule plusieurs tares, en premier lieu l'aspect sale et bien glauque de certains quartiers. Le centre ville, loin d'être l'agréable espace que l'on pourrait imaginer comme c'est le cas dans plusieurs grandes villes, est un coin craignos, avec des squats et au taux de chômage très élevé. La ville a su se débarrasser de son climat mafieux mais les tares de la mentalité méditerranéenne sont toujours présentes. Ne vous attendez pas à une chaleur exceptionnelle de la part des habitants… Autre grosse tare, l'urbanisme catastrophique de la ville. Marseille est remplie de routes tortueuses, de groupes d'immeubles mal placés, la circulation s'en ressent. En terme de patrimoine et d'architecture, Marseille ne présente rien d'exceptionnel non plus. Chef-lieu du département, Marseille ne présente pourtant pas une université dynamique : seulement 30 000 étudiants (Amiens en fait autant) ! Très réduite, l'université de Marseille manque cruellement de filières clé ! Le tourisme n'est pas un élément

moteur, les visiteurs préférant des villes plus chic comme Saint-Tropez, Fréjus ou Saint-Raphaël. »
[Avis d'Angeline] *(489 mots)*

*Marseille – Bouches-du-Rhône : 467 avis sur Marseille*
*http://www.linternaute.com/ville/ville/temoignage/154/4/marseille.shtml (Zugriff am 10. 03. 2009), Text geringfügig gekürzt, sprachlich überarbeitet*

**Annotations :**

| | | |
|---|---|---|
| l. 2/3 | la commodité | *all. :* Annehmlichkeit |
| l. 6 | force est de constater | il faut constater |
| l. 9, 17 | rue de la République, l'avenue du Prado | boulevards importants et connus à Marseille |
| l. 11 | gigantissime | gigantesque |
| l. 17 | la Corniche | route panoramique le long de la côte |
| l. 18 | faire un footing | faire une promenade à pied |
| l. 23 | une tare | un défaut |
| l. 23 | glauque | *ici :* sombre |
| l. 25 | craignos | *fam. :* qu'il faut craindre |
| l. 26 | le squat | une habitation occupée illégalement |
| l. 26/27 | un climat mafieux | une atmosphère de criminalité organisée |
| l. 29/30 | une route tortueuse | *all. :* eine kurvenreiche Straße |
| l. 30 | s'en ressentir | subir les conséquences |
| l. 30/31 | en terme de patrimoine | *all. :* in Bezug auf das kulturelle Erbe |
| l. 34 | une filière clé | *all. :* wichtiger Studiengang |

## Aufgabenstellung

Punkte

1. Exposez brièvement les avis de Nathalie et d'Angeline sur Marseille. *(compréhension)* 10

2. Comparez les jugements que les deux femmes portent sur Marseille et leur façon d'argumenter. *(analyse)* 15

3. Expliquez le titre du premier texte : « Agréablement surprise ! » *(analyse)* 17

4. Vous devez faire un stage de six mois dans une entreprise en France. Vous avez plusieurs offres, entre autres celle d'une entreprise à Marseille. Pesez le pour et le contre d'une vie à Marseille en partant des textes. *(commentaire)* 18

## Lösungsvorschläge

1. ***Hinweis:** Im Rahmen der Darstellung der Meinungen von Nathalie und Angeline sollen kurz die wichtigsten Informationen aus dem Text entnommen werden. Vermeiden Sie einen Vergleich (vgl. Aufgabe 2) bzw. jegliche Stellungnahmen.*

Dans le texte, deux femmes, Nathalie et Angeline, donnent leur avis sur la ville de Marseille sur le site Internet « L'Internaute ».
Nathalie a décidé de vivre dans le sud de la France sans renoncer aux avantages d'une vie dans une grande ville. Par conséquent, elle vit à Marseille maintenant, dans un quartier agréable et elle exprime sa satisfaction et son enthousiasme, résultant – entre autres – de l'immensité et de l'offre économique et culturelle de Marseille.
Angeline, par contre, s'exprime de façon tout à fait négative sur Marseille. Elle énumère beaucoup de désagréments et surtout d'inconvénients, par exemple le taux de chômage élevé et la criminalité, une architecture ni moderne ni traditionnelle qui n'attire pas les touristes ou les étudiants. Elle souligne que les visiteurs préfèrent les villes sur la côte méditerranéenne, comme Saint-Tropez ou Fréjus.

2. ***Hinweis:** In dieser Aufgabe sollen die beiden Meinungen vergleichend gegenüber gestellt werden. Dabei sollten Sie auf Gemeinsamkeiten und Unterschiede eingehen. Auch wird gefordert, dass Sie die Argumentationsstruktur beider Ausführungen näher analysieren. Ein Hinweis auf die jeweilige Gefühlslage wäre denkbar.*

Les deux femmes se réfèrent à des faits identiques, mais leurs jugements diffèrent complètement.
Nathalie souligne par exemple « la rénovation de partout » (l. 9) dans tous les quartiers, surtout dans le centre. Elle met en relief la beauté de certaines rues, par exemple la rue de la République (l. 9) où elle a décidée d'habiter. Elle n'hésite même pas à comparer la ville à Paris et selon elle, Marseille « est tout simplement gigantissime » (l. 11). Ce jugement se réfère d'un côté à l'immensité de la ville, de l'autre côté Marseille présente à la fois une architecture « moderne et futuriste » (l. 14/15). Angeline, par contre, trouve la ville sale (l. 23) et sombre dans certains quartiers et, pour elle, le centre est très désagréable, comparé à d'autres grandes villes (l. 25). En plus, Angeline parle d'un « urbanisme catastrophique » (l. 29), parce que Marseille est « remplie de routes tortueuses, de groupes d'immeubles mal placés » (l. 29/30). De l'avis d'Angeline, Marseille, comme chef-lieu d'un département, devrait présenter une architecture exceptionnelle ce que l'on n'y trouve pas (l. 31/32).
Angeline souligne aussi que l'université de Marseille n'est pas assez dynamique en nommant le très petit nombre d'étudiants. Elle compare ce nombre à celui de l'université d'Amiens, une ville qui est beaucoup moins importante que Marseille. Selon elle, c'est le manque de « filières clé » (l. 34) qui en est la cause. Nathalie est par contre ravie que Marseille attire « tous les créateurs de la nouvelle

génération » (l. 16) et leur offre la possibilité d'étudier, de vendre et de « créer sur place » (l. 16/17).
Quant à la situation géographique et au charme touristique, les opinions des deux femmes diffèrent également. Nathalie aime la « merveille » (l. 6) de Marseille où on peut tout faire et tout voir. Pour les moments de détente on peut se promener sur les grandes avenues ou au bord de la mer, et bien sûr on peut faire un tour sur la Corniche (l. 17). Angeline souligne que « le tourisme n'est pas un élément moteur » (l. 34/35) à cause des villes attrayantes sur la côte déjà mentionnées dans le résumé. En outre, Angeline ajoute que les habitants de Marseille ne sont pas non plus particulièrement chaleureux ou accueillants (l. 27/28).
En donnant son avis, Nathalie est très enthousiaste et son argumentation est basée sur la subjectivité et sur ses émotions ce qu'illustrent les mots que Nathalie a choisis, par exemple « la merveille » (l. 6), « gigantissime » (l. 11) ou « impossible de tout dire » (l. 19). Angeline essaie de transmettre son message objectivement en présentant par exemple des chiffres (l. 33) et d'éviter les superlatifs.

3. ***Hinweis:*** *Bei der Erklärung sollten Sie ausgehend von dem angegebenen Zitat insbesondere die ersten fünf Zeilen der Ausführungen Nathalies in Augenschein nehmen und die negativen Aspekte, die sie trotz allem erwähnt, relativieren.*

   Nathalie est arrivée à Marseille « avec tous les clichés qu'on lui connaît » (l. 5). Mais depuis qu'elle y vit, elle est enchantée par cette ville. Certes, il y a de grandes inégalités économiques et sociales entre les quartiers, mais ce sont des contrastes qu'on peut trouver dans toutes les villes (l. 8/9). A part cela, elle ne trouve que des aspects positifs. Elle est même « tombée amoureuse de cette ville » (l. 20) qui est « gigantissime » (l. 11), « moderne et futuriste » (l. 14/15). L'économie est par exemple caractérisée par l'installation de la mode et la ville est un centre d'attraction où on peut occuper ses loisirs soit dans le centre, soit au bord de la mer. L'immensité de la ville fait oublier les aspects « négatifs » et Nathalie est tellement impressionnée par la beauté, la variété culturelle et la richesse en général que son enthousiasme est sans borne.

4. ***Hinweis:*** *Stellen Sie sich vor, dass Sie selbst die Möglichkeit bekommen, in Marseille zu leben und verwenden Sie u.a. die Argumente in den beiden Texten, um die Vor- und Nachteile eines Lebens in der südfranzösischen Großstadt zu schildern.*

   La vie à Marseille offre beaucoup d'avantages. Dans une grande ville multiculturelle comme Marseille on a la possibilité de prendre part à une vie culturelle exceptionnelle, on peut aller au cinéma, au théâtre ou visiter des musées. Le climat méditerranéen est excellent et l'environnement nous invite à faire des excursions et à découvrir la nature, soit au bord de la mer, soit à l'intérieur du pays. En plus, la Corse n'est pas loin et la Camargue, les Bouches-du-Rhône, les Alpilles et la Provence sont des régions pleines de charme.

Mais dans une grande ville comme Marseille on risque aussi de se perdre dans l'anonymat parce qu'on ne connaît personne. On est loin de l'Allemagne, c'est-à-dire qu'il faut résoudre les problèmes sans les parents. En outre, Marseille a un taux de criminalité élevé. La vie est également chère dans cette région-là, ce qui concerne – entre autres – les dépenses pour les études à l'université.
Mais on a aussi la possibilité d'apprendre et d'approfondir ses connaissances en langue française et d'élargir ses compétences interculturelles. Pour faire la connaissance d'une culture et, spécifiquement, d'une langue rien de mieux que de vivre et de travailler dans le pays. On fait l'expérience de travailler dans une entreprise à l'étranger ; c'est une qualification supplémentaire qui est utile au moment où on cherche une place d'apprentissage ou quand on postule un emploi. Et on fait plus ample connaissance avec les Français et avec leur mentalité.
Finalement, les arguments en faveur d'un stage à Marseille l'emportent de sorte que je me décide à le faire dans la ville portuaire du sud de la France.

## Jules Romains : *Knock ou Le triomphe de la médecine*, Acte II, scène V

*Localisation du passage :*
*Knock, faux médecin, s'installe dans un petit village à la campagne pour succéder au Docteur Parpalaid qui veut s'établir à Lyon. Pour attirer et agrandir la petite clientèle de son prédécesseur, Knock fait des consultations gratuites.*
*Voici la fin d'une de ces consultations.*

LA DAME, *se lève, faisant mine de se retirer.*
– Je suis enchantée, docteur, d'avoir fait votre connaissance. Je reste chez moi toutes les après-midi. Il vient quelques personnes. Nous faisons salon autour d'une vieille théière Louis XV que j'ai héritée de mon aïeule. Il y aura toujours une tasse de côté pour vous. *(Knock s'incline. Elle avance encore vers la porte.)* Vous savez que je suis réellement très, très tourmentée avec mes locataires et mes titres. Je passe des nuits sans dormir. C'est horriblement fatigant. Vous ne connaîtriez pas, docteur, un secret pour faire dormir ?

KNOCK. – Il y a longtemps que vous souffrez d'insomnie ?

LA DAME. – Très, très longtemps.

KNOCK. – Vous en aviez parlé au docteur Parpalaid ?

LA DAME. – Oui, plusieurs fois.

KNOCK. – Que vous a-t-il dit ?

LA DAME. – De lire chaque soir trois pages du Code civil. C'était une plaisanterie. Le docteur n'a jamais pris la chose au sérieux.

KNOCK. – Peut-être a-t-il eu tort. Car il y a des cas d'insomnie dont la signification est d'une exceptionnelle gravité.

LA DAME. – Vraiment ?

KNOCK. – L'insomnie peut être due à un trouble essentiel de la circulation intracérébrale, particulièrement à une altération des vaisseaux dite « en tuyau de pipe ». Vous avez peut-être, madame, les artères du cerveau en tuyau de pipe.

LA DAME. – Ciel ! En tuyau de pipe ! L'usage du tabac, docteur, y serait-il pour quelque chose ? Je prise un peu.

KNOCK. – C'est un point qu'il faudrait examiner. L'insomnie peut encore provenir d'une attaque profonde et continue de la substance grise par la névroglie.

LA DAME. – Ce doit être affreux. Expliquez-moi cela, docteur.

KNOCK, *très posément.* – Représentez-vous un crabe, ou un poulpe, ou une gigantesque araignée en train de vous grignoter, de vous suçoter et de vous déchiqueter doucement la cervelle.

LA DAME. – Oh ! *(Elle s'effondre dans un fauteuil.)* Il y a de quoi s'évanouir d'horreur. Voilà certainement ce que je dois avoir. Je le sens bien. Je vous en prie, docteur, tuez-moi tout de suite. Une piqûre, une piqûre ! Ou plutôt ne m'abandonnez pas. Je me sens glisser au dernier degré de l'épouvante. *(Un silence.)* Ce doit être absolument incurable ? et mortel ?

KNOCK. – Non.

LA DAME. – Il y a un espoir de guérison ?

KNOCK. – Oui, à la longue.

LA DAME. – Ne me trompez pas, docteur. Je veux savoir la vérité.

KNOCK. – Tout dépend de la régularité et de la durée du traitement.

LA DAME. – Mais de quoi peut-on guérir ? De la chose en tuyau de pipe, ou de l'araignée ? Car je sens bien que, dans mon cas, c'est plutôt l'araignée.

KNOCK. – On peut guérir de l'un et de l'autre. Je n'oserais peut-être pas donner cet espoir à un malade ordinaire, qui n'aurait ni le temps ni les moyens de se soigner suivant les méthodes les plus modernes. Avec vous, c'est différent.

LA DAME, *se lève.* – Oh ! je serai une malade très docile, docteur, soumise comme un petit chien. Je passerai partout où il le faudra, surtout si ce n'est pas trop douloureux.

KNOCK. – Aucunement douloureux, puisque c'est à la radioactivité que l'on fait appel. La seule difficulté, c'est d'avoir la patience de poursuivre bien sagement la cure pendant deux ou trois années, et aussi d'avoir sous la main un médecin qui s'astreigne à une surveillance incessante du processus de guérison, à un calcul minutieux des doses radioactives – et à des visites presque quotidiennes.

LA DAME. – Oh ! moi, je ne manquerai pas de patience. Mais c'est vous, docteur, qui n'allez pas vouloir vous occuper de moi autant qu'il faudrait.

KNOCK. – Vouloir, vouloir ! Je ne demanderai pas mieux. Il s'agit de pouvoir. Vous demeurez loin ?

LA DAME. – Mais non, à deux pas. La maison qui est en face du poids public.

KNOCK. – J'essayerai de faire un bond tous les matins jusque chez vous. Sauf le dimanche. Et le lundi à cause de ma consultation.

LA DAME. – Mais ce ne sera pas trop d'intervalle, deux jours d'affilée ? Je resterai pour ainsi dire sans soins du samedi au mardi ?

KNOCK. – Je vous laisserai des instructions détaillées. Et puis, quand je trouverai une minute, je passerai le dimanche matin ou le lundi après-midi. [...]. *(679 mots)*

*Jules Romains : Knock ou Le triomphe de la médecine (1924), Acte II, scène V,* 

**Annotations :**

| | | |
|---|---|---|
| l. 4 | la théière Louis XV | récipient de style Louis XV (1715–1774) pour servir le thé |
| l. 4 | l'aïeule *f.* | *ici :* la grand-mère |
| l. 7 | un titre | *all. :* Wertpapier |
| l. 14 | le Code civil | ensemble de lois |
| l. 19 | être dû, due à | être causé, e par |
| l. 19/20 | intracérébrale | *all. :* im Inneren des Gehirns befindlich |
| l. 20 | l'altération *f.* | le changement |
| l. 20 | le vaisseau | canal par lequel circule le sang |
| l. 20 | le tuyau | *ici :* canal fermé |
| l. 23 | priser | *all. :* Tabak schnupfen |
| l. 25 | la névroglie | cellule du système nerveux |
| l. 27 | un poulpe | *all. :* Tintenfisch |
| l. 28 | suçoter | sucer longuement |
| l. 28 | déchiqueter | déchirer, mordre |

| | | |
|---|---|---|
| l. 45 | docile | sage, discipliné |
| l. 48 | la radioactivité | Au début du 20e siècle, Pierre et Marie Curie ont introduit la radioactivité dans les traitements modernes du cancer. |
| l. 51 | s'astreindre | *all. :* sich verpflichten zu, sich unterwerfen |
| l. 57 | le poids public | lieu public où on a pesé p. ex. les produits des marchands |
| l. 58 | faire un bond | passer chez qn |
| l. 60 | d'affilée | sans interruption |

## Aufgabenstellung

Punkte

1. Résumez cet extrait. *(compréhension)* 10
2. Caractérisez la dame en tenant compte de sa situation personnelle. *(analyse)* 13
3. Analysez la stratégie et les moyens rhétoriques utilisés par Knock pour avoir une nouvelle patiente. *(analyse)* 18
4. Comparez l'image du médecin présentée dans cet extrait avec celle des médecins dans *Le malade imaginaire* de Molière. *(commentaire)* 19

## Lösungsvorschläge

1. Une dame est venue voir le docteur Knock et, avant de se retirer, elle lui parle de ses obligations sociales et aussi de son insomnie. Knock, après avoir appris que son prédécesseur n'avait rien entrepris, explique d'une manière compliquée, avec des termes plus ou moins médicaux, les causes possibles de son insomnie. La dame est effrayée et, abattue, supplie le docteur de la guérir. Elle accepte le traitement intensif et sans douleurs que Knock lui propose même s'il doit durer plusieurs années et jure d'être une patiente sage, et de faire tout ce que Knock lui demandera. Knock, par contre, lui promet des visites régulières.

2. Dès le début, le lecteur apprend que la dame est riche, qu'elle a des biens et des obligations sociales qui la surmènent, ce qui pourrait avoir déclenché son insomnie. Apparemment, elle a aussi besoin de compagnie, car elle invite le docteur Knock à prendre le thé, besoin qui se manifeste également à la fin quand elle attache une grande importance aux visites quotidiennes de Knock. Cela montre bien sa solitude, mais aussi manège pour inspirer la pitié.
   C'est pourquoi la dame est une victime facile pour Knock : elle est très naïve et fait confiance à toutes les explications de Knock sans les mettre en question et sans remarquer qu'il ne fait qu'utiliser une terminologie pseudo-médicale. Cette crédulité révèle aussi que la dame est hypochondriaque, anxieuse et qu'elle a tendance à exagérer : « Ce doit être absolument incurable ? et mortel ? » (l. 33/34). Ce qui en fait une personne ridicule qui manque de bon sens. Et même si, au début, elle prétend avoir de la classe et être d'un certain rang social, à la fin, elle se soumet à l'autorité du médecin : « Je serais [...] soumise comme un petit chien » (l. 45/46). La phrase « Mais c'est vous, docteur, qui n'allez pas vouloir vous occuper de moi autant qu'il faudrait » (l. 53/54) montre aussi que la dame manque d'assurance et de confiance en elle-même, ce qui en fait une victime de la cupidité du médecin.

3. ***Hinweis:*** *Arbeiten Sie die Strategie Knocks heraus (Pseudowissen, vage Ausdrucksweise, Abhängigmachen der Patientin von seinen langwierigen Behandlungsmethoden). Stützen Sie diese strategischen Taktiken mit geeigneten Stilmitteln (plastische Ausdrucksweise, Onomatopoeia usw.).*

   La stratégie de Knock est une stratégie assez habile : dans son discours, il emploie des expressions (semi)médicales et, par là, donne l'illusion d'avoir un savoir profond aussi bien que des théories fondées : « la circulation intercérébrale » (l. 19/20) aussi bien que « les artères du cerveau » (l. 21) en sont des exemples. Son langage est imagé pour que la dame puisse s'imaginer la gravité de sa maladie. Elle ne remarque donc pas que Knock exagère et profite de la situation pour lui faire peur. L'exemple du crabe et de l'araignée illustre bien cette stratégie. Knock habille même ses thèses chimériques d'onomatopées telles que « déchiqueter » et « grignoter » (l. 28). Le lecteur remarque que les explications de

Knock ne sont pas du tout justifiées, qu'elles sont vagues et qu'elles n'expriment que des banalités : aux lignes 16 et 21 Knock utilise le petit mot « peut-être » qui a beaucoup d'importance ici. Aussi la phrase « C'est un point qu'il faudrait examiner » (l. 24) souligne cette thèse. L'éloquence et la persuasion de Knock sont donc étonnantes.
Il use également d'une autre stratégie : dans l'introduction, on apprend qu'il donne des consultations gratuites, mais au cours de la conversation, il crée une certaine dépendance entre la dame et lui-même. Le traitement durera assez longtemps (deux ou trois années) et nécessitera des visites quotidiennes. A la ligne 43, Knock fait allusion aux « moyens » de la dame, c'est-à-dire qu'il sait qu'elle a de l'argent et qu'il veut, en tout cas, en profiter. Pour soumettre la dame à ses méthodes, il la flatte. Elle n'est pas une « malade ordinaire » (l. 43), au contraire : « Avec vous, c'est différent » (l. 44). Contrairement au docteur Parpalaid, il fait semblant de prendre la dame au sérieux, même si, en vérité, il se moque d'elle.

4. ***Hinweis:*** *Finden Sie Parallelen und Unterschiede in Bezug des Umgangs der Ärzte mit ihren Patienten. Gehen Sie dabei auch kurz auf die zeitliche Distanz der beiden Werke ein.*

Dans « Le malade imaginaire » aussi bien que dans « Knock ou le triomphe de la médecine », les auteurs ridiculisent les médecins en employant le comique de situation, de caractère et de geste. Les éléments de la farce par contre sont plus prononcés chez Molière. Chez Molière, les véritables médecins sont opposés aux faux médecins (voir les Diafoirus ou Toinette) ce qui est seulement effleuré chez J. Romains, car le docteur Parpalaid n'y apparaît pas. L'imposture médicale est plus claire dans Knock, car il a des motifs cupides tandis que les Diafoirus sont convaincus de ce qu'ils font et se prennent au sérieux. Knock est donc plus rusé et, pour s'enrichir, rend la dame dépendante de sa charlatanerie. Knock est en fait dangereux, il joue avec la peur de sa patiente. Chez Molière, Argan est au cœur du ridicule, car il considère les médecins comme une autorité qu'on ne conteste pas. En déguisant Toinette, Molière montre l'absurdité et la vacuité de la médecine. Dans les deux œuvres, il s'agit d'une personne (Argan et la vieille dame) qui se rend esclave d'un médecin (ou, chez Molière, plutôt de la médecine en général) et est donc une victime facile (la dame pour Knock et Argan pour sa seconde femme Béline).
On peut donc dire que Molière aussi bien que J. Romains mettent l'accent sur l'autorité exagérée qu'on attribue aux médecins, au langage médical qui ne sert qu'à faire impression, à jouer avec la peur des patients et sur l'incapacité et l'imposture de certains médecins. En comparant les deux œuvres, on remarque aussi quelques différences : Knock me semble être plus intelligent et plus rusé que les médecins chez Molière. Ceci est peut-être aussi dû à ce que les deux auteurs ont vécu à des époques différentes. On notera que, de nos jours, le sujet n'a rien perdu de son importance.

## Les naufragés du silence dans le métro

Comment vivre la confrontation avec la misère et la mendicité dans la ville ? Comment sortir de l'isolement dans lequel chacun est enfermé ? Le regard d'un témoin.

Heure creuse dans le métro. Calés dans la routine, les passagers laissent flotter leurs regards et leur ennui. Soudain monte un jeune homme. Dégingandé, sale, l'air perdu… Il se pose près de la porte. Aussitôt, le message silencieux est passé entre les voyageurs. Chacun pique du nez dans son journal, regarde le bout de ses chaussures… Rien ne pourra les distraire de leurs pensées profondes.

Le jeune homme commence son discours « Mesdames et messieurs, excusez-moi de vous déranger, je m'appelle Eric, j'ai 27 ans, j'ai le sida, ou je sors de prison, ou j'ai perdu mon travail, je suis à la rue… […]. Si vous aviez quelques pièces ou un ticket restaurant, du travail ou au moins un petit sourire… » Un malaise s'abat sur le wagon. Silence de plomb. Personne ne bouge.

Un couple risque un regard circulaire. Ils cherchent à comprendre. Ce sont des touristes. Ils viennent d'arriver à Paris. Ils ne connaissent pas encore ce scénario qui se répète des centaines de fois par jour sur toutes les lignes de métro de la capitale. Ils ne comprennent pas le cri rauque d'Eric. Ils ne comprennent pas non plus pourquoi tout le monde feint de ne pas l'entendre. Ils cherchent à croiser un regard. Ils ne le trouveront pas. Eric non plus ne croisera pas de regard. Une fois terminée sa harangue, scandée sur un ton usé au long des jours sans fin, il se lance dans l'allée, très vite, sans même tendre la main, certain que personne ne va rien lui donner. […] Et il ressort par l'autre bout du wagon en lançant d'un air abattu : « Au revoir messieurs-dames. Bonne journée. »

Une autre fois, c'est une jeune fille. Quelques jeunes ricanent, lui disent qu'elle n'a qu'à travailler. Elle se met à hurler qu'elle voudrait les y voir, eux, derrière leur beau blouson, s'ils vivaient ce qu'elle vit, à quoi ils ressembleraient s'ils étaient abandonnés de tous… « Moi je n'ai personne. » Et elle sort en hurlant dans ses larmes… Dans le wagon toujours le même silence… Personne ne bouge. On a peur. Peur de franchir ce mur invisible qui sépare les gens « bien » des paumés. Peur de notre maladresse. Quoi dire, quoi faire ? Dans le doute, on s'abstient. Quelques-uns s'en veulent de leur lâcheté… Chacun est isolé. Les gens bien et les paumés.

Chaque fois que j'assiste à ces scènes ordinaires, je me dis, il va craquer, il va se tirer une balle dans la tête sous nos yeux, ou il va se jeter à la gorge d'un de ces témoins silencieux… C'est insupportable. Ce silence notre silence, est d'une violence inouïe.

Jamais encore, de telles agressions n'ont été rapportées. Elles seraient naturelles. Si un homme appelle à l'aide du milieu de la mer ou du désert, on lance des hélicoptères, on mobilise des équipes, des satellites. On se souvient que la vie est sacrée. La réponse est inconditionnelle. On y va. Et dans nos villes, des centaines d'hommes et de femmes hurlent leur détresse et on se bouche les oreilles. Ceux qui n'en peuvent plus se jettent sous les roues du métro ; souvent. « Un accident de voyageur va immobiliser la rame quelque temps. Veuillez nous excuser de ce dérangement », nous explique-t-on au micro. Le « dérangement » dure quelques minutes. Et la vie reprend son cours. Sans eux.

Aux « Captifs » quand nous « tournons » dans la rue, nous ne faisons rien d'autre que de risquer ce regard, ce bonjour, ce sourire qui paraissent impossibles vus de la vie ordinaire. Et qui deviennent si simples dès qu'on franchit, dans sa tête, le mur imaginaire qui nous sépare les uns des autres. Et ce pas au-delà de l'inquiétude, de l'inconnu change la vie. La nôtre, et la leur. Ce pas rend la vie possible. *(697 mots)*

*Cécile Gulochon : Les naufragés du silence dans le métro, http://membres.lycos.fr/pagehome*

**Annotations :**

| | | |
|---|---|---|
| titre | le naufragé | *all. :* Schiffbrüchiger |
| l. 3 | heure creuse | heure pendant laquelle il y a peu d'activités |
| l. 3 | calé, e | *ici :* plongé, e |
| l. 4 | dégingandé, e | *all. :* schlaksig |
| l. 11 | s'abattre | *ici :* se répandre |
| l. 12 | le plomb | *all. :* Blei |
| l. 16 | rauque | *all. :* rauh |
| l. 17 | feindre de faire qc | faire semblant de faire qc |
| l. 19 | la harangue | le discours solennel |
| l. 21 | abattu, e | découragé, e, déprimé, e |
| l. 23 | ricaner | se moquer |
| l. 28 | un paumé | *fam. :* une personne qui est ou se sent complètement perdue |
| l. 29 | s'abstenir | s'interdire de se prononcer, de prendre parti, de « s'engager » |
| l. 31 | craquer | *all. :* zusammenbrechen |
| l. 34 | inouï, e | incroyable |
| l. 38 | inconditionnel, le | *ici :* clair, e |
| l. 39 | la détresse | le désespoir |
| l. 44 | le captif | *syn. :* prisonnier |
| l. 44 | « Aux Captifs » est une association qui a pour mission de rencontrer et d'accompagner les personnes de la rue. | |

## Aufgabenstellung

| | Punkte |
|---|---|
| 1. Présentez la situation donnée et les personnes. *(compréhension)* | 10 |
| 2. Etudiez le comportement de ces personnes et l'atmosphère qui en résulte. *(analyse)* | 14 |
| 3. Dégagez le message de l'auteur et les moyens dont elle se sert pour le mettre en relief. *(analyse)* | 18 |
| 4. Après avoir lu cet article, vous vous adressez à l'auteur. Ecrivez une lettre dans laquelle vous faites ressortir votre opinion personnelle à propos de la situation décrite, du comportement du jeune homme et des autres voyageurs. *(commentaire/produktiv-gestaltende Aufgabe)* | 18 |

## Lösungsvorschläge

1. La situation se passe dans le métro à Paris et décrit la rencontre de personnes défavorisées et de voyageurs.
   Eric et la jeune fille servent d'exemple de personnes qui vivent dans la misère et n'ont aucune perspective. Ils montent dans le métro et adressent la parole aux voyageurs pour demander une aumône quelle qu'elle soit. Ils ne reçoivent même pas un regard ou un sourire, et si quelqu'un montre une réaction, c'est de la ricanerie. Par conséquent, Eric, abattu, descend vite du métro et la jeune fille fond en larmes.
   La plupart des témoins de telles scènes dans le métro ne font qu'ignorer ces personnes pitoyables et, embarrassés, se taisent en s'adonnant à des choses peu importantes. D'autres, comme dans le cas de la jeune fille, se moquent d'eux. Les voyageurs sont trop lâches pour réagir d'une autre manière.
   A cause de ce « silence » et ce refus de réagir comme il le faudrait à la misère des autres, l'auteur fait appel aux lecteurs. Elle a fondé une organisation, les « Captifs », pour surmonter l'isolement des grandes villes qu'elle condamne violemment. A son avis, ce comportement cruel pousse beaucoup de malheureux au suicide.

2. ***Hinweis:*** *Hier handelt es sich um eine Doppelaufgabe, bei der sowohl das Verhalten der Reisenden als auch die dadurch entstehende Atmosphäre dargestellt werden müssen. Informationen zur Atmosphäre finden sich vor allem ab Zeile 27, Sie müssen diese aber noch zusammenfassen und abstrahieren.*

   Dans le métro, ou plutôt dans les grandes villes, chacun vit pour soi. Quand une personne « paumée » adresse la parole aux voyageurs, ceux-ci font semblant d'être occupés, plongés dans leur lecture, et de ne rien entendre. Les raisons de ce comportement sont très diverses : c'est une scène quotidienne dans une grande ville, la plupart des gens sont indifférents. De plus, ils ont peur, peur de ne rien pouvoir faire. Pour soulager leur conscience, ils se bouchent, en fait, les oreilles. Quelques-uns cachent leur perplexité en se moquant des gens « paumés » et en répétant les clichés.
   Seuls les touristes qui ne sont pas habitués à de telles situations quotidiennes osent un regard.
   Un tel comportement mène forcément à la désillusion et à la frustration des gens défavorisés. Le désespoir grandit et une atmosphère froide, un « mur imaginaire », en résulte. Le silence des uns devient un acte de violence pour les autres, pour ceux qui ont besoin d'aide et de compréhension. Les « paumés » sont impuissants face à une vie qui se déroule sans eux, qui les exclut. Et c'est exactement cette atmosphère qui est décrite, le sentiment de ne plus compter comme individu, le sentiment de finir dans le ruisseau d'une ville moderne – ambiance intransigeante et cruelle.

3. ***Hinweis:*** *Beachten Sie, dass es sich um eine Autorin (Cécile) handelt. Neben der Personen- und Situationsbeschreibung lässt die Autorin im Text immer wieder ihre persönliche Meinung durchscheinen oder stellt diese direkt dar. Daraus leiten Sie die Botschaft des Textes ab. Stützen Sie diese mit geeigneten Stilmitteln. Auch hier handelt es sich also um eine Doppelaufgabe.*

Le message de l'auteur est clair : elle veut alerter les lecteurs et les inciter ardemment à faire disparaître le « mur imaginaire » qui séparent les gens aisés des « paumés ». Aider ceux qui ne sont pas aussi fortunés ne coûte qu'un sourire ou un peu de compréhension. L'auteur condamne en fait l'anonymat qui règne dans notre vie, surtout dans les grandes villes modernes.
Déjà dans le titre, l'auteur se sert d'une métaphore, celle des « naufragés », pour accentuer son message. Tout le monde fait de son mieux pour aider les naufragés, pourquoi pas pour aider les paumés dans la grande ville ? Cette idée est mentionnée aux lignes 35–37.
Le texte contient d'autres métaphores telles que « se boucher les oreilles » (l. 39) ou « le mur imaginaire » (l. 46/47). Ces métaphores soulignent la cruauté dont souffrent les pauvres. Il ne s'agit pas d'une violence corporelle, mais physique : ce silence est « d'une violence inouïe » (l. 33/34). Cette violence qui tient de l'isolement et de l'anonymat est décrite par des phrases courtes et très accentuées : « Heure creuse dans le métro » (l. 3) ou « Silence de plomb. Personne ne bouge » (l. 12). La dernière phrase est même répétée à la ligne 27. Comme une sorte de climax, dans les lignes 29 et 30, l'auteur donne son message directement : « Quoi dire, quoi faire ? », « Chacun est isolé ». L'auteur utilise aussi des expressions très imagées, presque accusatrices telles que « violence », « abattu », « hurler » et « insupportable ». De temps en temps, l'auteur exagère un peu, par exemple en disant que « la vie est sacrée ». Le suicide mentionné aux lignes 31/32 donne au texte une note encore plus pessimiste.

4. ***Hinweis:*** *Gliedern Sie Ihren Brief an die Autorin wie in der Aufgabe vorgegeben (zuerst Ihre Meinung zur Gesamtsituation, dann zum Verhalten der SDF und der Mitreisenden). Sie können sich der Meinung der Autorin anschließen, dagegen argumentieren oder Pro- und Contra-Argumente abwägen. In jedem Fall ist es aber wichtig, dass Sie immer einen Rückbezug zum Artikel herstellen und am Ende Ihre These kurz zusammenfassen oder mit einer Idee aufwarten. Beachten Sie auch die Konventionen eines formelles Briefes.*

Chère Madame Gulochon,
C'est avec grand intérêt que j'ai lu votre article sur la misère et la mendicité dans les grandes villes.
D'un côté, vous avez raison en disant que la vie devient de plus en plus anonyme, les gens de plus en plus froids et que de plus en plus de gens finissent dans la rue sans que les autres s'en occupent. Moi aussi, j'ai souvent vécu de telles scènes et ai été choqué(e) par l'indifférence des gens. Toute personne gagnant bien sa vie peut donner un sourire, un peu de pain, quelques pièces ou, au moins, des mots

qui consolent. Et par de tels petits gestes, on pourrait rendre la vie un peu plus agréable et humaine, surtout dans les grandes villes où les différences entre les classes sociales sont plus prononcées qu'ailleurs.
D'un autre côté, chère Madame Gulochon, il me faut dire qu'on ne pourra rien changer en écrivant un tel article. Il faut faire un peu plus que cela, par exemple commencer dans les écoles et y éveiller la conscience collective. On pourrait par exemple inviter des gens défavorisées à raconter de leur vie quotidienne. Cela me semble plus authentique et plus bouleversant que votre article. Mais il me faut avouer que votre article est une bonne introduction.
Moi, je suis encore élève et ma classe aimerait entrer en contact avec vous pour en apprendre plus sur ce sujet. Si vous êtes intéressée, je vous propose un petit projet : nous organiserions une vente d'objets que nous confectionnerions et nous verserions l'argent à votre organisation. En revanche, vous pourriez nous rendre visite et nous parler un peu de votre organisation et de son travail. Et si, en plus, vous connaissiez des gens concernés qui seraient prêts à nous faire un petit rapport sur leur vie quotidienne, cela serait intéressant.
Dans l'attente d'une réponse, je vous prie d'agréer, Madame, mes meilleurs sentiments.

## « En France, si on est polyvalent, on est tout de suite dévalorisé », une interview avec Carmen Arbués-Miró

**Comment vous êtes-vous établie en France ?**
Je suis née en 1964 à Murillo-de-Gallego, dans la province d'Aragon, en Espagne. J'ai travaillé comme professeur de coiffure, et puis j'ai voulu faire du maquillage dans le spectacle. À l'époque, c'était l'Espagne post-franquiste, il y avait très peu de travail dans cette branche, les chaînes de télévision privées commençaient à peine. Je me suis donc inscrite dans une école de maquillage artistique à Paris. J'ai débarqué en bus, je ne connaissais personne, j'avais 25 ans. Je ne parlais quasiment pas français. Très vite, je me suis retrouvée chef maquilleuse pour des émissions de télé et des films.

**Paris correspondait-elle à l'idée que vous vous faisiez de la France ?**
Venant d'une région frontalière, je connaissais déjà un peu la France. Mais attention, la France et Paris, c'est différent ! La France reste assez provinciale, au sens péjoratif du terme : les Français sont plutôt fermés en général, dans leur manière de vivre, leurs horaires pour les commerces et les repas. À Paris, on respire, c'est une culture très ouverte : on peut voir n'importe quel film n'importe quand, de toute culture. Idem pour la culture culinaire. On trouve de tout et à tous les prix.

**Qu'est-ce qui vous pose problème en France en tant qu'étrangère ?**
Je me souviens des files d'attente interminable devant la préfecture pour renouveler mon permis de séjour chaque année. Mais comme j'avais du travail, et que j'étais européenne, c'était facile. Ce qui m'a choquée au début, c'était le vouvoiement. Vouvoyer une personne jeune, c'était comme une insulte pour moi. En Espagne, on est bien plus conviviaux. Par exemple, quand on cohabite, c'est par choix, par plaisir de partager et d'être à plusieurs. La crise du logement à Paris, qui est de plus en plus grave, a poussé les Français à développer la cohabitation, car les loyers sont devenus exorbitants. Mais il y a encore deux ou trois ans, les Français préféraient manger des patates plutôt que de partager un appartement. Ce qui me choque le plus en France, c'est l'obsession de mettre les gens dans des cases, c'est flagrant dans mon milieu. En Allemagne et en Espagne, on peut être maquilleuse et coiffeuse. En France, c'est pas la peine, on est tout de suite dévalorisé si on est polyvalent. C'est un pays de spécialistes, très statique.

**Vous sentez-vous française ?**
Pas du tout ! À la rigueur, un peu parisienne. Mais je garde mon passeport espagnol, même si je vis ici et suis mariée à un Français. *(452 mots)*

*« En France, si on est polyvalent, on est tout de suite dévalorisé », une interview avec Carmen Arbués-Miró, Redaktion Écoute/Spotlight, 4/2007, S. 21*

**Annotations :**

| | | |
|---|---|---|
| l. 3 | le maquillage | *all. :* das Schminken |
| l. 4 | le spectacle | *all. :* das Showgeschäft |
| l. 4 | post-franquiste | le temps après la dictature de Franco après 1975 |
| l. 6 | débarquer | arriver |
| l. 8 | la maquilleuse | *all. :* die Maskenbildnerin, Visagistin |
| l. 12 | péjoratif, ve | négatif, ve |
| l. 16 | idem pour | *all. :* dasselbe gilt für |
| l. 17 | en tant que | *all. :* in der Eigenschaft als |
| l. 20 | le vouvoiement | le fait de dire « vous » à qn |
| l. 22 | convivial, e | *all. :* gesellig |
| l. 22 | cohabiter | partager un appartement avec d'autres |
| l. 27 | mettre qn dans une case | *all. :* jmdn. in eine Schublade stecken |
| l. 27 | flagrant, e | évident, e |
| l. 28 | c'est pas la peine | c'est inutile |
| l. 32 | à la rigueur | *all. :* notfalls |

## Aufgabenstellung

Punkte

1. Décrivez la situation de Carmen en Espagne et le début de sa carrière en France. *(compréhension)* 9

2. Étudiez ses expériences à Paris. *(analyse)* 15

3. Caractérisez Carmen. *(analyse)* 18

4. En 1990 – Carmen n'est pas encore mariée – elle écrit une lettre à une amie espagnole. Elle parle de sa manière de vivre en France, surtout à Paris. Elle parle de sa vie quotidienne à Paris, de ses conditions de travail, de ses contacts sociaux et de sa vie sentimentale
Rédigez la lettre. *(commentaire/produktiv-gestaltende Aufgabe)* 18

## Lösungsvorschläge

1. Carmen est née pendant les années soixante en Espagne et grandit en Aragon, une région proche de la France. Elle devient professeure de coiffure, un métier qui ne la satisfait pas. Elle rêve de travailler dans le spectacle comme maquilleuse. Mais dans l'Espagne de l'époque – Franco n'est mort que depuis quelques années –, Carmen ne peut pas réaliser son rêve. C'est pourquoi elle décide à l'âge de 25 ans d'aller à l'étranger et de fréquenter une école à Paris, bien qu'elle ne parle presque pas le français et ne connaisse personne dans la capitale. Elle surmonte vite les difficultés du début et devient chef maquilleuse pour le cinéma et la télévision.

2. Carmen, qui a grandi en Aragon, connaît un peu le Sud de la France. Cependant, pour elle, Paris n'est pas du tout comparable au reste de la France, à la province. Alors qu'elle n'a pas un avis très favorable sur la France rurale, elle apprécie beaucoup la capitale (l. 12/13). Elle aime bien la manière de vivre des Parisiens et aussi toutes les possibilités que Paris offre dans des domaines tels que le cinéma ou la gastronomie (l. 13–16). Aujourd'hui, elle est même mariée à un Français (l. 33).
   Tout de même, au début, en tant qu'étranger elle trouve la bureaucratie très compliquée (l. 18–20) et elle doit s'habituer à certains aspects de la vie parisienne, bien différente de la vie en Espagne. Elle est parfois étonnée, voire offensée par le comportement distant des Français, par exemple si on l'a vouvoie (l. 20/21). Aujourd'hui encore elle regrette que les Parisiens bien plus que les Espagnols aient besoin de se protéger et de se démarquer des autres. Ils donnent accès à leur vie privée seulement s'ils y sont obligés par les circonstances (l. 21–26). Mais ce qui lui déplaît le plus c'est le fait que, selon elle, les Français ne sachent pas apprécier les personnes polyvalentes et préfèrent les spécialistes (l. 26–30).

3. Carmen est une femme ambitieuse et déterminée. Pour réaliser son but professionnel, elle prend des risques et va à l'étranger. Le fait qu'elle ne sache pas le français et qu'elle ne connaisse personne à Paris ne la décourage pas (l. 3–8). Travailleuse, elle se débrouille très bien et arrive vite à obtenir un poste comme chef maquilleuse dans le secteur de ses rêves (l. 8/9). Elle est fière d'être polyvalente et d'avoir une formation de coiffeuse et de maquilleuse. C'est pourquoi elle est un peu irritée que ce ne soit pas apprécié en France (l. 28/29).
   Elle est d'un caractère ouvert et convivial. Elle sait se réjouir de la richesse culturelle et culinaire de Paris (l. 14–16), aime passer son temps libre avec d'autres personnes et avoir des colocataires (l. 22/23).
   Même si elle habite à Paris depuis 18 ans et est mariée à un Français, elle n'a pas encore changé de nationalité et se sent encore plus Espagnole que Française. Ceci se manifeste dans les passages de l'interview où elle compare la France à l'Espagne tout en restant critique envers les Français (l. 21/22, l. 28–30 ; moins explicite : l. 26/27).

4. ***Hinweis:*** *Da Carmen 1964 geboren wurde und mit 25 Jahren, also 1989, nach Paris gekommen ist, lebt sie noch nicht so lange dort. Geht man davon aus, dass die Ausbildung an der Maskenbildnerschule etwa ein Jahr gedauert hat, kann sie ihre Arbeitsstelle erst seit kurzem haben. Solange Sie die in der Aufgabenstellung genannten Aspekte abhandeln und die Grundaussagen des Interviews berücksichtigen, sind sie bei der konkreten inhaltlichen Füllung recht frei. So können Sie zum Beispiel frei entscheiden, in was für einer Wohnung sie wohnt (sie beklagt ja, dass Wohngemeinschaften in Frankreich bis vor kurzem unüblich waren) und ob sie ihren späteren Ehemann bereits kennt oder nicht.*

Paris, 15 septembre 1990

Chère Elena,

Comment vas-tu ? As-tu passé de belles vacances avec ton mari et la famille de Melinda ? J'espère que tu trouveras bientôt le temps de me rendre visite à Paris. Ça fait déjà quatre mois que nous ne nous sommes plus vues. Tu me manques beaucoup tout comme les autres amis espagnols.

Comme tu le sais, j'ai trouvé un bon poste chez une maquilleuse qui travaille pour des émissions de télé et pour des films. Comme les clients sont surtout des Français, je dois absolument pratiquer mon français. C'est pourquoi je ne t'écris pas en espagnol car je sais que cela ne sera pas un problème pour toi qui as des proches français… La chef maquilleuse est vraiment sympa même si je suis toujours un peu déconcertée qu'elle me vouvoie. D'abord, j'ai pensé qu'elle a une aversion à mon égard pour me traiter avec cette distance. Mais il semble que le vouvoiement soit normal en France, la plupart des acteurs me vouvoient aussi. Je trouve ça quand même très bizarre. Pour le moment je ne travaille que cinq jours par semaine, de sorte que j'ai assez de temps pour sortir. Ma chef m'a annoncé qu'elle veut me confier un projet dans quelques mois et puis, je dois aussi travailler le week-end. Mais ça ne me dérange pas, au contraire, je serais fière d'avoir plus de responsabilités.

Paris est vraiment une ville géniale avec tant de possibilités ! Ce week-end, j'ai découvert un nouveau restaurant afghan. La nourriture était excellente et même pas trop chère. Avant, j'étais dans un cinéma d'art et d'essais. Je suis sûre que cela te plairait aussi. Heureusement que je connais pas mal de gens qui aiment sortir. Et avant que tu me le demandes : non, je n'ai pas encore fait la connaissance d'un mec qui m'intéresse. À vrai dire, je ne crois pas que je puisse tomber amoureuse d'un Français vu qu'ils sont quelques fois tellement fermés et distants. La France, même si Paris est autre chose que la province telle que je l'ai connue pendant ma jeunesse, restera toujours un pays étranger pour moi. Je ne peux pas m'imaginer changer un jour ma nationalité même au bout de dix ou vingt ans.

Il y a tout simplement trop de choses qui m'énervent. La bureaucratie est encore la chose la moins grave puisque je suis Européenne. J'ai des amis non-européens qui ont plus de problèmes et qui souffrent aussi bien plus que moi de la vie en France. Mais c'est vrai que je regrette quelques fois la mentalité espagnole. Un exemple : après plusieurs mois de recherche j'ai fini par trouver un appartement où je ne dois plus vivre seule. Mais quelle déception ! Mes colocataires préfèrent rester seuls dans leurs chambres au lieu de passer la soirée dans le salon commun ou dans la cuisine à bavarder ou à faire la fête ! Pourquoi ? N'est-il pas plus intéressant de passer du temps avec les autres que de regarder la télé tout le temps ? C'est pourquoi je suis parfois quand même un peu triste, même si j'ai un travail qui me plaît beaucoup. Et si je travaille beaucoup, un jour, je serais peut-être moi-même chef maquilleuse…

Je te souhaite une bonne semaine et j'espère avoir bientôt de tes nouvelles.

Je t'embrasse,
Carmen

## Mireille Disdero : « 16 ans et des poussières »

*Introduction :*
*Shayna vit avec sa mère dans une cité HLM en zone urbaine sensible de Marseille. Son ami Enzo vit avec son père dans l'immeuble juste en face. Pendant qu'elle attend l'ascenseur pour monter chez Enzo, Shayna est agressée par Rox Man et un autre jeune. Au dernier moment, Enzo et son père arrivent et chassent les deux agresseurs.*

Le père d'Enzo est parti faire ses courses […], seul. On est montés dans l'appartement et on a baissé les stores. Pendant une heure, on n'a rien fait d'autre que rêver. Au début, ça été difficile, car j'avais gardé ma peur de Rox Man et de son copain. Une crainte mêlée à de la colère. Elle me travaillait encore de l'intérieur. Je sursautais pour rien, ne pouvais plus rester en place. Mais Enzo m'a rassurée. À un moment, il m'a même obligée à prendre une douche fraîche puis à m'allonger sur le canapé. Il m'a murmuré :

– Je suis là, avec toi. Ils ne peuvent rien contre toi. Tu peux avoir confiance en moi, Shayna. Tu n'es pas toute seule.

Et c'est là, très fort, à cet instant précis, que j'ai senti qu'il était ma famille, celle qui me protégeait et veillait sur moi. La seule famille dans le nid de laquelle je pouvais me blottir et rêver un peu. C'était si fort et rassurant dans ma tête que j'ai osé le lui dire. Ému, Enzo n'a pas répondu tout de suite. Puis il m'a serrée dans ses bras, doucement.

– Un jour, on la continuera, cette famille. On lui donnera un minot. Pas tout de suite. Quand on aura un peu grandi et avancé dans la vie. Il faut du temps et surtout du travail pour nourrir les bouches et les projets. Mais on la continuera. Je te le promets.

Alors peu à peu, j'ai retrouvé mon calme. On a parlé de la rentrée au lycée. […]

Ensuite, on a parlé de la mer, des voyages qu'on ferait plus tard, en famille. Un jour sûrement, on prendrait l'avion pour traverser l'océan. Bien sûr, ce serait dans longtemps. Avant, il nous faudrait mettre de l'argent de côté, avec nos rêves bien au chaud, dans nos bras serrés. Mais on y arriverait. À deux, ce serait plus facile.

Enzo, à ce moment-là, je l'ai découvert comme jamais encore je n'avais pu le faire. Je l'ai regardé comme pour le prendre en photo. Il était beau. Ses cheveux noirs, son visage mince et cette mèche qui cachait ses yeux collaient bien à sa façon de me fixer, la tête légèrement penchée, pour attirer mon attention… […] Enfin tout. Il me donnait des ailes à accrocher dans mon dos, des ailes pour quitter la cité, les quartiers nord de la ville. Partir.

On s'est serrés si fort qu'aucun air n'a plus réussi à passer entre nos visages, nez à nez, front à front, bouche à bouche. On s'est serrés à bout de souffle, comme en apnée, quand on plonge en mer pour longtemps, destination profond. *(468 mots)*

*Mireille Disdero : « 16 ans et des poussières », © Éditions du Seuil, Paris 2009, S. 39/40*

**Annotations :**

| | | |
|---|---|---|
| l. 4 | la crainte | la peur |
| l. 5 | sursauter | *all. :* aufschrecken |
| l. 5 | rassurer | redonner la confiance à qn |
| l. 11 | veiller sur qn | *all. :* auf jmdn. aufpassen |
| l. 11 | le nid | *all. :* das Nest |
| l. 12 | se blottir | *all. :* sich kuscheln |
| l. 12 | oser | risquer, avoir le courage de |
| l. 13 | serrer dans les bras | embrasser qn |
| l. 15 | le minot | un enfant |
| l. 17 | nourrir | donner à manger |
| l. 26 | la mèche | *all. :* die (Haar-)Strähne |
| l. 26 | coller bien à | *ici :* aller bien ensemble avec |
| l. 28 | des ailes à accrocher | *all. etwa :* Flügel zum Anhängen |
| l. 31 | à bout de souffle | *all. :* atemlos |
| l. 32 | une apnée | *all. :* Atemstillstand |

## Aufgabenstellung

Punkte

1. Résumez la situation. *(compréhension)* 12
2. Expliquez comment Enzo arrive à rassurer Shayna. *(analyse)* 18
3. Dégagez les projets de vie de Shayna et d'Enzo. *(analyse)* 15
4. Les protagonistes de ce texte se soutiennent mutuellement, tout comme François et Samira dans *Samira des Quatre-Routes*. Comparez leur façon d'agir. *(commentaire)* 15

## Lösungsvorschläge

1. La scène, extraite de « 16 ans et des poussières » de Mireille Disdero, se déroule à Marseille, dans une cité HLM. La jeune Shayna, probablement d'origine étrangère, est agressée par deux jeunes alors qu'elle veut rendre visite à son ami Enzo. Grâce à ce dernier et à son père qui arrivent au bon moment, les agresseurs s'enfuient. Le père d'Enzo s'en va faire les courses tandis que les deux amis se retirent ensemble dans l'appartement. Shayna est complètement bouleversée. Enzo s'occupe d'elle et arrive finalement à la calmer. Enfin, les deux jeunes commencent à rêver d'un avenir commun et font des projets, ce qui change l'image que Shayna a d'Enzo.

2. Enzo s'occupe de Shayna avec beaucoup de compréhension. Lorsqu'ils entrent dans l'appartement, ils ferment les stores. Ainsi, ils sont coupés du monde extérieur.
   Par la suite, par de petites attentions, Enzo arrive à rassurer Shayna. Comme elle est très remuée par l'événement, c'est le garçon qui prend l'initiative et qui lui dit ce qu'elle doit faire (l. 5/6). Cela lui évite ainsi de prendre des décisions dont elle n'est pas capable pour le moment, et comme la douche et le repos sur le canapé lui font du bien, elle sait qu'elle peut avoir confiance en lui. Une confiance qui s'est déjà renforcée lorsqu'il a chassé les agresseurs et qu'il cherche à raffermir par des mots (l. 8/9). À tout cela s'ajoutent des gestes corporels plein d'affections (l. 13/14). Mais Enzo arrive aussi à gagner l'attention de Shayna en parlant de leur vie qu'ils mèneront un jour ensemble (l. 15–23). Ainsi elle ne pense plus à l'incident mais tourne ses pensées vers l'avenir.
   Finalement, Shayna considère Enzo pas seulement comme son protecteur contre les jeunes agresseurs ou comme un ami dans une situation nouvelle et difficile, mais aussi comme le sauveur qui va la libérer un jour de la triste vie de la cité (l. 28/29).

3. Enzo et Shayna rêvent d'une vie commune. Ils veulent former une famille traditionnelle avec des enfants (l. 15, 17). Mais ils sont d'accord qu'ils ont besoin de continuer le lycée (l. 19) et de trouver un travail pour pouvoir gagner leur vie (l. 14/15). Dès qu'ils auront économisé assez d'argent, ils veulent aussi faire des voyages, une fois peut-être même en outre-mer (l. 20–22). Ils savent qu'ils doivent avoir de la patience (l. 16) mais ils sont sûrs de réussir s'ils travaillent ensemble à leur avenir (l. 23).
   Shayna espère en plus qu'ils arriveront à quitter les quartiers nord de Marseille où ils ont grandi et où elle vient de faire l'expérience brutale de la violence (l. 28/29).

4. Shayna et François sont deux jeunes qui ont été agressés et qui sont soutenus par un ami/une amie. Quand François est attaqué, Samira n'est pas là et apprend les détails de l'incident seulement quelques temps plus tard. À la différence d'Enzo qui voit lui-même l'agression et qui peut emmener tout de suite son amie chez lui pour la calmer, François est d'abord seul après avoir fait l'expérience de la violence.
   Enzo et Samira montrent beaucoup de compréhension et d'affection pour leurs amis dont ils sont amoureux. Certes, Shayna est très bouleversée par l'événement, mais grâce au soutien immédiat d'Enzo, elle se calme bien vite. François, par contre, se cache chez lui, tombe dans un silence profond et ne va plus à l'école. Même quand Samira lui rend régulièrement visite, il reste renfermé. Samira a besoin de beaucoup de patience, elle doit même mentir à ses parents, pour approcher son ami. Finalement ce sont ses lettres qui aideront François à retrouver un sens à sa vie.
   Enzo et Samira offrent à leurs amis des rêves qui détournent leurs pensées de l'incident tragique. Pour Shayna, ce sont les projets communs qui lui font oublier le premier choc, pour François c'est la description du pays d'origine de Samira. Quand François apprend la situation difficile de son amie qui est déchirée entre deux pays, il sort de sa déprime et retrouve des forces. C'est maintenant lui qui veut soutenir son amie.
   Les deux couples d'amis se voient confrontés à des incidents similaires. Même si la durée entre l'agression et la guérison diffère de quelques heures à plusieurs semaines, Enzo et Samira réussissent avec beaucoup de finesse à aider leurs amis. Et dans les deux cas, l'amitié se transforme en amour.

## Jean-Paul Sartre : « Morts sans sépulture »

*Localisation du passage :*
*Août 1944, en Provence : un groupe de résistants (Canoris, Sorbier, Henri et Lucie) est arrêté par la Milice et enfermé dans le grenier d'une école. Leur interrogatoire par la police (Clochet, Landrieu, Pellerin) a lieu parce qu'on est toujours à la recherche de leur chef. La scène commence au moment où Sorbier est interrogé pour la deuxième fois.*

### DEUXIÈME TABLEAU, SCÈNE VIII

**Les mêmes, Clochet, *puis* Sorbier *accompagné de* miliciens**

CLOCHET. – Ôtez ses menottes. Attachez ses bras au fauteuil. Bien. *(Il va vers Sorbier.)* Eh oui, te voilà. Te voilà de nouveau sur ce fauteuil. Et nous sommes là. Sais-tu pourquoi nous t'avons fait redescendre ?

SORBIER – Non.

CLOCHET. – Parce que tu es un lâche et que tu vas manger le morceau. Tu n'es pas un lâche ?

SORBIER. – Si.

CLOCHET. – Tu vois, tu vois bien… Je l'ai lu dans tes yeux. Montre-les, ces yeux, grands ouverts…

SORBIER. – Tu auras les mêmes quand on te pendra.

CLOCHET. – Ne crâne pas, ça te va mal.

SORBIER. – Les mêmes ; on est frères. Je t'attire, hein ? Ce n'est pas moi que tu tortures. C'est toi.

CLOCHET, *brusquement.* – Tu es juif ?

SORBIER, *étonné.* – Moi ? Non.

CLOCHET. – Je te jure que tu es juif. *(Il fait un signe aux miliciens qui frappent Sorbier.)* Tu n'es pas juif ?

SORBIER. – Si. Je suis juif.

CLOCHET. – Bon. Alors, écoute ! Les ongles d'abord. Ça te donnera le temps de réfléchir ! Nous ne sommes pas pressés, nous avons la nuit ! Parleras-tu ?

SORBIER. – Quelle ordure !

CLOCHET. – Qu'est-ce que tu dis ?

SORBIER. – Je dis : quelle ordure. Toi et moi, nous sommes des ordures.

CLOCHET, *aux miliciens.* – Prenez la pince et commencez.

SORBIER. – Laissez-moi ! Laissez-moi ! Je vais parler. Je vous dirai tout ce que vous voudrez.

CLOCHET, *aux miliciens.* – Tirez-lui un peu sur l'ongle tout de même, pour lui montrer que c'est sérieux. *(Sorbier gémit.)* Bon, où est ton chef ?

SORBIER. – Détachez-moi, je ne peux plus rester sur ce fauteuil. Je ne peux plus ! Je ne peux plus ! *(Signe de Landrieu. Les miliciens le détachent. Il se lève en chancelant et va vers la table.)* Une cigarette.

LANDRIEUX. – Après.

SORBIER. – Qu'est-ce que vous voulez savoir ? Où est le chef ? Je le sais. Les autres ne le savent pas ; moi, je le sais. J'étais dans ses confidences. Il est... *(Désignant brusquement un point derrière eux.)*... là ! *(Tout le monde se retourne. Il bondit à la fenêtre et saute sur l'entablement.)* J'ai gagné ! N'approchez pas ou je saute. J'ai gagné ! J'ai gagné !

CLOCHET. – Ne fais pas l'idiot. Si tu parles, on te libère.

SORBIER. – Des clous ! *(Criant.)* Hé, là-haut ! Henri, Canoris, je n'ai pas parlé ! *(Les miliciens se jettent sur lui. Il saute dans le vide.)* Bonsoir !

## SCÈNE IX

### Clochet, Landrieu, Pellerin, les miliciens

PELLERIN. – Le salaud ! Le sale couard !

*Ils se penchent à la fenêtre.*

LANDRIEU, *aux miliciens.* – Descendez. S'il est vivant, rapportez-le. On le travaillera à chaud, jusqu'à ce qu'il nous claque entre les mains.

*Les miliciens sortent. Un temps.*

CLOCHET. – Je vous avais dit de fermer la fenêtre.

*Landrieu va à lui et lui donne un coup de poing en pleine figure.*

LANDRIEU. – Tu mettras ça dans ton rapport.

*Un temps.* [...] *Les miliciens reviennent.*

UN MILICIEN. – Crevé !

LANDRIEU. – La salope ! *(Aux miliciens.)* Allez me chercher la fille. *(Les miliciens sortent.)* Ils parleront, nom de Dieu ! Ils parleront ! *(499 mots)*

*Jean-Paul Sartre : « Morts sans sépulture », dans : Jean-Paul Sartre : « Théâtre, 1. Les mouches. Huis clos. Morts sans sépulture. La putain respectueuse. », © Éditions Gallimard, Paris 1947, p. 226–228*

**Annotations :**

| | | |
|---|---|---|
| l. 3 | les menottes *f.* | *all. :* Handschellen |
| l. 5 | redescendre | les interrogatoires ont lieu dans une salle de classe juste en dessous du grenier |
| l. 7 | tu vas manger le morceau | tu vas avouer |
| l. 13 | ne crâne pas | *all. :* Spiel nicht den Schlauberger |
| l. 21 | l'ongle *m.* | *all. :* Fingernagel |
| l. 23 | l'ordure *f.* | *vulg. :* Scheißkerl |
| l. 30 | gémir | *all. :* stöhnen |
| l. 37 | bondir | sauter |
| l. 38 | l'entablement *m.* | *all. :* Gesims, Fensterbank |
| l. 41 | Des clous ! | *all. :* Glaub ich nicht! |
| l. 45 | le couard | lâche |
| l. 47/48 | travailler qn à chaud | *ici :* torturer |
| l. 48 | claquer | mourir |
| l. 55 | La salope ! | *all. :* Dieser Schweinehund! |
| l. 55 | Allez me chercher la fille. | *Anspielung auf die mitverhaftete Lucie* |

**Aufgabenstellung** Punkte

1. Résumez les deux scènes. *(compréhension)* 13
2. Étudiez la stratégie dont Sorbier se sert pour affronter sa situation. *(analyse)* 16
3. Caractérisez les miliciens et leur façon d'agir. *(analyse)* 15
4. Comparez Sorbier avec Garcin dans *Huis clos* en vous référant à leur comportement pendant la guerre. *(commentaire)* 16

## Lösungsvorschläge

1. ***Hinweis:*** *Es wird von ihnen verlangt, dass Sie die wesentlichen inhaltlichen Aussagen der beiden Szenen zusammenfassen, ohne im Detail auf die Analyseaspekte einzugehen, die in den folgenden Aufgabenteilen erwartet werden. Verfassen Sie das résumé im présent.*

Les deux scènes sont extraites du deuxième tableau de la pièce de théâtre « Mots sans sépulture », écrite par Jean-Paul Sartre. Elles traitent du deuxième interrogatoire du résistant Sorbier par la Milice.
Au début de la huitième scène, Sorbier est attaché au fauteuil avec des menottes. Clochet, un policier, l'interroge en le torturant usant de coups et de menaces pour que celui-là révèle où se trouve son chef. Au cours de l'interrogatoire Sorbier réussit à ce que des miliciens le détachent et alors il se lève. En faisant croire que le chef des résistants se trouve derrière eux, il se précipite vers la fenêtre et se suicide.
Dans la neuvième scène, les miliciens descendent et constatent que Sorbier est mort. Les deux policiers, Clochet et Landrieu, se disputent à ce sujet et Landrieu frappe même son collègue. Il donne enfin l'ordre aux miliciens de lui amener Lucie qui est également membre du groupe des résistants et a été emprisonnée.

2. ***Hinweis:*** *Achten Sie auch in dieser Aufgabe darauf, dass Sie keine detaillierten Aspekte aus dem dritten Aufgabenteil vorwegnehmen und konzentrieren Sie sich auf die Punkte, die die Strategie von Sorbier betreffen. Gehen Sie chronologisch vor, belegen Sie Ihre Aussagen am Text und arbeiten Sie die Strategiemerkmale auch auf einer Metaebene heraus.*

Le résistant Sorbier est conscient qu'il ne résistera pas à la torture que les policiers vont lui infliger. Par conséquent, il use d'une stratégie pour l'éviter.
Il essaie d'abord d'apaiser ses ennemis, parmi eux le policier Clochet, en confirmant qu'il est un lâche (l. 7–9), mais il souligne qu'il n'est pas juif (l. 16/17), au moins jusqu'au moment où quelques miliciens le frappent. Cette première torture physique l'amène à avouer qu'il est juif (l. 18–20). Il est évident qu'il le fait pour mettre fin rapidement à cette torture. Enfin, il demande explicitement aux policiers d'arrêter et de le laisser en soulignant qu'il leur dira tout ce qu'ils voudront (l. 27/28). Il dit même qu'il désire être détâché parce qu'il n'en peut plus (l. 31). Il répète non seulement l'impératif (« Laissez-moi ! », l. 27), mais déclare encore deux fois qu'il n'en peut plus (l. 31) pour souligner qu'il souffre et que Clochet a atteint son but : Sorbier lui fait comprendre qu'il va tout avouer et révéler l'information voulue. Il essaie de gagner du temps pour trouver une solution et une dernière issue : Il demande une cigarette à son vis-à-vis (l. 33). Mais comme on la lui refuse, il prend sa décision. D'abord, il veut encore protéger ses camarades en déclarant être le seul à savoir où son chef se trouve (l. 35/36). Grâce à une ruse (l. 36/37), il arrive à ce que les policiers se détournent de lui pour un instant et il

en profite pour s'approcher de la fenêtre (l. 38). Avant de sauter, il répète trois fois qu'il a gagné (l. 38/39) et montre aux policiers que sa stratégie a réussi.
On peut dire pour conclure que Sorbier essaie d'atteindre ses objectifs, c'est-à-dire d'éviter la torture, d'affronter la situation et de sauver ses camarades, en provoquant les policiers (par exemple l. 12, 23, 25), en se contredisant (être juif et ne pas être juif) et en usant de la ruse (l. 9). Finalement, il trouve la mort.

3. ***Hinweis:*** *Arbeiten Sie in dieser Teilaufgabe insbesondere das physisch und psychisch brutale Vorgehen der Miliz heraus und verdeutlichen Sie deren letztendliche Scheitern.*

Les miliciens, parmi eux en particulier Clochet, mènent un interrogatoire tout à fait brutal et, au moins dans la première partie de la huitième scène, antisémitique. Sorbier avouant être juif, Clochet ne voit pas d'autre issue que celle de menacer Sorbier de torture physique (l. 21). Après la provocation de Sorbier qui traite le policier d'ordure (l. 30), Clochet donne l'ordre de commencer la torture.
En plus de la violence physique, Clochet essaie également de recourir à la menace psychique : Dès le début, il tente d'effrayer son vis-à-vis, il souligne qu'il est « un lâche » (l. 7) et qu'il est certain qu'il va « manger le morceau » (l. 7), c'est-à-dire qu'il va tout avouer et trahir tout le monde. Il veut anéantir la confiance en soi de Sorbier, mais sans succès.
La cruauté de Clochet fait place à la panique au moment où il se rend compte que Sorbier va se tuer. Il promet à Sorbier de le libérer s'il parle (l. 40). Contrairement à Sorbier, Clochet n'atteint pas son but, à savoir d'amener Sorbier à révéler où se trouve le chef du groupe de résistants.
En se suicidant, Sorbier met en évidence la faiblesse de la Milice. Ils se font des reproches (Clochet souligne qu'il avait « dit de fermer la fenêtre », l. 50) et Landrieu a même recours à la violence en donnant à Clochet « un coup de poing en pleine figure » (l. 51). Il ajoute ironiquement qu'il peut mettre « ça dans [son] rapport » (l. 52).

4. ***Hinweis:*** *Vergleichen Sie sowohl die Gemeinsamkeiten als auch die Unterschiede im Verhalten der beiden Protagonisten und erläutern Sie entsprechend der existentialistischen Philosophie Sartres die Bedeutung der Entscheidungen, die Garcin und Sorbier in ihrer Situation zu treffen haben.*

Il est intéressant de comparer le comportement des deux personnages principaux Sorbier et Garcin, ce dernier dans « Huis clos », également écrit par Jean-Paul Sartre.
Examinons d'abord les parallèles : Les deux protagonistes se trouvent dans une situation de guerre. D'un côté il y a Sorbier, un résistant qui se voit forcé de révéler où se trouve son chef et de l'autre côté il y a Garcin qui se trouve en enfer parce qu'il a torturé sa femme et à cause de son comportement pendant la guerre.
Ils craignent pour leur vie : Sorbier se voit confronté à un policier violent qui est

capable de le tuer. Garcin ne peut pas sortir de l'enfer, il est déjà mort après une exécution. Par conséquent, les deux personnages ne peuvent plus espérer avoir une vie heureuse. Sorbier doit choisir entre la torture pendant laquelle il trahirait sans doute son chef et ses camarades, et la mort pour sauver leurs vies. Garcin est déjà condamné à passer sa vie en enfer et il doit prendre conscience qu'il a pris de mauvaises décisions pendant sa vie. Ces décisions sont existentielles selon Sartre. Mais il est évident qu'il y ait des aspects contraires dans leur comportement : Sorbier est un résistant dans un groupe actif pendant la guerre, c'est-à-dire qu'il lutte contre l'ennemi, même dans une situation sans issue. Au cours de l'interrogatoire on constate qu'il est courageux. Il réalise qu'il ne peut pas s'enfuir, alors il décide de sauver la vie de ses camarades et de se sacrifier.
Garcin, au contraire, prétend avoir été résistant et pacifiste et avoir été exécuté à cause de ses activités politiques. Mais en réalité, il dirigeait un journal pacifiste et il a refusé de partir à la guerre. Il s'est même enfui et c'est pourquoi on l'a fusillé. Non seulement ses camarades, mais Inès et Estelle aussi prouvent qu'il est un lâche, à plus forte raison parce que, même en enfer, Garcin ne reconnaît pas sa faiblesse et son échec.

## Le retour au bercail entre réussite, problèmes et déception

*« Mais est-ce que tu es fou. Qu'est-ce que tu viens faire au Maroc après toute une vie passée en Occident ! » : voici le genre de remarques que beaucoup de nos compatriotes de « lkharij », rentrés au pays, s'entendent dire concernant leur retour à la mère-patrie.*

Ces interrogations résument parfaitement le « décalage » ou le « fossé culturel » qui demeure encore entre Marocains de « l'extérieur » et ceux de « l'intérieur ». « C'est presque toujours la même chose », explique Farid, un jeune parisien, qui a passé toute son adolescence en France. « On nous pose cette question avec insistance, comme si on nous reproche le fait de revenir. Pour beaucoup de nos citoyens, l'immigré est censé vivre à l'étranger. Et cela paraît presque bizarre, voire suspicieux, de le voir retourner vivre dans son pays ! ». Samir et Hatim font également partie de ce lot. « Parfois cette interrogation frôle le harcèlement. Pour moi, cela traduit la frustration de ceux qui n'ont pas pu immigrer… En quelque sorte, ils reportent sur nous leurs frustrations », renchérit Samir. Nos deux amis affirment que leur retour est fondé plus sur des motivations d'ordre affectif, que celles purement professionnelles. Samir déclare à ce sujet : « L'avenir me paraissait incertain dans une France en crise. En plus, j'avais un autre problème : celui des papiers. En effet, j'ai passé pratiquement toute ma vie en France.

Mais à la différence de mes frères et sœurs, je n'ai pas eu la nationalité française ». Et d'ajouter : « J'ai constaté que sans papiers, la situation serait difficile. J'ai donc préféré anticiper et rentrer chez moi au Maroc, après 35 ans de vie en banlieue parisienne ». Aujourd'hui, Samir occupe un poste de chauffeur-livreur pour une société postale. Et même s'il semble ne pas représenter l'exemple type du « jeune beur qui a réussi pleinement », il considère qu'être aux côtés de sa grand-mère, le seul lien affectif qui lui reste après la mort de ses parents, vaut « plus que tout l'or du monde », comme il aime à le souligner. Autre exemple, celui de Hatim, pour qui le lien affectif l'emporte sur l'aspect matériel. « Je suis natif de Nice, et je suis un pur produit français musulman. Mais ma mère habite au Maroc et j'ai donc opté pour vivre à côté d'elle, car je considère que la mère est comme la terre ». […] *(413 mots)*

*Firas Adawi : « Le retour au bercail entre réussite, problèmes et déception », dans : Le matin, 08. 02. 2009*
*http://www.lematin.ma/Actualite/Journal/Article.asp?origine=jrn&idr=1168&id=107413*

**Annotations :**

Der Textauszug entstammt der marokkanischen Tageszeitung « Le Matin ».

| | | |
|---|---|---|
| titre | le bercail | *ici :* pays natal |
| | rentrer au bercail | *all. :* in den Schoß der Familie zurückkehren |
| l. 3 | lkharij | *arabe :* le(s) pays étranger(s) |
| l. 5 | le décalage | la disproportion |
| l. 10/11 | être censé faire qc | *all. :* eigentlich etwas tun sollen |
| l. 10 | voire | *all. :* sogar |
| l. 10 | suspicieux, se | *all. :* argwöhnisch |
| l. 11 | le lot | *ici :* le groupe, la catégorie |
| l. 12 | frôler qc | être proche de qc |
| l. 12 | le harcèlement | *ici :* Mobbing |
| l. 14 | renchérir | ajouter |
| l. 28 | opter pour qc | choisir qc, se décider pour qc |

## Aufgabenstellung

| | Punkte |
|---|---|
| 1. Présentez Farid, Samir et Hatim. *(compréhension)* | 13 |
| 2. Expliquez les raisons qui poussent Samir et Hatim à rentrer au Maroc. *(analyse)* | 12 |
| 3. Analysez le comportement des Marocains « de l'intérieur » vis-à-vis des compatriotes rentrés au pays et l'effet que ce comportement suscite. *(analyse)* | 17 |
| 4. *« Mais est-ce que tu es fou. Qu'est-ce que tu viens faire au Maroc après toute une vie passée en Occident ! »* Imaginez que ce soit le début d'un monologue que Mohammed adresse à son cousin Hatim. Celui-ci vient de rentrer à Tafraoute, une petite ville dans l'Anti-Atlas où Mohammed vit depuis toujours. Écrivez ce monologue. *(commentaire/produktiv-gestaltende Aufgabe)* | 18 |

## Lösungsvorschläge

1. ***Hinweis:*** *Achten Sie darauf, dass Sie in dieser 1. Aufgabe objektiv die geforderten Aspekte aus dem Text entnehmen ohne diese weiter zu analysieren bzw. interpretieren. Stellen Sie die drei Personen der Reihe nach vor.*

   Dans l'article « Le retour au bercail entre réussite, problèmes et déception » écrit par Firas Adawi et extrait du journal marocain « Le matin », trois immigrés de France retournés au Maroc parlent de leurs motivations et de leur réputation au pays.
   Farid est un jeune Parisien qui a passé sa vie, c'est-à-dire son adolescence, en France. Il a l'impression que les Marocains qui n'ont pas émigré ne respectent pas ceux qui reviennent au pays.
   Samit est aussi un immigré, qui a vécu pendant 35 ans en banlieue parisienne. Il a des frères et des sœurs, mais contrairement à ceux-là, il n'a pas la nationalité française, il lui manque les papiers nécessaires. Ses parents sont déjà morts, alors il vit maintenant chez sa grand-mère au Maroc et travaille comme chauffeur-livreur dans une société postale.
   Enfin, Hatim est né à Nice et il se considère comme un Français musulman. Sa mère vit au Maroc et il s'est décidé à venir habiter près d'elle.

2. ***Hinweis:*** *Versuchen Sie herauszuarbeiten, dass bei Samir und Hatim sowohl wirtschaftliche und soziale als auch emotionale Gründe vorliegen, in das Land ihrer Eltern zurückzukehren. Erläutern Sie über den Text hinaus mögliche Auswirkungen, wenn Sie dies nicht getan hätten.*

   L'auteur de l'article constate que Samir et Hatim « affirment que leur retour est fondé plus sur des motivations d'ordre affectif, que celles purement professionnelles » (l. 14/15). Aux lignes suivantes il précise cette thèse.
   Samir avoue que ce sont des raisons économiques ou matérielles qui l'ont poussé à quitter la France. Il voit la France en crise, par conséquent il pense que l'avenir y sera incertain (l. 16). Peut-être qu'il craint le chômage ou qu'il ne voit aucune possibilité d'intégration satisfaisante. En outre, il lui manque les papiers nécessaires. Il a passé « pratiquement toute [sa] vie en France » (l. 17/18), mais il n'a pas la nationalité française, donc il risque d'être chassé de France. Il présume déjà que pour lui « sans papiers, la situation serait difficile » (l. 20). Évidemment, il est très motivé parce qu'il faut qu'il quitte ses frères et sœurs bien que ses parents soient déjà morts. Il a ainsi des liens étroits avec sa grand-mère, c'est-à-dire avec sa famille, avec ses origines marocaines.
   Hatim souligne explicitement que pour lui « le lien affectif l'emporte sur l'aspect matériel » (l. 26/27). Il est né en France de parents marocains, sa mère habite au Maroc. Plus que la situation matérielle c'est pour lui la relation avec la patrie et sa mère qui compte. Il « considère que [sa] mère est comme la terre » (l. 29).

3. ***Hinweis:*** *In dieser Aufgabe steht das Verhalten der Marokkaner im Vordergrund, die nicht ausgewandert sind. Arbeiten Sie deren Zwiespalt heraus, einerseits die Rückkehr in ihre Gesellschaft zu akzeptieren, andererseits ihr Unverständnis nicht verbergen zu können.*

Dans son article, l'auteur introduit l'expression des « Marocains de l'extérieur et ceux de l'intérieur » (l. 6). Ces derniers sont les Marocains qui n'ont pas émigré et qui, par conséquent, n'ont pas quitté leur pays pour vivre ailleurs. Ceux de l'exérieur sont les émigrants qui sont rentrés au Maroc. En présentant une citation des Marocains de l'intérieur qui les traitent de fous et qui, du moins au premier coup d'œil, ne comprennent pas ce qu'ils « [viennent] faire au Maroc après toute une vie passée en Occident » (l. 1/2), l'auteur met en évidence qu'il y a une grande différence entre les deux groupes.
D'un côté, les Marocains de l'intérieur les acceptent comme compatriotes. D'un autre côté, ils ne comprennent pas pourquoi ils sont revenus au Maroc. Pour eux, « l'immigré est censé vivre à l'étranger » (l. 9/10), il n'y aurait aucune raison de rentrer. Pour Farid, cela « paraît [...] bizarre, voire suspicieux » (l. 10). On peut même dire que « cette interrogation frôle le harcèlement » (l. 12) : Ceux qui retournent sont sans cesse obligés de se justifier.
En plus, Samit pense que ce comportement « traduit la frustration de ceux qui n'ont pas pu immigrer » (l. 13), qui n'ont pas pu découvrir la vie dans un autre pays, gagner peut-être plus d'argent que dans leur mère-patrie ou trouver des meilleures conditions de vie. Samit a l'impression qu'ils essaient de reporter leurs frustrations sur les Marocains de l'extérieur (l. 13/14).

4. ***Hinweis:*** *Schreiben Sie den Monolog aus der Perspektive eines Marokkaners, der absolutes Unverständnis für die Rückkehr des Cousins nach Marokko hat. Er kennt nur das Leben dort und sieht Frankreich womöglich als weltoffenes, tolerantes Land, in dem ein modernes Leben möglich ist.*

Cher Hatim, pourquoi est-ce que tu es rentré au Maroc ? Tu es né en France, tu as vécu toute ta vie en France. Je ne comprends pas ce que tu veux faire ici. Ta mère ne te connaît plus, tu n'as pas de copains ici. Comment les autres habitants de notre petit village, mes copains, vont-ils réagir ? Penses-tu que tu seras accepté ou même intégré ?
Tu avais une vie agréable en France, tu avais un métier, tu gagnais assez d'argent, tu connaissais ton environnement. Tu avais des copains et des copines et tu vivais dans un pays moderne, synonyme de tolérance et de multiculturalité. Tu habitais à Nice, une grande ville sur la Côte d'Azur, riche et vivante, où d'autres passent leurs vacances. Et Tafraoute ?
Cette petite ville dans l'Anti-Atlas, loin de toute grande ville, aride, dans le désert, n'a rien à t'offrir. On n'a pas assez de travail ici, les conditions agricoles ne sont pas bonnes. On habite dans des cabanes et on a une vie simple, marquée par la pauvreté. Pourquoi veux-tu renoncer à ta vie en France ? C'est une vie totale-

ment opposée à celle à Tafraoute. Tu ne peux plus t'adapter à ces conditions de vie.
Je te prie de bien y réfléchir. Je serais heureux bien sûr de t'avoir dans notre famille, je t'aime, mais je ne pense qu'à toi. Réfléchis encore une fois !

## Nordrhein-Westfalen: Französisch (f) Leistungskurs 2011
## Aufgabe 1

### Les artistes contre la tour Eiffel

*Introduction : En février 1887, de nombreux artistes lancent une protestation contre la construction de la tour Eiffel, adressée à M. Alphand, ingénieur et urbaniste à Paris, chargé d'organiser l'Exposition Universelle de 1889. Cette protestation est publiée dans le journal « Le Temps ».*

**Les artistes contre la tour Eiffel**
**La protestation suivante se signe en ce moment dans Paris :**
***À monsieur Alphand***

Monsieur et cher compatriote,

Nous venons, écrivains, peintres, sculpteurs, architectes, amateurs passionnés de la beauté, jusqu'ici intacte, de Paris, protester de toutes nos forces, de toute notre indignation, au nom du goût français méconnu, au nom de l'art et de l'histoire français menacés, contre l'érection, en plein cœur de notre capitale, de l'inutile et monstrueuse Tour Eiffel, que la malignité publique, souvent empreinte de bon sens et d'esprit de justice, a déjà baptisée du nom de « tour de Babel ».

Sans tomber dans l'exaltation du chauvinisme, nous avons le droit de proclamer bien haut que Paris est la ville sans rivale dans le monde. Au-dessus de ses rues, de ses boulevards élargis, le long de ses quais admirables, du milieu de ses magnifiques promenades, surgissent les plus nobles monuments que le génie humain ait enfantés. L'âme de la France, créatrice de chefs-d'œuvre, resplendit parmi cette floraison auguste de pierres. L'Italie, l'Allemagne, les Flandres, si fières à juste titre de leur héritage artistique, ne possèdent rien qui soit comparable au nôtre, et de tous les coins de l'univers Paris attire les curiosités et les admirations. Allons-nous donc laisser profaner tout cela ? La ville de Paris va-t-elle donc s'associer plus longtemps aux baroques, aux mercantiles imaginations d'un constructeur de machines, pour s'enlaidir irréparablement et se déshonorer ? Car la Tour Eiffel, dont la commerciale Amérique elle-même ne voudrait pas, c'est, n'en doutez point, le déshonneur de Paris. Chacun sent, chacun le dit, chacun s'en afflige profondément, et nous ne sommes qu'un faible écho de l'opinion universelle, si légitimement alarmée. Enfin lorsque les étrangers viendront visiter notre Exposition, ils s'écrieront, étonnés : « Quoi ? C'est cette horreur que les Français ont trouvée pour nous donner une idée de leur goût si fort vanté ? » Et ils auront raison de se moquer de nous, parce que le Paris des gothiques sublimes, le Paris de Jean Goujon, de Germain Pilon, de Puget, de Rude, de Barye, etc., sera devenu le Paris de Monsieur Eiffel.

Il suffit d'ailleurs, pour se rendre compte de ce que nous avançons, de se figurer un instant une tour vertigineusement ridicule, dominant Paris, ainsi qu'une gigantesque et noire cheminée d'usine, écrasant de sa masse barbare Notre-Dame, la Sainte-Chapelle, la tour Saint-Jacques, le Louvre, le dôme des Invalides, l'Arc de

Triomphe, tous nos monuments humiliés, toutes nos architectures rapetissées, qui disparaîtront dans ce rêve stupéfiant. Et pendant vingt ans, nous verrons s'allonger sur la ville entière, frémissante encore du génie de tant de siècles, nous verrons s'allonger comme une tache d'encre l'ombre odieuse de l'odieuse colonne de tôle boulonnée.

C'est à vous, monsieur et cher compatriote, à vous qui aimez tant Paris, qui l'avez tant embelli, qui tant de fois l'avez protégé contre les dévastations administratives et le vandalisme des entreprises industrielles, qu'appartient l'honneur de le défendre une fois de plus. Nous nous en remettons à vous du soin de plaider la cause de Paris, sachant que vous y dépenserez toute l'énergie, toute l'éloquence que doit inspirer à un artiste tel que vous l'amour de ce qui est beau, de ce qui est grand, de ce qui est juste. Et si notre cri d'alarme n'est pas entendu, si nos raisons ne sont pas écoutées, si Paris s'obstine dans l'idée de déshonorer Paris, nous aurons, du moins, vous et nous, fait entendre une protestation qui honore. [...] *(616 mots)*

*« Les artistes contre la tour Eiffel », © Le Temps, 14. 02. 1887*

**Annotations :**

| | | |
|---|---|---|
| l. 7 | l'indignation, *f.* | sentiment de grande colère |
| l. 9 | empreindre | marquer |
| l. 11 | l'exaltation, *f.* | glorification, action de glorifier qc |
| l. 11 | le chauvinisme | forme exagérée de patriotisme, nationalisme |
| l. 14 | surgir | s'élever, se montrer |
| l. 15 | resplendir | briller |
| l. 15/16 | la floraison auguste de pierre | *all. etwa :* erhabene Steinpracht (Blüte der Steinbaukunst) |
| l. 19 | profaner | traiter sans respect, dégrader |
| l. 20 | baroque + gothique (l. 28) | *ici, all. :* Begriffe, die den Gegensatz zwischen schlechtem und gutem Geschmack illustrieren sollen |
| l. 20 | mercantile | commercial |
| l. 23 | affliger | *all. :* bekümmern, betrüben |
| l. 28 | les gothiques sublimes | *ici, all. :* erhabene gotische Werke (s. auch Z. 20) |
| l. 28 | Jean Goujon etc. | artistes du 16e et 18e siècle |
| l. 34 | rapetisser | rendre plus petit |
| l. 36 | frémissant, e | tremblant, e |
| l. 37 | odieux, se | très désagréable |
| l. 37/38 | une colonne de tôle boulonnée | *all. :* eine zusammengeschraubte Blechsäule |
| l. 42 | s'en remettre | compter sur, se confier à |
| l. 42 | plaider la cause | défendre |
| l. 46 | s'obstiner | insister |

## Aufgabenstellung

| | | Punkte |
|---|---|---|
| 1. | Exposez le problème dont il est question dans le texte. *(compréhension)* | 9 |
| 2. | Dégagez les raisons que les auteurs donnent pour expliquer leur attitude. *(analyse)* | 14 |
| 3. | Analysez les procédés de style en expliquant leur fonction. *(analyse)* | 19 |
| 4. | Commentez l'attitude des artistes en vous référant à l'image que la tour Eiffel suscite aujourd'hui. *(commentaire)* | 18 |

## Lösungsvorschläge

1. Dans cette lettre ouverte, publiée dans le journal « Le Temps » le 14/02/1887, il s'agit d'une protestation contre la construction de la tour Eiffel lors de l'Exposition universelle de 1889.
   Plusieurs artistes, parmi eux peintres et sculpteurs, s'adressent à M. Alphand, ingénieur et urbaniste à Paris et lui exposent leur colère en lui expliquant l'effet produit par cette tour érigée au cœur de la capitale. Ils craignent que la tour détruise l'image sans précédent de Paris, qui est la plus belle ville du monde. En construisant cette grande tour, l'image glorieuse de Paris en tant que ville de monuments baroques et gothiques est mise en danger. De plus, les artistes redoutent la moquerie des étrangers face à l'image contradictoire du Paris d'Eiffel.
   C'est pourquoi les auteurs réagissent contre ce plan en parlant seulement des côtés négatifs de la construction de la tour Eiffel. À la fin de cette lettre, ils demandent à M. Alphand de s'occuper de cette affaire et de défendre Paris contre de telles mesures.

2. Les auteurs de cette lettre ouverte sont d'avis que la tour Eiffel ne va pas avec la splendeur du Paris historique et artistique. Pour renforcer leur point de vue, ils s'appuient sur l'opinion générale des Français vivant à Paris. En tant que représentants de l'esthétique et de l'héritage historique de la capitale, ils se portent garants de l'image exceptionnelle dont la ville bénéficie depuis des siècles. La construction de la tour Eiffel mènerait à une sorte de profanation architecturale de la ville et détruirait la conception générale de style baroque et gothique des monuments historiques de Paris.
   Selon les auteurs, ce nouvel édifice serait laid non seulement par son architecture, mais aussi par son matériau, comme le montre la comparaison avec une « colonne de tôle » (l. 37/38). En outre, ils constatent que la tour Eiffel déshonorerait Paris, car même les Américains ne voudraient pas ériger un tel bâtiment (l. 22).
   L'architecture harmonieuse de Paris, grâce à ses monuments historiques si souvent vantés, serait en danger avec la construction de la tour Eiffel. La tour est une construction métallique, très haute, qui dominera tous les autres bâtiments de Paris, et qui déshonorera la ville.
   Au-delà de l'aspect esthétique de la tour Eiffel, il y a un autre danger : les auteurs craignent que les étrangers qui viennent visiter Paris, se moquent du nouvel emblème et ainsi du goût artistique des Français. Comme Paris est la capitale de la France et même du monde (l. 12), il est possible que ce statut soit alors remis en question.

3. ***Hinweis:*** *Bei dieser Aufgabe sollen Sie die Doppeldeutigkeit des Protestschreibens herausarbeiten: auf der einen Seite ist dieses zwar in gehobener Sprache verfasst und deutet auf einen gewissen Bildungsstand der Verfasser hin, zum anderen ist dieser Brief auch stellenweise in einem abfälligen Tonfall geschrieben, der die Funktion hat, die Verfasser zu erhöhen. Dabei sollten Sie insbesondere auch auf die verwendeten Stilmittel achten, die der Untermalung des Protestschreibens dienen.*

Cette lettre a une double fonction : d'une part, les auteurs montrent leur colère contre les partisans du projet de construction, d'autre part ils essaient de convaincre M. Alphand en lui exposant leurs arguments pour arrêter la construction de la tour Eiffel. L'emploi systématique de certains moyens stylistiques sert notamment à souligner cette intention.
Tout d'abord, l'emploi du français soutenu nous montre que les auteurs sont assez cultivés : ils utilisent des mots et des expressions grandioses lorsqu'ils parlent de la ville de Paris et de ses monuments et curiosités, comme par exemple le « Paris des gothiques sublimes » (l. 28). En utilisant des expressions accusatrices et ironiques comme « le déshonneur de Paris » (l. 22/23) et « il suffit d'ailleurs […] » (l. 30), ils se mettent au-dessus des partisans du projet.
Ensuite, les expressions hyperboliques, comme par exemple « Paris est la ville sans rivale dans le monde » (l. 12) et « de tous les coins de l'univers, Paris attire les curiosités et les admirations » (l. 17/18), montrent que les auteurs veulent renforcer leur démonstration.
Pour mettre en valeur leurs propres arguments et pour dégrader en même temps la tour Eiffel et son architecture, les auteurs utilisent les métaphores suivantes : « la tour de Babel » (l. 10) et « une tache d'encre » (l. 37). En outre, les auteurs emploient des notions contraires, telles que « beauté » contre « inutile et monstrueuse » (l. 6, 8/9) ou « le Paris des gothiques sublimes » (l. 28) contre « le Paris de Monsieur Eiffel » (l. 29) et des allitérations, par exemple « l'ombre odieuse de l'odieuse » (l. 37) pour accentuer leur dégoût pour la construction de la tour Eiffel.
Les comparaisons entre la tour Eiffel et une « noire cheminée d'usine » (l. 32) et « une colonne de tôle boulonnée » (l. 37/38) déforment encore l'image de cet édifice d'architecture moderne. La fin de cette lettre est ornée d'appels emphatiques et répétitifs des auteurs pour souligner leurs exigences : « C'est à vous, […], à vous qui […]» (l. 39) et « si notre […], si nos raisons […], si Paris […] » (l. 45/46).

4. ***Hinweis:*** *Bei diesem Kommentar sollen Sie vor allem den Gegensatz der damaligen und der heutigen Bedeutung des Eiffelturms für die Stadt Paris herausarbeiten. Darüber hinaus sollen Sie die konservative Sichtweise der Künstler in Bezug auf den Eiffelturm aufzeigen und am Ende zu einer Schlussfolgerung kommen, z. B., dass die breite Akzeptanz eines modernen Bauwerks oft erst in der Zukunft erwiesen werden kann und nicht bereits bei dessen Planung und Errichtung.*

Lorsqu'on compare l'opinion des artistes vis-à-vis de la tour Eiffel en 1887 à l'opinion de ceux de nos jours, on s'aperçoit que cette image s'est complètement inversée. Quant à la signification de la tour Eiffel dans le monde, on peut constater qu'elle est devenue un véritable emblème en France et dans le monde entier. Entre-temps, la tour Eiffel est devenue le symbole de la France et attire des millions de visiteurs de tous les pays chaque année. Contrairement aux scrupules des artistes parisiens en 1887, la tour Eiffel n'a pas déshonoré la ville. Elle a même contribué à revaloriser l'image traditionnelle de la ville en y ajoutant un coté moderne. De plus, il est évident que les autres monuments historiques de Paris, tels que le Louvre ou Notre-Dame, n'ont pas perdu de leur importance dans la ville.

Le rôle des artistes dans cette lettre est contre-productive : leur opinion négative face à la modernisation de la ville en pleine industrialisation montre qu'ils sont assez conservateurs et ne s'intéressent pas à l'évolution de l'architecture moderne. Cette attitude empêche le développement de nouveaux projets architecturaux.

Pour conclure, il faut ajouter qu'encore aujourd'hui les opinions sont souvent partagées face à la construction d'édifices modernes. Mais, dans tous les cas, l'importance et l'esthétique de l'architecture moderne n'apparaissent que bien plus tard. Quant à Paris, l'aménagement de la ville a permis à l'architecture classique et moderne de se côtoyer, et le résultat est plutôt convaincant. Le siècle dernier a vu de grands projets de modernisation de la ville comme par exemple la Pyramide du Louvre, la Grande Arche qui prolonge la ligne horizontale des Champs-Elysées et le Centre Pompidou, bâtiment symbolique de l'art moderne.

## Texte

*Localisation du passage :*
*Le 21 juin 1943, Raymond Samuel, qui a pris comme pseudonyme des noms comme Aubrac, Vallet et Ermelin, a été arrêté par la Gestapo à Caluire, près de Lyon avec Jean Moulin, le chef de la Résistance. Le 23 juin 1943, Lucie Aubrac, sa femme, résistante comme son mari, va voir Klaus Barbie, chef de la Gestapo de Lyon afin d'obtenir des informations sur le lieu d'internement de son mari. Le récit commence au moment où elle entre dans le bureau de Barbie.*

« *Herein.* »

J'entre dans une grande pièce claire. Dans la gueule du loup aussi ! Derrière un bureau, un homme enfile un veston beige clair sur une chemise vert tendre. Cet homme, à peu près de mon âge, l'œil bleu, les cheveux et le teint clair, se lève et me salue sèchement.

« Je voudrais parler au chef des services de la police allemande. » Silence. À une petite table, une jeune Allemande en uniforme gris-bleu (de celles que nous appelons « souris grises ») feuillette un dossier. Au bout d'un moment, une réponse : « C'est moi. » Je suis estomaquée. Comment puis-je imaginer que ce jeune homme assez quelconque, un brin vulgaire, est le maître tout-puissant de la ville de Lyon ? Ce Barbie dont on parle déjà beaucoup. On raconte qu'il dirigeait en France un commerce de soie, que c'est pour cela qu'il parle français et connaît si bien Lyon. Est-il possible que ce petit bonhomme fasse peur à tout le monde ? À son âge, dans la police française, on n'a pas encore atteint le grade d'inspecteur de première classe !

Barbie se lève. Il est plus petit que moi. « Je suis l'Obersturmführer Barbie, vous savez lire, c'est sur la porte. Alors, qu'est ce que vous voulez ? » Je réponds, timidement, poliment, d'une voix posée, comme sûre de mon bon droit :

« J'ai retrouvé la trace de mon fiancé que je n'ai pas revu depuis lundi. [...] On m'a dit [...] qu'il était en prison. Alors, je viens vous demander de le relâcher vite, sa santé est fragile.

– Comment s'appelle-t-il ?

– Claude Ermelin. »

Aussitôt, avec un sourire en coin, il tire le tiroir devant lui, en sort un portefeuille qu'il jette sur ce grand bureau recouvert de cuir repoussé. [...] Le portefeuille s'ouvre, et s'éparpillent papiers, cartes diverses et une petite photo de moi, en maillot de bain, sur une plage avec un bébé à mes côtés.

Je suis pétrifiée.

« Depuis quand le connaissez-vous ?

– Un mois et demi, monsieur. Nous nous sommes connus sur les bords de la Méditerranée, à son retour de Tunisie. J'ai tout de suite été séduite par son teint bronzé et son passé militaire en Afrique.

– Il ne vient pas de Tunisie, il vient de Saint-Paul, dit-il avec un ricanement.

– Non, monsieur. Il n'était pas à Saint-Paul-de-Vence, mais à Saint-Raphaël. »

Réponse miracle venue spontanément, et première chance pour moi. Je n'ai pas l'air de savoir qu'une prison à Lyon s'appelle Saint-Paul.

« Il ne s'appelle pas Ermelin mais Vallet, et sort de prison, vous pouvez me croire. Il a déjà été arrêté pour gaullisme ; il n'est pas question de le relâcher, c'est un terroriste. »

Quelque chose craque en moi, et je ne peux me retenir de pleurer. Brutalement, j'ai la certitude que je suis enceinte, enceinte depuis le 14 mai. Nous aurons un deuxième enfant. Je pleure, et lui :

« Je n'y peux rien, il vous a trompée, c'est tout !

– Monsieur, c'est terrible, terrible nous devons nous marier prochainement.

– Mademoiselle, je vous ai déjà dit qu'il ne sera pas libéré ; c'est un terroriste, il paiera.

– Monsieur, ce n'est pas possible, il faut que je me marie vite, avant que mes parents ne s'aperçoivent que j'attends un enfant. C'est terrible, il m'a promis le mariage, je ne veux pas être une fille mère. »

Je pleure, et cette fois ce n'est pas de la comédie. La grande fille allemande s'est approchée, il la regarde, moi aussi. Est-elle un peu émue ? Je me tourne vers elle :

« Mademoiselle, dites-lui qu'il faut que je me marie vite. »

Elle hausse les épaules, avec une pointe de pitié. C'est sans doute ce qui m'a sauvée. Ma deuxième chance !

« Allez-vous-en, mademoiselle, nous n'y pouvons rien », et elle me pousse vers la porte. *(662 mots)*

*Lucie Aubrac : « Ils partiront dans l'ivresse », © Éditions du Seuil, Paris 1984, p. 91–93*

**Annotations :**

| | | |
|---|---|---|
| l. 9 | être estomaqué, e | être stupéfait, e |
| l. 10 | un brin vulgaire | un peu vulgaire |
| l. 11 | [Klaus] Barbie | chef de la Gestapo de Lyon surnommé « le boucher de Lyon » à cause de sa brutalité envers les résistants |
| l. 14 | le grade d'inspecteur de première classe | on atteint ce grade normalement après plusieurs étapes d'une vie professionnelle |
| l. 17 | la voix posée | la voix calme |
| l. 24 | le cuir repoussé | *all. :* strukturiertes Leder |
| l. 25 | s'éparpiller | *all. :* zerstreuen |
| l. 26 | un bébé à mes côtés | Lucie Aubrac avec son fils Jean-Pierre qui est né en mai 1941 |
| l. 27 | pétrifié, e | immobilisé, e sous le coup d'une grande émotion |
| l. 32 | il vient de Saint-Paul | nom d'une prison où Raymond Aubrac avait été interné en mars par la police lyonnaise, puis libéré |
| l. 32 | le ricanement | un rire avec un air moqueur, méprisant |
| l. 33 | Saint-Paul-de-Vence et Saint-Raphaël | lieux touristiques très connus sur la Côte d'Azur |
| l. 37 | arrêté pour gaullisme | être arrêté pour être partisan du Général de Gaulle, qui organise un des réseaux de la Résistance à partir de Londres |
| l. 49 | la grande fille allemande | la jeune Allemande (l. 7), la secrétaire de Barbie |

**Aufgabenstellung** Punkte

1. Résumez le texte. *(compréhension)* 10
2. Analysez le comportement de Barbie vis-à-vis de Lucie Aubrac et les réactions de celle-ci. *(analyse)* 19
3. Caractérisez Lucie Aubrac. *(analyse)* 13
4. Après avoir vu le film *Lacombe Lucien,* Lucie Aubrac écrit une lettre à une amie dans laquelle elle compare son comportement et sa motivation en tant que résistante à celui de Lucien. Pour terminer, elle donne son avis sur l'attitude de Lucien.
   Écrivez cette lettre. *(commentaire/produktiv-gestaltende Aufgabe)* 18

## Lösungsvorschläge

1. Ce passage du texte se passe lors de la Seconde Guerre mondiale, en 1943, à Lyon. Lucie Aubrac, femme du résistant Raymond Samuel, qui a été arrêté par la Gestapo, se rend chez Klaus Barbie, chef de la Gestapo de Lyon, pour tenter de faire libérer son mari. En entrant dans le bureau, elle essaie de s'imaginer le physique de Barbie. Elle l'observe alors d'un air minutieux.
   Lucie prie Barbie de relâcher son mari au plus vite puisque celui-ci n'est pas en bonne santé. Barbie se met à fouiller dans un tiroir et en sort les papiers du mari de Lucie. Comme il s'y trouve des affaires personnelles, dont une photo de la jeune femme, celle-ci panique un peu. C'est pourquoi elle essaie de sauver la situation. Cependant, Barbie ne se laisse pas dissuader de la culpabilité du mari de Lucie, qui était en possession d'une fausse carte d'identité. Il rejette la demande de relâcher son mari en le qualifiant de terroriste.
   Comme Lucie n'a pas de succès jusqu'ici, elle essaie de nouveau de convaincre Barbie en lui parlant de sa grossesse. Elle prétend devoir se marier au plus vite afin de ne pas être fille mère. Mais Barbie ne veut pas changer d'avis. À la fin de cet entretien, la secrétaire demande à Lucie de quitter le bureau.

2. Dès l'entrée de Lucie dans le bureau de Barbie, on peut constater que l'atmosphère dans la pièce est tendue : Barbie salue Lucie d'un ton sec et rude (l. 5). Comme il ne ressemble pas physiquement à une personne autoritaire, car c'est « un petit bonhomme » (l. 9/10), il s'appuie sur l'autorité de sa position en tant que « Obersturmführer » (l. 15).
   Quant au comportement de Barbie dans ce dialogue, on remarque que celui-ci ne croit pas ce que Lucie lui raconte de son mari. Ses réponses contiennent des remarques ironiques et méprisantes, telles que « vous savez lire, c'est sur la porte » (l. 15/16), et en plus, il fait des gestes qui soulignent sa position supérieure par rapport à Lucie (l. 15/16). De plus, il répond toujours par des phrases courtes et concises ce qui montre qu'il ne s'intéresse pas vraiment à la demande de Lucie. C'est pourquoi il ne montre aucune compassion pour elle et il rejette froidement sa demande de faire relâcher son mari.
   Au début, Lucie a l'air timide et discrète (l. 16/17), mais en même temps, elle a assez d'aplomb pour insister à ce que son mari soit libéré. Lorsque Barbie remarque que Lucie n'a pas dit la vérité sur son mari, celle-ci joue la comédie pour ne pas passer pour une menteuse (l. 33). Comme sa stratégie ne réussit pas, Lucie se sert d'une deuxième méthode pour attirer la pitié de Barbie : elle essaie de profiter d'une réaction émotive pour tromper son adversaire (l. 49). En fait, cette réaction est même naturelle et c'est peut-être sa « deuxième chance » (l. 53) de pouvoir sauver la vie de son mari et aussi la sienne.

3. ***Hinweis:*** *Bei dieser Aufgabenstellung müssen Sie darauf achten, dass Sie möglichst viele unterschiedliche Charakterzüge und Fähigkeiten der Lucie Aubrac herausarbeiten, wie z. B. ihre schauspielerischen Fähigkeiten, ihre Schlagfertigkeit, ihr Geschick, ihre Kaltblütigkeit, diese schwierige Situation zu meistern, und ihre Gabe, im richtigen Augenblick mit ihrem emotionalen Charme zu spielen.*

Dès l'introduction à ce passage, Lucie Aubrac montre qu'elle est très courageuse : d'un côté parce qu'elle est prête à entrer dans « la gueule du loup » (l. 2) de la Gestapo, d'un autre côté parce qu'elle ne risque pas seulement sa propre vie, mais aussi celle de son bébé et des autres résistants (l. 43–49 ff.).
Au cours de l'entretien avec Barbie, elle fait preuve de traits de caractère extraordinaires : tout au long du dialogue, elle montre qu'elle est bonne actrice, c'est-à dire qu'elle peut s'adapter à toutes les situations possibles, par exemple à la suite d'un mensonge (l. 29–31).
Au début de l'entretien avec Barbie, elle joue un personnage timide et réservé pour faire pitié à Barbie (l. 16/17). Comme celui-ci ne la croit pas, Lucie s'adapte tout d'un coup à la situation suivante dans laquelle elle essaie de montrer qu'elle n'est pas du tout informée de la situation de son mari (l. 33). Sa faculté de réagir spontanément et son habileté à se mettre à la place d'autres personnes montrent qu'elle est très inventive et qu'elle a de la répartie.
En outre, elle montre du sang-froid dans les situations dangereuses et elle est capable de faire comme si de rien n'était lorsque Barbie ne la croit pas. Cette force lui donne la possibilité de rester crédible afin de passer inaperçue (l. 33).
Par ailleurs, elle a un autre point fort : juste au bon moment, elle sait jouer sur son émotivité pour attirer l'attention de Barbie (l. 46–48, 49). En fait, dans ce cas-là, elle ne joue même pas la comédie, il s'agit même d'une réaction naturelle : « Je pleure, et cette fois ce n'est pas de la comédie » (l. 49). Comme Lucie a peur que son bébé grandisse sans père, elle tente le tout pour le tout pour atteindre son but, car c'est peut-être sa « deuxième chance » (l. 53).

4. ***Hinweis:*** *Bei dieser Aufgabenstellung sollen Sie eine persönliche Stellungnahme aus der Sicht Lucies in Form eines Briefes verfassen. Dabei geht es zunächst um einen Vergleich ihrer Motivation als Resistancekämpferin und der Motivation der Rolle Luciens als Kollaborateur im gleichnamigen Film „Lacombe Lucien". Bei der abschließenden moralischen Urteilsbildung zu Luciens Handeln gibt es zwei Möglichkeiten: Sie können aus Lucie Aubracs Sicht Lucien im Brief sowohl mit Verständnis als auch mit Unverständnis begegnen.*

Chère Amélie,

Hier soir au cinéma j'ai regardé le film, dont tu m'avais parlé, « Lacombe Lucien ». Après avoir vu le film, j'étais encore sous le choc. Tous les souvenirs de la guerre me sont revenus et cela m'a fait revivre l'époque de la guerre, plus exactement l'année 1944.

Ce film m'a poussée à réfléchir sur mon propre sort en tant que résistante à l'époque et à comparer ma situation à celle de Lucien en tant que collaborateur. Ce qui m'a frappée, c'est surtout qu'il porte le même nom que moi, mais quant à ses motifs qui l'ont amené à se joindre aux collaborateurs, nous sommes nettement différents. Contrairement à mon choix d'être résistante, chez lui, ce n'était pas une motivation intrinsèque qui l'a poussé à agir sur ordre de la Gestapo. Je pense qu'il était surtout très jeune, naïf, impulsif et qu'il s'est fait manipuler facilement par le milieu de la Gestapo. En outre, en tant que résistante, c'était pour moi surtout une question de responsabilité par rapport à mes proches.
En comparant les motifs de Lucien aux miens, je pense que le choix d'être résistant ou collaborateur dépendait surtout des rapports et des conditions de vie. En plus, il est possible que les jeunes hommes aient cherché l'aventure et la reconnaissance. Quant à moi, c'était aussi une question de vie ou de mort, on n'avait pas toujours le temps de réfléchir. Il fallait agir et décider spontanément et en même temps juger de ce qui était juste.
Selon moi, ce jeune homme est sans aucun doute coupable parce qu'il a tué des hommes sans avoir conscience de sa faute. C'est pourquoi ce film m'a tellement choquée. Je ne comprends pas comment les hommes peuvent agir de façon si matérialiste. Le fait qu'il ait été collaborateur l'a amené à commettre des crimes contre l'humanité. C'est pourquoi je le juge coupable et en même temps responsable des crimes qu'il a commis.
Après avoir donné mon opinion personnelle sur ce sujet assez délicat, je voudrais bien connaître la tienne. Je me réjouis déjà à l'idée de lire ta réponse.

Je t'embrasse.
Ton amie Lucie

## Les étudiants n'envisagent plus de partir à l'étranger

[…]

« Sur ma promotion, seule une vingtaine d'étudiants sur trois cents ont envie de partir en Erasmus », raconte Amélie, 20 ans, étudiante en licence de droit à Lyon. « La plupart n'y pensent même pas. Je suis très étonnée, c'est pourtant forcément une expérience formidable. J'en rêve depuis le lycée », raconte cette jeune fille brune très décidée, qui espère partir l'année prochaine dans une université anglaise, « à Leicester ou à Londres ».

Sophie, l'une de ses amies, explique son intention de rester en France par le fait « qu'étudier dans une autre langue a quelque chose d'angoissant ». « J'ai peut-être tendance à me sous-estimer mais, pour l'instant, j'ai réussi chacune de mes années d'études avec des difficultés. J'ai peur de complètement couler, en étudiant à l'étranger », raconte-t-elle. Elle partira « peut-être un jour » mais dans le cadre de son travail, « après avoir réussi mes études », raconte cette jeune femme qui envisage une carrière de notaire. Parmi leurs connaissances, certains n'ont tout simplement aucune envie de quitter leur famille et leurs amis, quelques-uns ont peur de ne pas être suffisamment « encadrés » par les enseignants et les autres craignent de ne pas trouver une ambiance franchement studieuse. Car si l'intérêt « personnel » leur paraît évident – « J'imagine qu'évoluer dans un environnement différent sur un plan culturel et linguistique doit être passionnant », reconnaît Sophie –, tous s'interrogent sur l'utilité d'une année à l'étranger […].

Valider son anneé

Autre point noir, les problèmes de paperasserie et surtout de compatibilité de diplômes. Alors même qu'Erasmus a vocation à créer des passerelles sans perdre une année d'études, Valentine, aujourd'hui en master-I de lettres modernes à Paris, n'a pas réussi à faire reconnaître l'ensemble de son année de licence après avoir passé un an à l'université de Birmingham. Elle a franchement été déçue. « Il faut faire attention. Nous avons parfois l'autorisation de partir alors que les programmes peuvent être très différents et donc incomplets par rapport aux nôtres, après il faut récupérer des cours, repasser des épreuves ou même redoubler », remarque-t-elle. Mais ce qui retient souvent les étudiants, c'est aussi l'aspect financier. « J'irais bien en Italie étudier l'économie à l'université de Pise », explique Jean-François, étudiant en licence à l'université d'Aix-en-Provence, « mais j'ai fait mes calculs et je ne m'en sortirais pas. Ici, je loge chez des amis de mes parents, à titre quasiment gracieux. Même avec un petit boulot à côté, en Italie, j'aurai du mal. Mes parents gagnent trop pour que j'obtienne une bourse sociale, mais pas assez pour m'aider vraiment. »

 *(449 mots)*

**Annotations :**

| | | |
|---|---|---|
| titre | envisager | *all. :* in Betracht ziehen |
| l. 2 | la promotion | *all. :* der Jahrgang |
| l. 3 | Erasmus | *all. :* Europäisches Austauschprogramm für Studierende |
| l. 3 | la licence de droit | *all. :* akademischer Grad nach einem dreijährigen Jura-Studium |
| l. 11 | couler | *ici :* rater |
| l. 16 | encadré, e | *all. :* betreut |
| l. 18 | le plan | *all. :* Ebene |
| l. 21 | valider | *all. :* anerkennen lassen |
| l. 22 | la paperasserie | *all. :* Papierkram |
| l. 23 | la vocation | *all. :* Zweck, Auftrag |
| l. 23 | créer des passerelles | *all. :* grenzübergreifende Brücken schlagen |
| l. 24 | en master-I de lettres modernes | en quatrième année des études littéraires et linguistiques de français |
| l. 28 | récupérer | refaire |
| l. 33 | à titre quasiment gracieux | *ici :* sans payer |
| l. 35 | la bourse | *all. :* Stipendium |

## Aufgabenstellung

Punkte

1. Présentez les étudiants, leurs projets et leurs expériences. *(compréhension)* — 10
2. Dégagez les sentiments qu'ils éprouvent vis-à-vis d'un séjour Erasmus. *(analyse)* — 14
3. Étudiez l'utilité d'une année à l'étranger selon l'avis des étudiants. *(analyse)* — 16
4. Envisager de partir à l'étranger pour faire des études ?
   Pesez le pour et le contre de cette possibilité et donnez votre avis personnel. *(commentaire)* — 20

## Lösungsvorschläge

1. ***Hinweis:*** *Die erste Aufgabe entspricht einer Zusammenfassung, die sich auch gut an der Textgliederung orientieren kann. Was studieren die vier Studenten (Amélie, Sophie, Valentine und Jean-François) mit welchem Ziel und was sind ihre Erfahrungen mit oder Einstellungen zu einem Auslandsstudium?*

   Amélie, qui fait des études de droit, est très étonnée que seulement peu de ses camarades envisagent partir à l'étranger pour y poursuivre leurs études. Pour Amélie, c'est une expérience unique dont elle rêve depuis l'école. Son plan, c'est de partir en Angleterre.
   Sophie, par contre, a un peu peur de partir à l'étranger et veut d'abord finir ses études. Elle voudrait devenir notaire et a déjà des difficultés avec ses études. C'est la raison pour laquelle elle a peur d'échouer en passant un semestre à l'étranger. Mais elle doit quand même avouer que passer un certain temps à l'étranger est intéressant en ce qui concerne le fait de vivre avec des langues et des cultures différentes.
   Valentine, qui est en lettres modernes, est déjà partie à l'étranger, en Angleterre. Mais elle a eu une mauvaise expérience : l'ensemble de son année universitaire à Birmingham n'a pas été entièrement reconnu, car les programmes ailleurs ne correspondent pas tout à fait à ceux des universités françaises. Elle a donc dû refaire quelques cours.
   Jean-François, qui fait les études d'économie, ne peut pas faire ses études ailleurs, faute de moyens financiers. Il aimerait bien aller en Italie, mais ne voit pas de possibilités.

2. ***Hinweis:*** *Hier müssen Sie ein wenig abstrahieren und zusammenfassend arbeiten. Leiten Sie aus dem Gesagten die Gefühle der Studenten ab und begründen Sie sie kurz.*

   Pour Amélie, qui est pleine d'enthousiasme à la pensée de partir à l'étranger, c'est définitivement la curiosité qui la pousse : c'est la réalisation de son rêve depuis le lycée et elle donne l'impression d'être très sûre d'elle-même et très ambitieuse en ce qui concerne ce projet.
   La curiosité joue aussi un rôle chez Sophie, mais ce n'est qu'un rôle secondaire, car Sophie semble être un peu angoissée et timide et joue donc la prudence. Elle se montre très circonspecte et semble avoir peur de s'embarquer dans quelque chose de nouveau, dans une situation inconnue.
   Valentine est très déçue en ce qui concerne ses expériences avec une année à l'étranger et se sent en fait dupée. Elle se présente comme victime des systèmes universitaires incomptables entre les différents pays.
   François, par contre, s'est résigné et sa déception se porte contre un système dont l'aspect financier est assez dominant.

3. En ce qui concerne l'aspect cognitif et la reconnaissance des résultats académiques, l'utilité d'une année à l'étranger est contestée parmi les étudiants : les programmes universitaires ne correspondent pas entre eux, on perd du temps sur le plan académique, « l'ambiance […] studieuse » (l. 17) n'est pas garantie et il y a trop de bureaucratie à surmonter. Et tout cela est considéré comme un fort inconvénient parce que les étudiants veulent que l'année à l'étranger les aide aussi à faire avancer leur développement professionnel.
Sur le plan personnel par contre, personne ne conteste l'évolution dont on profite en passant un certain temps à l'étranger. Pour les uns, c'est une « expérience formidable » (Amélie, l. 4/5), les autres sont sûrs d'« évoluer dans un environnement différent » (Sophie, l. 18). Les aspects culturels et linguistiques jouent aussi un rôle important.
Même avec les entraves auxquelles il faut faire face, l'utilité d'une année à l'étranger n'est pas contestée, mais il faut peser le pour et le contre et prendre aussi en considération les charges financières tout comme les autres travers mentionnés.

4. ***Hinweis:*** *Bei dieser Aufgabe haben Sie die Gliederung in der Aufgabenstellung bereits vorgegeben. Nennen Sie Gründe für und gegen einen Auslandsaufenthalt und wägen Sie dann ab und formen Ihr eigenes Urteil. Neben einer kurzen Einleitung und einem kurzen Schlussgedanken sind diese drei Teile obligatorisch zur Lösung der Aufgabe. Natürlich können Sie auch Argumente aus dem Text aufgreifen, Sie müssen Sie aber durch Beispiele unterfüttern und eigene Ideen einbringen. Eine reine Textkopie ist hier unangemessen.*

Depuis l'introduction du programme Erasmus, plus d'un million d'étudiants ont participé à ce programme d'échange académique. Ce succès montre l'acceptation du programme parmi les étudiants aussi bien qu'une tendance à internationaliser sa carrière universitaire.
Les avantages d'une expérience à l'étranger sont assez évidents. On évolue sur le plan personnel, on devient plus indépendant et on apprend à s'imposer dans un environnement inconnu où il y a, particulièrement au début, aussi des barrières linguistiques et culturelles. On gagne plus d'assurance et on forme sa personnalité. Il n'est pas exagéré de dire qu'on fait un pas énorme vers la vie adulte et professionnelle.
Sans parler des progrès linguistiques qu'on fait à l'étranger, on élargit son horizon et devient un candidat recherché sur le marché du travail. La plupart des employeurs engagent des personnes qui peuvent faire preuve d'une expérience à l'étranger, pas forcément pour leurs connaissances cognitives, mais aussi pour leurs compétences personnelles et sociales qu'elles ont acquises. On a donc fait un pas considérable vers son métier souhaité.
Même si quelques étudiants se plaignent de ne pas voir leurs résultats reconnus dans leur université d'origine, une année de « liberté » à l'étranger ne doit pas être sous-estimée. Cela fait aussi du bien de ne pas avoir trop de stress acadé-

mique, de pouvoir se concentrer sur un environnement inconnu, de faire connaissance avec la mentalité du pays d'accueil et de s'immerger dans une culture fascinante et inconnue, même si c'est juste pour un certain temps.
Il serait quand même faux de sous-estimer les aspects négatifs d'un séjour à l'étranger. Le fait de bien profiter d'un tel séjour dépend pour une bonne part des moyens financiers. Même si le programme Erasmus soutient les étudiants aussi bien que possible, la plupart des coûts sont financés par les étudiants. Une année à l'étranger coûte cher et seul ceux qui sont privilégiés sur le plan financier peuvent se payer ce luxe. Les autres doivent travailler à l'étranger et chercher de petits boulots ce qui peut être stressant ou une expérience formidable, mais ceci a certainement des effets sur le progrès académique.
Ce qui retient aussi beaucoup d'étudiants de passer une année à l'étranger, est le fait qu'ils doivent quitter leurs familles et leurs amis. C'est un pas vers l'inconnu, sans ceux qui nous sont chers et il faut faire un effort sur soi-même.
À mon avis, les avantages priment sur les désavantages et c'est une expérience importante de sa vie qu'il ne faut pas rater. Moi, je ne veux pas avoir le sentiment d'avoir laissé échapper cette chance unique et il est plus facile de partir pendant sa carrière universitaire que durant sa vie professionnelle. Il faut donc saisir cette opportunité dès qu'elle se présente.

## Brigitte Smadja, « Il faut sauver Saïd »

*Introduction : Saïd, 11 ans, habite avec sa famille d'origine algérienne en banlieue parisienne. Dans son journal intime, il parle du début de sa première année scolaire au collège.*

Quand j'ai quitté le CM2, j'étais grand, et ma maîtresse, Nadine, me félicitait toujours. Aujourd'hui, je suis au collège Camille-Claudel. Il y a mille deux cents élèves et je suis tout petit, pas grand du tout, le plus petit de la classe, le plus petit tout court.

Depuis le premier jour, je sens une menace, quelque chose qui me guette, d'invisible.

Tous les mois, je vais écrire quelque chose de très important, une rédaction pour moi tout seul, qui ne sera notée par personne, juste pour me souvenir. Je vais m'appliquer, comme Nadine me l'a appris, en cherchant les mots, en composant mes phrases.

À dix ans, j'ai demandé pour mon anniversaire un dictionnaire. Je l'ouvre, je lis, je recopie les mots et leur définition, pas toutes, mais celles qui me plaisent. Je dis parfois les mots à maman, elle les répète, elle sourit, elle ne comprend pas. Elle parle mal le français.

Peut-être qu'à la fin de l'année, je donnerai mon cahier à Nadine et elle saura qu'elle s'est trompée : ça ne sert à rien d'avoir appris à lire, à écrire et à compter, ça ne sert à rien d'être bon élève.

### Octobre : le bruit

Dans le hall peint des couleurs vives et sales, les élèves sont agglutinés, une foule hurlante où je ne reconnais presque personne.

Les grands ne se parlent pas entre eux, ils rigolent très fort, ils crient comme si le reste du monde était sourd.

La plupart ne sont pas méchants, mais ils ne savent pas s'exprimer autrement. Certains se lancent des invectives, comme ils le font dans la rue ou en bas des immeubles, et les autres les imitent.

Les petits sixièmes ne marchent pas, ils courent, ils se balancent leur cartable, ils se bagarrent, ils jouent.

À l'école, c'était interdit. Ils le faisaient parfois, et moi aussi, mais Nadine était là, ou Jean-Marie. [...] Ils avaient de l'autorité, et nous, on obéissait.

Au collège, il y a deux adultes dans le hall et devant eux des centaines d'élèves. Alors, les adultes ne peuvent rien faire. Ils essaient quand même, ils s'énervent, un peu, beaucoup et, à la fin, comme ça continue à faire du bruit [...], comme tout le monde se moque de leurs crises de nerfs, le plus souvent, ils n'en font même plus, ils laissent tomber.

Les bandes de grands, je les appelle des meutes. […] Il y en a une, surtout, dirigée par mon grand cousin Tarek. Mon frère Abdelkrim, qui est en quatrième, traîne avec eux. […] Ils te regardent de leurs yeux fixes et tu sais qu'ils sont prêts à frapper si tu croises leur regard. Je fais tout pour les éviter. *(450 mots)*

*Brigitte Smadja : « Il faut sauver Saïd » © L'École des Loisirs, Paris 2003*

**Annotations :**

| | | |
|---|---|---|
| l. 1 | le CM2 | dernière classe de l'école primaire |
| l. 1 | la maîtresse | professeur qui travaille à l'école primaire |
| l. 4 | tout court | simplement |
| l. 5 | guetter qn | *all. :* belauern, auflauern |
| l. 7 | la rédaction | *all. : ici :* Aufsatz |
| l. 9 | s'appliquer | faire un effort, travailler sérieusement |
| l. 19 | agglutiner | *all. :* zusammenkleben, -drängen |
| l. 22 | sourd, e | *all. :* schwerhörig, taub |
| l. 24 | des invectives *f.* | paroles violentes, insultes |
| l. 27 | se bagarrer | se battre |
| l. 33 | se moquer de qn | rire de qn, ridiculiser qn |
| l. 37 | traîner | *all. :* sich herumtreiben, herumlungern |
| l. 37 | les yeux fixes *m.* | *all. :* starrer Blick |
| l. 38 | frapper | battre |

## Aufgabenstellung

| | | Punkte |
|---|---|---|
| 1. | Présentez Saïd et le collège Camille-Claudel. *(compréhension)* | 14 |
| 2. | Comparez la vie scolaire à l'école primaire que Saïd a fréquentée à celle du collège Camille-Claudel. *(analyse)* | 10 |
| 3. | Expliquez les sentiments de Saïd. *(analyse)* | 16 |
| 4. | Apres sa première année au collège Camille-Claudel, Saïd envoie son cahier de rédaction à Nadine. Il lui fait part de ses expériences et lui écrit que « ça ne sert à rien d'être bon élève. » Rédigez la réponse de Nadine. *(produktiv-gestaltende Aufgabe)* | 20 |

## Lösungsvorschläge

1. Saïd, le protagoniste du récit « Il faut sauver Saïd » de Brigitte Smadja, a onze ans et il est issu de l'immigration. Ses parents viennent d'Algérie et ils habitent en banlieue parisienne. Dans l'extrait, Saïd vient de changer d'école, c'est sa première année au collège Camille-Claudel.
Il décide de noter toutes ses nouvelles impressions une fois par mois dans un cahier pour avoir des souvenirs plus tard. Dans cet extrait, il parle du début de son année scolaire et comment il s'est senti auprès des autres élèves. À l'école primaire, il était « grand », maintenant qu'il est au collège, il a l'impression d'être très petit. Dès le premier jour au collège, il se sent mal à l'aise.
Quant au collège Camille-Claudel, il s'agit d'un grand collège de mille deux cents élèves. Dans le hall, les murs sont sales et peints de couleurs vives, les élèves font beaucoup de bruit et ne respectent pas ce que les professeurs leur disent. Contrairement à l'école primaire, les professeurs doivent surveiller beaucoup plus d'élèves en même temps et ils n'ont aucune autorité.
À part cela, les élèves plus âgés s'organisent en bandes pour montrer leur puissance et leur propension à la violence.

2. Quand Saïd était encore à l'école primaire, il y avait une atmosphère plutôt familiale. Il y avait par exemple une maîtresse qui s'appelait Nadine et qui s'occupait de Saïd en l'encourageant à travailler pour être bon élève.
En plus, elle l'incitait à faire des efforts en composant bien les phrases dans ses rédactions. Pour garder cette ardeur au travail, Saïd décide d'écrire tous les mois une rédaction « pour [lui] tout seul » (l. 7/8).
Cela montre que Saïd se sentait bien à l'aise quand il était encore à l'école primaire. Quant au collège, le fait que Said sente « une menace » (l. 5) dès le début montre qu'il a déjà une idée que sa situation a changé.
On a l'impression qu'au collège, personne ne s'intéresse aux interdictions et aux mesures disciplinaires. Ce sont les professeurs qui « ne peuvent rien faire » (l. 31) et « ils n'en font même plus, ils laissent tomber » (l. 33/34) parce qu'ils ont déjà perdu toutes leurs illusions.
Par contre, à l'école primaire, il y avait toujours des professeurs qui surveillaient les élèves, qui avaient de « l'autorité » (l. 29) et qui interdisaient tout acte de violence. Or, au collège, il y a même des bandes de jeunes que Saïd essaie d'éviter, car « tu sais qu'ils sont prêts à frapper si tu croises leur regard » (l. 37/38). Cela montre que la propension à la violence est assez grande.

3. Au collège, Saïd éprouve dès le début un sentiment de « menace, quelque chose qui [le] guette, d'invisible » (l. 5/6). Cela montre qu'il se sent mal à l'aise et qu'il a déjà une idée de ce qui l'attend dans son entourage. Il est au courant que son frère Abdelkrim et son grand cousin Tarek font partie d'une bande de jeunes dont tout le monde a peur. C'est pourquoi, lui aussi essaie « tout pour les éviter »

(l. 38). Même les professeurs n'arrivent plus à gérer les élèves, ils ont déjà perdu toutes leurs illusions, car « le plus souvent, ils n'en font même plus, ils laissent tomber » (l. 33/34).
Comme Saïd ne connaît presque personne au début de l'année scolaire, il n'est pas aussi sûr de lui-même comme il l'était auparavant quand il était encore à l'école primaire. C'est pourquoi il se sent « tout petit, pas grand du tout » (l. 3) et il ne sait pas encore si ses futurs camarades de classe l'accepteront. C'est possible qu'il trouve une bonne position au sein de sa nouvelle classe, mais pour le moment, il en doute encore.
Lorsqu'il repense à l'école primaire, il n'a que de bons souvenirs. Là, il y avait sa maîtresse Nadine qui l'a toujours encouragé à être bon élève. Elle lui a donné l'impression qu'on peut atteindre ses buts dans la vie en travaillant dur à l'école. De toute façon, après ses premières impressions au collège, il remet en question si tout cela vaut vraiment la peine « d'avoir appris à lire, à écrire et à compter » (l. 16) parce qu'il sent déjà que dans son entourage, ce sont d'autres qualités qui comptent. Dorénavant, il faut apprendre à s'imposer face aux grands, face à la violence qui domine la vie scolaire. Pour conclure, on peut constater que Saïd est partagé entre deux mondes : le monde de l'école primaire dans lequel tout était connu, familier et positif et le monde du collège qui est tout nouveau, grand et négatif.

4. ***Hinweis:*** *Bei dieser Aufgabenstellung sollen Sie einen persönlichen Antwortbrief aus der Sicht von Saïds Grundschullehrerin Nadine verfassen. Dabei sollten Sie darauf achten, dass Sie mindestens vier detailliert ausgeführte und logisch begründete, auf den Text bezogende Aspekte berücksichtigen, die Sie in den Brief einbringen.*

Cher Saïd,

Je viens de lire ton cahier de rédaction et je suis très émue que tu me l'aies envoyé. Tout d'abord, je suis fière de toi parce que tu t'es bien appliqué à rédiger tes souvenirs. Je suis vraiment désolée que tu aies fait de mauvaises expériences au collège Camille-Claudel mais je vais essayer de te montrer que le monde n'est pas aussi mauvais que tu le penses.
D'abord, il y aura toujours des changements dans ta vie et cela commence dès l'enfance lorsqu'il y a un changement d'école. Quand tu étais encore à l'école primaire, tout était familier et connu pour toi comme tout le monde se connaissait et parce que tout était plus petit. Quand tu as commencé au collège, tout était encore inconnu et plus grand parce qu'il y a un plus grand nombre d'élèves et c'est pourquoi tu as senti une sorte de menace encore invisible. Je veux bien te donner un conseil : lorsqu'il y a quelque chose de nouveau dans la vie, il faut tout d'abord être prêt à accepter ce changement, puis il faut rester ouvert à ce qui va arriver. Si tu restes toujours méfiant, tu ne feras jamais de bonnes expériences dans la vie. Essaie toujours de faire de ton mieux et tu verras que le monde a aussi des côtés positifs ! En plus, il est important que tu continues à travailler à

l'école, car tes résultats décident de ce que tu vas devenir plus tard. Cela vaut toujours la peine de s'appliquer à apprendre, même si c'est possible qu'il y ait des élèves au collège qui ne s'y intéressent pas, il faut que tu continues toujours à atteindre tes buts ! Puis, tu peux toujours compter sur moi, je t'écoute quand tu as un problème ou que tu as besoin d'aide ! Appelle-moi si tu as besoin d'une personne de confiance. Je t'invite maintenant à noter tout ce que tu as appris pendant cette année scolaire et tu verras que tu auras sûrement appris beaucoup de nouvelles choses.

Cordialement,
Nadine

## Nordrhein-Westfalen: Französisch (f) Grundkurs 2012
## Aufgabe 1

### Éric-Emmanuel Schmitt, « Oscar et la dame rose »

*Introduction : Oscar est un petit garçon de dix ans qui souffre d'un cancer et va bientôt mourir. À l'hôpital, il fait la connaissance de « Mamie Rose », une vieille dame qui s'occupe chaleureusement de lui. Dans l'extrait, elle emmène Oscar, qui a eu une éducation athée, à la chapelle de l'hôpital où il se trouve devant une statue du Christ crucifié.*

– Mamie Rose, soyez sérieuse : vous qui êtes catcheuse, vous qui avez été une grande championne, vous n'allez pas faire confiance à ça ! […]

– Réfléchis, Oscar. De quoi te sens-tu le plus proche ? D'un Dieu qui n'éprouve rien ou d'un Dieu qui souffre ?

– De celui qui souffre, évidemment. Mais si j'étais lui, si j'étais Dieu, si, comme lui, j'avais les moyens, j'aurais évité de souffrir.

– Personne ne peut éviter de souffrir. Ni Dieu ni toi. Ni tes parents ni moi.

– Bon. D'accord. Mais pourquoi souffrir ?

– Justement. Il y a souffrance et souffrance. Regarde mieux son visage. Observe. Est-ce qu'il a l'air de souffrir ?

– Non, c'est curieux. Il n'a pas l'air d'avoir mal.

– Voilà. Il faut distinguer deux peines, mon petit Oscar, la souffrance physique et la souffrance morale. La souffrance physique, on la subit. La souffrance morale, on la choisit.

– Je ne comprends pas.

– Si on t'enfonce des clous dans les poignets ou les pieds, tu ne peux pas faire autrement que d'avoir mal. Tu subis. En revanche, à l'idée de mourir, tu n'es pas obligé d'avoir mal. Tu ne sais pas ce que c'est. Ça dépend donc de toi.

– Vous en connaissez, vous, des gens qui se réjouissent à l'idée de mourir ?

– Oui, j'en connais. Ma mère était comme ça. Sur son lit de mort, elle souriait de gourmandise, elle était impatiente, elle avait hâte de découvrir ce qui allait se passer. […] Mais la plupart des gens sont sans curiosité. Ils s'accrochent à ce qu'ils ont, comme le pou dans l'oreille d'un chauve. Prends Plum Pudding, par exemple, ma rivale irlandaise, cent cinquante kilos à jeun et en slip juste avant son Guinness. Elle me disait toujours : « Moi, désolée, je ne mourrai pas, je ne suis pas d'accord, je n'ai pas signé. » Elle se trompait. Personne ne lui avait dit que la vie devait être éternelle, personne ! Elle s'entêtait à le croire, elle se révoltait, elle refusait l'idée de passer, elle devenait enragée, elle a fait une dépression, elle a maigri, elle a arrêté le métier, elle ne pesait plus que trente-cinq kilos, on aurait dit une arête de sole, et elle s'est cassée en morceaux. Tu vois, elle est morte quand même, comme tout le monde, mais l'idée de mourir lui a gâché la vie. […]

Les gens craignent de mourir parce qu'ils redoutent l'inconnu. Mais justement, qu'est-ce que l'inconnu ? Je te propose, Oscar, de ne pas avoir peur mais d'avoir confiance. Regarde le visage de Dieu sur la croix : il subit la peine physique mais il n'éprouve pas de peine morale car il a confiance. Du coup les clous le font moins souffrir. Il se répète : ça me fait mal mais ça ne peut pas être un mal. Voilà ! C'est ça, le bénéfice de la foi. Je voulais te le montrer.

– O. K., Mamie Rose, quand j'aurai la trouille, je me forcerai à avoir confiance.

*Oscar et la dame rose, Éric-Emmanuel Schmitt © Éditions Albin Michel 2002* *(511 mots)*

**Annotations :**

| | | |
|---|---|---|
| l. 1 | une catcheuse | Mamie Rose a raconté à Oscar qu'elle avait été catcheuse dans sa jeunesse, c'est-à-dire qu'elle avait pratiqué le sport de catch. |
| l. 13 | subir qc | supporter qc |
| l. 16 | un clou | le corps du Christ est fixé a la croix avec des clous |
| l. 16 | le poignet | partie du corps entre la main et le bras |
| l. 21 | avoir hâte de | être impatient |
| l. 22 | s'accrocher à qc | se tenir avec force à qc |
| l. 23 | le pou | *all. :* der Floh |
| l. 24 | à jeun | sans avoir rien mangé |
| l. 24 | Guinness | une bière irlandaise |
| l. 25/26 | je n'ai pas signé | *ici :* verstärkende Wiederholung des vorangegangenen « je ne suis pas d'accord » |
| l. 27 | s'entêter à faire qc | *all. :* sich auf etwas versteifen |
| l. 28 | le métier | *ici :* le catch |
| l. 29 | une arête de sole | *all. :* Gräte einer Seezunge |
| l. 31 | gâcher (qc à qn) | faire en sorte que l'on ne peut plus profiter de qc |
| l. 38 | la trouille | *fam. :* la peur |

## Aufgabenstellung

Punkte

1. Présentez le sujet du texte et la situation des personnages. *(compréhension)* — 8
2. Analysez les buts que Mamie Rose poursuit pendant la rencontre et les moyens qu'elle utilise pour y arriver. *(analyse)* — 18
3. Étudiez les réactions de l'enfant pendant l'entretien avec Mamie Rose. *(analyse)* — 16
4. Après avoir parlé avec Mamie Rose, Oscar écrit une lettre à Dieu. Il s'y réfère aux différentes formes de la souffrance et exprime ses angoisses, ses espoirs et ses doutes. Écrivez cette lettre. *(produktiv-gestaltende Aufgabe)* — 18

## Lösungsvorschläge

1. ***Hinweis:*** *Konzentrieren Sie sich in der Bearbeitung auf das zentrale Thema des Textes: Mamie Rose macht Oscar Mut und gibt ihm Hilfestellungen. Stellen Sie zudem die Hintergründe der beiden Protagonisten heraus.*

   Dans l'extrait tiré du roman « Oscar et la dame rose » écrit par Éric-Emmanuel Schmitt, il s'agit d'un dialogue dans la chapelle de l'hôpital entre Oscar, un petit garçon, malade et sans espoir de guérison, et Mamie Rose.
   Oscar, dix ans, souffre du cancer. Il n'a pas reçu d'éducation chrétienne, mais il va quand même à la chapelle de l'hôpital avec Mamie Rose qui s'occupe de lui et qui lui a dit qu'elle était catcheuse. Devant la statue du Christ crucifié, ils parlent de la douleur et de la souffrance de Dieu et d'Oscar. À l'aide de la statue, Mamie Rose lui explique la différence entre la souffrance physique et la souffrance morale et souligne que la signification de cette dernière dépend d'Oscar lui-même. Selon elle, il ne faut pas avoir peur mais il faut garder confiance. Pour mieux éclairer son opinion à Oscar et pour le persuader, elle lui raconte deux exemples tirés de sa famille et de sa vie professionnelle.

2. ***Hinweis:*** *Achten Sie darauf, dass Sie den Text aus der Perspektive von Mamie Rose unter den beiden genannten Gesichtspunkten analysieren: Arbeiten Sie sowohl das Ziel als auch die Mittel heraus, derer sie sich im Verlauf des Gesprächs bedient.*

   Selon l'introduction à l'extrait, Oscar a eu « une éducation athée », c'est-à-dire qu'il n'a pas été en contact avec la foi ou avec Dieu. Peut-être qu'il n'est jamais allé dans une église. Mamie Rose l'accompagne dans la chapelle et lui montre la statue du Christ crucifié. Elle lui montre que dans cette situation-là, Dieu devrait souffrir, au moins aux yeux des hommes. Mais elle lui fait remarquer également que le visage de Christ « n'a pas l'air d'avoir mal » (l. 11). Ainsi elle met l'humanité du Christ en avant et donne à Oscar la possibilité de s'identifier à lui.
   Mais pour Oscar, ce n'est pas facile de comprendre pourquoi un homme cloué à une croix ne souffre pas, « c'est curieux » (l. 11). Par conséquent, Mamie Rose met l'accent sur le fait qu'il « faut distinguer deux peines […], la souffrance physique et la souffrance morale » (l. 12/13) : selon elle, le corps du Christ est faible, il est blessé, il va mourir. Sa souffrance physique est évidente. Mais son visage montre le contraire : il faut supporter la souffrance physique, par contre la souffrance morale on peut la choisir (l. 13). Cela dépend de ce qu'on fait de la situation dans laquelle on se trouve. On « n'es[t] pas obligé d'avoir mal » (l. 17/18). Bien entendu, ceci est aussi difficile à comprendre, alors Mamie Rose essaie d'éclairer ses idées en présentant deux exemples de sa famille, donc très personnels, et de sa carrière de catcheuse.
   Dans le premier exemple, elle parle de la situation de sa mère qui « souriait, […] était impatiente » sur « son lit de mort » (l. 20/21). Elle était curieuse de ce qui allait se passer après la mort. En mentionnant cet exemple, elle souligne que « la

plupart des gens sont sans curiosité » (l. 22), ils pensent toujours au présent, à ce qu'ils ont, mais ils ne pensent pas à l'avenir, à la mort. En fait, la mort est inévitable. La vie et la mort vont de pair dans la foi chrétienne.
Plum Pudding, une de ses rivales quand elle était catcheuse, se révoltait contre l'idée de la mort. Elle pensait toujours que la vie ne finirait jamais pour elle. Alors, elle « a fait une dépression, elle a maigri, elle a arrêté son métier, [...] elle s'est cassée en morceaux » (l. 28–30). Selon Mamie Rose, elle était déjà morte de son vivant. Elle a abandonné sa vie, elle s'est perdue dans la dépression.
Ainsi, le but de Mamie Rose est de montrer à Oscar les conséquences du reniement de la mort et de la souffrance. Pour les éviter, elle lui donne le conseil « de ne pas avoir peur mais d'avoir confiance » (l. 33/34). Elle se réfère encore une fois au visage de Dieu, représenté par la statue du Christ sur la croix. Oscar doit toujours se répéter : « ça me fait mal mais ça ne peut pas être un mal » (l. 36).

3. **Hinweis:** *In dieser Aufgabe ist der Fokus auf die Einstellungen und Reaktionen von Oscar gerichtet, die die Ausführungen von Mamie Rose erst in die in der 2. Teilaufgabe dargestellte Richtung lenken. Versuchen Sie, Wiederholungen zu vermeiden, damit der Text nicht redundant wird.*

Oscar se trouve à côté de Mamie Rose devant la statue du Christ. À la question de Mamie : « De quoi te sens-tu le plus proche ? » (l. 3), il répond qu'il pense à un Dieu qui souffre parce qu'il est cloué sur la croix. Oscar pense peut-être aux douleurs du Christ qui va bientôt mourir. Mais il remarque aussi qu'il ne comprend pas pourquoi il faut souffrir (l. 8). Selon lui et son interprétation théologique, Dieu aurait pu éviter la souffrance parce qu'il en avait les moyens (l. 6). Mais il ne l'a pas fait. Il est évident qu'Oscar doute que Dieu soit tout puissant. Mais il est également surpris du fait que le visage de Christ « n'a pas l'air d'avoir mal » (l. 11). Cela ne correspond pas à son idée de la mort et de la souffrance qu'il doit supporter lui aussi avec son cancer. Il ne comprend pas non plus la différence entre la souffrance physique et la souffrance morale parce qu'il ne peut pas imaginer des gens qui « se réjouissent à l'idée de mourir » (l. 19). Mais il est curieux, il veut savoir si ces gens existent ; il s'intéresse aux explications de Mamie Rose. Il veut que Mamie Rose résolve la contradiction qu'il voit dans un corps qui doit souffrir et un visage qui montre le contraire. Mamie Rose lui présente des exemples qu'un enfant peut comprendre. Elle lui donne la possibilité de réfléchir et Oscar le fait vraiment. Après le monologue de Mamie Rose, Oscar a sans doute encore des difficultés mais il se forcera à avoir confiance (l. 38) quand il aura peur.

4. **Hinweis:** *Schreiben Sie diesen Brief aus der Perspektive Oscars und achten Sie darauf, diesen in Anlehnung an die Textvorlage zu entwickeln. Beziehen Sie sich immer wieder auf den Text, entfalten Sie aber auch insbesondere die Ängste und Hoffnungen eines zehnjährigen Jungen, der weiß, dass er bald sterben wird.*

Cher Bon Dieu,

Hier j'ai parlé avec Mamie Rose. Est-ce que tu la connais ? Elle est très gentille. Elle m'a accompagné à la chapelle de l'hôpital. Là, j'ai vu la statue du Christ en croix. Pourquoi as-tu toléré que ton fils souffre ainsi ? Il devait souffrir, il devait avoir des douleurs. Je le sais parce que j'ai aussi des douleurs. Je souffre et j'ai peur. Mais j'ai aussi vu le visage du Christ. Mamie Rose me l'a montré. Pourquoi n'a-t-il pas l'air d'avoir mal ? Je ne le comprends pas. Mamie Rose m'a expliqué qu'il y a deux sortes de souffrance : l'une physique et l'autre morale. Elle m'a dit qu'il faut supporter l'une et choisir ou non l'autre. Mamie a aussi parlé de deux personnes qu'elle connaissait bien. Moi, je pense que sa mère a choisi le vrai chemin, elle a vraiment vécu jusqu'à la fin. Je ne sais pas si j'aurai le courage et la force d'avoir confiance. Je l'ai promis à Mamie Rose, quand même j'ai des doutes. Mes parents pleurent souvent quand ils me rendent visite et les autres enfants à l'hôpital pleurent aussi. Pourrais-tu m'aider à avoir confiance ? J'ai peur ! Aide-moi à ne pas souffrir longtemps et à supporter les souffrances physiques ! Est-ce que le Christ est auprès de toi ? Qu'est-ce que je ferai après la mort ?
J'espère que Mamie Rose restera chez moi, elle m'a donné de l'espoir. J'essaie d'avoir confiance en toi. J'espère que je pourrai supporter les souffrances. J'espère que je vivrai encore.

Oscar

## Thuram sans concession

*Introduction : Dans une interview, l'ex-champion du monde de football Lilian Thuram parle des difficultés qu'il a rencontrées en France en tant que Noir, de son livre « Mes étoiles noires, De Lucy à Barack Obama » et de sa vision d'une France multiculturelle, multicolore et multicultuelle.*

LE NOUVEL OBSERVATEUR – Le racisme, l'avez-vous subi vous-même ?

L. THURAM. – J'ai vécu les cris de singe dans les stades. De tels comportements existent parce que des scientifiques ont autrefois théorisé le Noir comme chaînon manquant avec le singe. Ce sont des représentations négatives qui sont restées dans l'inconscient collectif. Si le racisme est si facile à réveiller, c'est parce qu'il est le produit d'une histoire qui n'a malheureusement pas encore été déconstruite. La décolonisation n'a que 50 ans. [...]

À travers ces grands personnages, qui m'ont permis d'être celui que je suis et d'avoir confiance en moi, je souhaitais donc surtout montrer que l'histoire des Noirs ne se résume pas à l'esclavage. Car la première fois qu'un jeune entend parler des Noirs à l'école, c'est toujours par ce biais. Ça a été mon cas.

N. O. – Quel souvenir en avez-vous ?

L. THURAM. – J'étais le seul Noir dans ma classe, on m'appelait « la Noiraude » à l'époque, à cause du dessin animé qui représentait une vache noire qui ne disait que des bêtises et une vache blanche qui avait évidemment toujours raison. Ce jour-là, je me suis senti marqué au fer. Imaginez un jeune Blanc qui, durant sa scolarité, n'aurait jamais entendu parler de scientifique blanc, ni de souverain, ni de penseur ou d'artiste de sa couleur. Jusqu'à ce qu'on lui dise que ses ancêtres étaient des esclaves. Sa construction intellectuelle et identitaire devient dès lors très complexe. Et s'il ne rencontre plus d'autres personnages auxquels s'identifier et subit des contrôles au faciès, imaginez encore combien cela peut être destructeur ! Le danger, c'est d'intérioriser la dévalorisation. On veut à tout prix se blanchir la peau, quitte à avoir le cancer, les femmes portent des perruques pour avoir les cheveux lisses...

N. O. – Quelles sont les « étoiles noires » qui vous ont permis de ne pas tomber dans la victimisation ?

L. THURAM. – Ma maman est la première de toutes, bien sûr ! [...] Après elle, j'aime citer Malcom X. [...] Mais il y en a tellement...

N. O. – C'est cela que vous évoquez dans les classes pour parler du racisme ?

L. THURAM. – Oui, et malheureusement les enfants disent encore qu'il y a plusieurs races, les Noirs, les Blancs, les Jaunes, les Rouges, que les Noirs sont forts physiquement, chantent bien... Il est aberrant qu'ils ne sachent toujours pas qu'il n'y a qu'une seule espèce d'homme, l'*Homo sapiens* ! Le travail d'éducation n'a pas été fait. […] Aucun enfant ne se dit noir ou blanc. Il se dit éventuellement rose, beige ou marron. C'est bien qu'on « devient » noir ou blanc. Il faut sortir de cette prison de couleur, décoloniser nos esprits. C'est en changeant nos imaginaires qu'on y arrivera. Le jour où l'on écrira les noms d'intellectuels, de savants de toutes couleurs sur les tableaux des écoles, on avancera. *(489 mots)*

*Marie Lemonnier : Thuram sans concession. © Le Nouvel Observateur (14/01/2010)*

**Annotations :**

| | | |
|---|---|---|
| introd. | Lucy | Thuram commence son livre, dans lequel il fait le portrait de grands personnages noirs, avec Lucy, une femme ayant vécu en Afrique il y a 3,3 millions d'années. |
| introd. | multicultuel, le | ce qui se réfère aux différents cultes religieux |
| titre | la concession | *ici :* le compromis |
| l. 1 | subir qc | supporter qc |
| l. 3/4 | le chaînon manquant | le petit élément qui manque entre deux autres ; une forme intermédiaire entre deux espèces (*ici :* le singe et l'homo sapiens) |
| l. 7 | la décolonisation | le processus par lequel un pays ou une région redevient indépendant |
| l. 11 | le biais | l'aspect, le côté |
| l. 13 | la Noiraude | qui est très foncée de peau |
| l. 16 | être marqué au fer | *ici :* être stigmatisé, e |
| l. 21 | le contrôle au faciès | le contrôle d'identité fait à cause de l'aspect, de la couleur de peau d'une personne |
| l. 22 | intérioriser | *all. :* sich zu eigen machen |
| l. 23 | quitte à avoir le cancer | au risque d'avoir un cancer |
| l. 28 | Malcom X | un Afro-américain qui luttait pour l'égalité des Noirs aux États-Unis |
| l. 29 | les classes | *all. : ici :* Schulklassen, die Thuram aufsucht |
| l. 32 | aberrant, e | absurde, insensé, contraire à la raison |

## Aufgabenstellung

| | | Punkte |
|---|---|---|
| 1. | Résumez le texte. *(compréhension)* | 12 |
| 2. | Analysez les étapes de la vie de Lilian Thuram depuis son enfance et ce qui a influencé le développement de sa personnalité. *(analyse)* | 12 |
| 3. | Dégagez les aspects qui, selon Thuram, défavorisent les Noirs en France. *(analyse)* | 16 |
| 4. | Dans les lignes 34 à 35, Thuram exprime l'idée qu'aucun enfant ne se dit noir ou blanc, mais le « devient ». Commentez cette citation tout en proposant des mesures pour améliorer l'éducation scolaire. *(commentaire)* | 20 |

## Lösungsvorschläge

1. ***Hinweis:*** *In dem Resümee wird von Ihnen erwartet, dass Sie die wesentlichen Aussagen von Lilian Thuram im Rahmen des Interviews mit eigenen Worten möglichst knapp zusammenfassen. Bei der Textvorlage bietet es sich an, die Informationen chronologisch zu entnehmen.*

Dans le texte « Thuram sans concession » écrit par Marie Lemonnier et publié dans le Nouvel Observateur en 2010, il s'agit d'une interview entre une journaliste et Lilian Thuram, un ancien footballeur, au sujet du racisme en France.
Lilian Thuram est ex-champion de football et il est noir. Il a écrit un livre dans lequel il présente les problèmes du racisme et de la xénophobie en France, problèmes qu'il a rencontrés lui-même. Non seulement à l'école mais aussi dans les stades de football, on l'avait discriminé en l'appelant « la Noiraude » ou en lançant des cris de singe. Il essaie également d'expliquer ce comportement : de cette situation sont responsables soit les théories des scientifiques selon lesquelles les Noirs sont le chaînon manquant entre l'homme et les singes, soit certains dessins animés ou les programmes scolaires dans lesquels on ne parlent que de personnalités blanches. Selon lui, ce racisme est dangereux pour les jeunes qui se sentent dévalorisés et qui ont des difficultés à trouver leur identité. Comme il l'écrit dans son livre, il y a des étoiles noires qui l'aident à garder son amour-propre et le respect de lui-même : parmi eux par exemple sa mère et Malcom X, un des grands adversaires américains du racisme.
Maintenant, il travaille avec les jeunes dans les écoles parce qu'il croit que le travail d'éducation a un rôle important pour aboutir à une victoire sur le racisme.

2. ***Hinweis:*** *Bei der Aufgabenstellung besteht die Gefahr, dass Sie das wiederholen, was bereits in der vorherigen Teilaufgabe genannt wurde. Nehmen Sie diese Aspekte zum Anlass, den Text detaillierter zu betrachten und weiterführende Schlussfolgerungen daraus zu ziehen. Konzentrieren Sie sich auf die Perspektive Thurams.*

Suivant la chronologie du texte, c'était dans les stades pendant sa carrière de footballeur et dans l'équipe nationale de football en France (voir l'introduction) qu'il a été confronté au racisme. Les masses ont imité les cris de singe. Selon lui, ce n'est pas un phénomène isolé mais qui est perceptible, visible et audible partout. Dans son enfance, il était « le seul Noir dans [sa] classe » (l. 13) et on l'a discriminé en prononçant des expressions racistes. Il s'est senti « marqué au fer » (l. 16).
La deuxième étape qui a influencé le développement de sa personnalité, c'est le fait qu'il s'est choisi des personnes noires célèbres, parmi lesquelles il y a d'abord sa mère, puis Malcom X et d'autres. Il les appelle les « étoiles noires » (l. 25). D'après la journaliste, ils lui « ont permis de ne pas tomber dans la victimisation » (l. 25/26), c'est-à-dire qu'ils l'ont aidé à accepter sa couleur de peau et

même à se développer une identité propre bien qu'il n'ait reçu aucune aide de la société.
Enfin, il veut que la société profite de ce développement personnel. Il va dans les écoles, rencontre des jeunes pour parler avec eux du racisme, de la xénophobie, de leurs causes et de leurs conséquences, vues par un Noir qui les a subies et qui peut parler de situations angoissantes. Ainsi, les jeunes peuvent se faire une idée et ont la possibilité de se libérer des préjugés et surtout de l'idée qu'il y ait des races différentes.

3. **Hinweis:** *In dieser Aufgabe geht es nicht mehr um die Aktivitäten Thurams und seine Entwicklung, sondern um die sozialen, wissenschaftlichen und politischen Aspekte, die zu einer Benachteiligung und letztlich zur Diskriminierung der Schwarzen in der Bevölkerung führen.*

Selon Thuram, les Noirs sont souvent désavantagés et discriminés dans la société française. Le rôle de la science est ici un des plus importants. Il y a « des scientifiques [qui] ont autrefois théorisé le Noir comme chaînon manquant avec le singe » (l. 3). Il souligne le mot « autrefois », mais il remarque en même temps que, une fois dit, ces explications « sont restées dans l'inconscient collectif » (l. 4/5). Il relie ce point à un aspect politique et historique : d'après lui, ce racisme est un « produit [de l'] histoire » (l. 6) de la colonisation. On n'a pas assez éclairé les hommes sur cette époque-là. Au contraire, quant à l'histoire des Noirs, on parle toujours d'abord des esclaves, des colonies, de la dépendance. Thuram met en relief que c'était son expérience (l. 10/11) mais il généralise aussi (l. 10) pour renforcer l'appel à résoudre ce problème.
Dans sa classe, il était « le seul Noir » (l. 13). Ici, Thuram veut démontrer que les Noirs sont en minorité à l'école. Par conséquent, il est facile pour les autres enfants de s'allier pour exciter les passions contre celui qui est isolé.
En plus, ils n'entendent pas parler à l'école des personnages noirs célèbres : on parle surtout des scientifiques, des souverains, des penseurs et des artistes, tous blancs (l. 17/18). Ironiquement, Thuram ajoute que la « construction intellectuelle et identitaire [des Noirs] devient dès lors très complexe » (l. 19/20), cela leur attribue une infériorité intellectuelle.
C'est aussi destructeur que les « contrôles au faciès » (l. 21) auxquels les Noirs doivent souvent se soumettre.
Ce sont tous ces aspects contre lesquels il faut lutter. Thuram est un de ces lutteurs.

4. **Hinweis:** *Diese Aufgabe sollen Sie zweigeteilt bearbeiten. Zunächst wird von Ihnen eine Kommentierung der angegebenen Passage erwartet. Danach sollen Sie unter Bezugnahme der Informationen im Text mögliche Maßnahmen nennen, die die schulische Bildung verbessern können; diese können sowohl unterrichtsinhaltlich, schulorganisatorisch als auch politisch sein. Möglich ist auch eine persönliche Stellungnahme.*

En soulignant que l'enfant en général ne dit pas noir ou blanc, mais « rose, beige ou marron » (l. 34/35) Thuram attire notre attention déjà sur le fait que les couleurs noir et blanc ne représentent pas du tout les couleurs réelles des visages humains. Pendant sa socialisation, c'est-à-dire à l'école, dans sa famille, à son lieu de domicile et dans son cercle d'amis, l'enfant apprend une connotation négative de l'expression « Noir ». On ne parle pas des préjugés. On n'entreprend rien contre ce développement. Mais à l'école, tous les jeunes de toutes les couches sociales et de toutes les couleurs de peau se rencontrent, alors c'est le lieu où on peut commencer à installer des mesures d'amélioration de l'éducation mais aussi de la relation et de la compréhension entre tous les êtres humains.
Pour y réussir, il faut d'abord que cela soit clair que tous les hommes sont égaux et que les mots clés de la Révolution « liberté, égalité et fraternité » soient réels pour tous. Il faut qu'on aborde les clichés et les préjugés pour pouvoir les éviter. Comme le critique Thuram, on doit aussi modifier les programmes scolaires : il n'y a pas exclusivement des personnalités blanches, mais aussi des personnes noires célèbres qui ont influencé l'histoire humaine et qui ont transporté des valeurs (par exemple Malcom X ou Martin Luther King). Peut-être qu'on peut organiser des rencontres à l'école où des gens de différentes couleurs discutent et exposent leurs idées, où les parents des jeunes seraient aussi invités pour lancer également une discussion en famille.

## Molière, « Dom Juan ou Le festin de Pierre »

*Introduction : Dom Juan et son valet Sganarelle se sont déguisés tous les deux, le premier pour séduire des femmes sans être reconnu, le deuxième pour se faire passer pour un médecin.*

### ACTE III, SCÈNE PREMIÈRE

**DOM JUAN, *en habit de campagne,***
**SGANARELLE, *en médecin.***

SGANARELLE : Ma foi, Monsieur, avouez que j'ai eu raison, et que nous voilà l'un et l'autre déguisés à merveille. Votre premier dessein n'était point du tout à propos, et ceci nous cache bien mieux que tout ce que vous vouliez faire.

DOM JUAN : Il est vrai que te voilà bien, et je ne sais où tu as été déterrer cet attirail ridicule.

SGANARELLE : Oui ? C'est l'habit d'un vieux médecin, qui a été laissé en gage au lieu où je l'ai pris, et il m'en a coûté de l'argent pour l'avoir. Mais savez-vous, Monsieur, que cet habit me met déjà en considération, que je suis salué des gens que je rencontre, et que l'on me vient consulter ainsi qu'un habile homme ?

DOM JUAN : Comment donc ?

SGANARELLE : Cinq ou six paysans et paysannes, en me voyant passer, me sont venus demander mon avis sur différentes maladies.

DOM JUAN : Tu leur as répondu que tu n'y entendais rien ?

SGANARELLE : Moi ? Point du tout. J'ai voulu soutenir l'honneur de mon habit : j'ai raisonné sur le mal, et leur ai fait des ordonnances à chacun.

DOM JUAN : Et quels remèdes encore leur as-tu ordonnés ?

SGANARELLE : Ma foi ! Monsieur, j'en ai pris par où j'en ai pu attraper ; j'ai fait mes ordonnances à l'aventure, et ce serait une chose plaisante si les malades guérissaient, et qu'on m'en vînt remercier.

DOM JUAN : Et pourquoi non ? Par quelle raison n'aurais-tu pas les mêmes privilèges qu'ont tous les autres médecins ? Ils n'ont pas plus de part que toi aux guérisons des malades, et tout leur art est pure grimace. Ils ne font rien que recevoir la gloire des heureux succès, et tu peux profiter comme eux du bonheur du malade, et voir attribuer à tes remèdes tout ce qui peut venir des faveurs du hasard et des forces de la nature.

SGANARELLE : Comment, Monsieur, vous êtes aussi impie en médecine ?

DOM JUAN : C'est une des grandes erreurs qui soit parmi les hommes.

SGANARELLE : Quoi ? vous ne croyez pas au séné, ni à la casse, ni au vin émétique ?

DOM JUAN : Et pourquoi veux-tu que j'y croie ?

SGANARELLE : Vous avez l'âme bien mécréante. Cependant vous voyez, depuis un temps, que le vin émétique fait bruire ses fuseaux. Ses miracles ont converti les plus incrédules esprits, et il n'y a pas trois semaines que j'en ai vu, moi qui vous parle, un effet merveilleux.

DOM JUAN : Et quel ?

SGANARELLE : Il y avait un homme qui, depuis six jours, était à l'agonie ; on ne savait plus que lui ordonner, et tous les remèdes ne faisaient rien ; on s'avisa à la fin de lui donner de l'émétique.

DOM JUAN : Il réchappa, n'est-ce pas ?

SGANARELLE : Non, il mourut.

DOM JUAN : L'effet est admirable.

SGANARELLE : Comment ? il y avait six jours entiers qu'il ne pouvait mourir, et cela le fit mourir tout d'un coup. Voulez-vous rien de plus efficace ?

DOM JUAN : Tu as raison.

SGANARELLE : Mais laissons là la médecine, où vous ne croyez point, et parlons des autres choses, car cet habit me donne de l'esprit, et je me sens en humeur de disputer contre vous : vous savez bien que vous me permettez les disputes, et que vous ne me défendez que les remontrances.

DOM JUAN : Eh bien ?

SGANARELLE : Je veux savoir un peu vos pensées à fond. Est-il possible que vous ne croyiez point du tout au Ciel ?

DOM JUAN : Laissons cela.

SGANARELLE : C'est à dire que non. Et à l'Enfer ?

DOM JUAN : Eh !

SGANARELLE : Tout de même. Et au diable, s'il vous plaît ?

DOM JUAN : Oui, oui.

SGANARELLE : Aussi peu. Ne croyez-vous point l'autre vie ?

DOM JUAN : Ah ! ah ! ah !

SGANARELLE : Voilà un homme que j'aurai bien de la peine à convertir. Et dites-moi un peu, encore faut-il croire quelque chose : qu'est-ce que vous croyez ?

DOM JUAN : Ce que je crois ?

SGANARELLE : Oui.

DOM JUAN : Je crois que deux et deux sont quatre, Sganarelle, et que quatre et quatre sont huit. *(665 mots)*

*Molière :Dom Juan ou Le festin de Pierre (1665). Œuvres complètes, II. Éditions Gallimard 1971, Acte III, scène I, S. 55 –57 (Die Textvorlage berücksichtigt aus Gründen der Leserfreundlichkeit nur die von Molière ab der zweiten Aufführung verwendete Variante.)*

**Annotations :**

| | | |
|---|---|---|
| l. 4 | déterrer | découvrir |
| l. 4 | l'attirail *m.* | un costume ridicule |
| l. 6 | laisser en gage | objet de valeur remis à qn pour garantir le paiement d'une dette |
| l. 9 | habile | savant |
| l. 26 | impie | qui marque le mépris de la religion |
| l. 28 | le séné | *all. :* Sennapflanze (Heilmittel zur Reinigung des Körpers auf Basis der Sennapflanze) |
| l. 28 | la casse | des purgatifs végétaux |

| | | |
|---|---|---|
| l. 28 | le vin émétique | *all. :* Mittel zum Erbrechen |
| l. 30 | l'âme mécréante | *ici :* un incroyant |
| l. 31 | bruire ses fuseaux | faire un bruit violent |
| l. 32 | incrédule | qui ne croit pas |
| l. 36 | s'aviser | prendre la décision |
| l. 47 | la remontrance | le reproche, le sermon |

## Aufgabenstellung

| | | Punkte |
|---|---|---|
| 1. | Résumez cet extrait. *(compréhension)* | 13 |
| 2. | Analysez le comportement de Sganarelle et les réactions de Dom Juan. *(analyse)* | 17 |
| 3. | Dégagez les procédés du comique dans cette scène. *(analyse)* | 16 |
| 4. | Comparez Sganarelle aux médecins du *Malade imaginaire* de Molière. *(commentaire)* | 14 |

**Lösungsvorschläge**

1. L'extrait donné est tiré de « Dom Juan ou Le festin de Pierre » (acte III, scène 1), une comédie de Molière. Dom Juan, en habit de campagne, et son valet Sganarelle, déguisé en médecin, discutent médecine et religion.
Sganarelle est fier de son déguisement parce qu'il attire l'attention des paysans qui pensent qu'il est un vrai médecin. Il aime bien son nouveau rôle et n'hésite pas à juger les maux de ceux qui cherchent son conseil, ni à donner des ordonnances. Il s'ensuit un échange d'idées avec Dom Juan sur la qualité des médecins et les effets des remèdes. Alors que Dom Juan se moque des médecins, Sganarelle cherche à défendre la médecine en racontant une anecdote qui soutient encore plus la position de Dom Juan. Malgré cela, Sganarelle, à qui son habit de médecin donne l'envie de discuter, ne se laisse pas décourager et aborde un autre sujet, la religion. Il interroge son maître sur sa foi et apprend que celui-ci ne croit qu'en ce qu'on peut calculer.

2. Le comportement de Sganarelle correspond à l'habit qu'il porte. Il affiche une grande assurance qui se montre dès le début de la conversation lorsqu'il se vante de son idée concernant le déguisement (l. 1–3). Et Dom Juan, son maître, maintenant en habit de campagne, est celui qui doit avouer que l'idée de son valet avait été bonne (l. 4/5).
L'assurance de Sganarelle repose sur l'effet surprenant de son habit : Des paysans pensant qu'il est un vrai médecin lui adressent la parole pour lui demander son avis sur leurs maux. Et Sganarelle, qui se réjouit de cette attention, fait semblant de connaître le sujet et donne des conseils et des ordonnances (l. 7–15). Son maître qui trouve que tous les médecins sont des charlatans parce que les guérisons ne sont pas dues à leur art mais au hasard et à la nature (l. 20–25) et que la médecine est « une des grandes erreurs […] parmi les hommes » (l. 27), est fasciné par l'histoire de son valet. Il se sent ainsi encore plus conforté dans son opinion négative à l'égard des médecins.
Sganarelle reproche à Dom Juan ses soupçons à l'égard des médecins et le traite d'impie (l. 26) et de mécréant (l. 30). Pour défendre la médecine, le valet raconte une anecdote qui est arrivée quelques semaines auparavant à une connaissance. Mais l'effet de son histoire tourne en parodie parce que le remède prôné a seulement aidé à ce que le malade ne souffre plus en provoquant son décès plus rapidement (l. 32–42).
Bien que Sganarelle ne réussisse pas à convaincre son maître, il ne se tait pas. Il avoue que son habit le met « en humeur de disputer » (l. 45/46) et change de sujet. Il veut savoir si Dom Juan croit au Ciel, à l'Enfer ou au Diable. Son maître montre ouvertement que lui, il n'a pas envie de discuter, et il ne répond qu'avec des phrases courtes (l. 51), des injections indignées (l. 52, 57) et de l'ironie (« Oui, oui », l. 55). Lorsque Sganarelle lui demande presque un peu désespéré qu'il faut croire quelque chose, il lui répond qu'il ne croit qu'à la mathématique.

3. Les deux personnages de la scène sont déguisés. Dans les comédies, c'est un moyen de provoquer des malentendus (quiproquos) et des situations comiques, un moyen qui a sa place typiquement dans les farces. Sganarelle – le valet qui se fait passer pour un médecin – profite pleinement de son déguisement. Les paysans lui apportent beaucoup de respect et n'ont pas non plus de soupçons lorsqu'il commence à raisonner sur leurs maux et qu'il prescrit des ordonnances. On a l'impression que ce ne sont pas seulement les autres qui le prennent pour un médecin mais qu'il finit presque lui-même par y croire en défendant ses « collègues ». La naïveté des gens et le fait que l'art des médecins ne peut pas être très sophistiqué vu qu'un simple valet réussit à l'imiter amuse non seulement Dom Juan mais aussi le public.
En plus, on peut constater un comportement changé des personnes déguisées : Sganarelle, le valet, gagne avec son habit de l'assurance et commence à trouver plaisir aux débats. Dans la scène donnée, c'est lui qui domine la conversation, d'abord en se vantant de son idée et en racontant de ce qu'il a vécu, ensuite en interrogeant Dom Juan sur sa foi. Pour le public, en particulier pour le public de l'époque de Molière, il est absolument surprenant qu'une conversation entre un valet et son maître se passe de cette manière. Le déguisement mène donc aussi à un comportement inattendu des personnes qui est en contradiction avec les personnages qu'ils représentent. Que ce comportement ne provoque pas le mécontentement du public est dû au fait que le changement des rôles n'est pas parfait. Certes, Sganarelle a des traits d'un médecin mais son discours reste naïf ce qui montre l'anecdote sur le remède « merveilleux » et ses essais presque désespérés d'apprendre quelque chose sur la foi de son maître.
Surtout cette deuxième partie de l'extrait est caractérisé par un grand dynamisme de répliques. Aux questions de Sganarelle suivent de brèves réponses de la part de Dom Juan. Cette accélération captive le public et souligne les effets comiques.
La figure de style qui domine la scène par sa position centrale est l'ironie. Elle se trouve dans les questions de Dom Juan en réponse au récit de son valet sur ses expériences comme faux médecin (« Et pourquoi non ? Par quelle raison n'aurais-tu pas les mêmes privilèges qu'ont tous les autres médecins ? », l. 20/21) qui sont suivies de propos pleins de sarcasme et dans les ripostes pendant l'histoire du remède miraculeux (« L'effet est admirable », l. 40 ; « Tu as raison », (l. 43). Les questions surprises de Sganarelle (« Comment, Monsieur, vous êtes aussi impie en médecine ? », l. 26 ; « Quoi ? Vous ne croyez pas au séné, ni à la chasse, ni au vin émétique ? », l. 28 ; « Vous avez l'âme bien mécréante », l. 30) peuvent aussi être considérées comme de l'ironie si l'on présume que Sganarelle raconte l'histoire du remède miraculeux en pleine conscience de sa chute comique. Si on attribue par contre une certaine naïveté au valet qui cherche vite à changer de sujet après l'anecdote (« Mais laissons là la médecine », l. 44) ce qu'on peut interpréter comme la reconnaissance d'une défaite, Sganarelle lui-même est sujet à la moquerie du public.
L'anecdote du remède vit du comique de la situation. On s'attend à ce que le remède dont on vante « l'effet merveilleux » (l. 33) et les « miracles » (l. 31) qu'il fait guérisse le malade, mais pas qu'il provoque une mort plus rapide, même si

ainsi le remède aide le malade à souffrir moins longtemps. La chute est encore plus surprenante parce que Sganarelle dit que les miracles du remède « ont converti les plus incrédules esprits » (l. 31/32). Le comique de l'histoire est aussi souligné d'un petit passage de répliques brefs et rapides (l. 38–40).
Le comique de la scène est donc un mélange du comique des personnages, de la situation et des dialogues.

4. Dans la pièce « Le Malade imaginaire » de Molière, il y a deux médecins, M. Diafoirus et M. Purgon. Tous les deux se considèrent comme de vrais médecins. Tout au contraire de Sganarelle qui n'est pas médecin de profession mais le valet de Dom Juan. Mais dans les yeux de Molière, il n'y a pas de différence entre les vrais et les faux médecins. Les uns et les autres sont des charlatans qui trompent les gens en faisant semblant de pouvoir guérir des malades. Mais en fait, ils sont complètement incompétents et les réussites sont dues au hasard et à la nature. Qu'il ne soit pas nécessaire d'être intelligent pour être médecin montre le cas de Thomas Diafoirus qui a toujours eu des difficultés à l'école et a tout de même réussi à avoir ses licences de sorte qu'il peut passer l'examen de doctorat.
Sganarelle croit aux effets du séné, de la casse et surtout du vin émétique, un remède en fait simple qui n'a pas de vertus exceptionnelles. Mais les vrais médecins ne sont pas meilleurs que le médecin déguisé à qui on pourrait pardonner son manque de compréhension. M. Diafoirus par exemple croit en la magie des nombres et méprise les nouvelles découvertes de son époque sur le corps humain.
Tout de même les médecins jouissent de beaucoup d'autorité. Argan, par exemple, le malade imaginaire, tient beaucoup à son médecin M. Purgon. Comme il veut que sa fille Angélique fasse un beau parti, il décide de la marier à Thomas Diafoirus bien que celui-ci manque d'esprit et ait une attitude ridicule. Pour Argan, sa profession (médecin) et celle de sa famille (son père et son oncle sont des médecins) sont donc plus importantes que son personnage. La conviction de la supériorité de la médecine et des savants aboutit à ce qu'il suffise que quelqu'un porte un habit de médecin pour être vénéré (voir Sganarelle). Cette position sociale exclusive séduit les médecins – et Sganarelle – afin d'abuser de leur autorité.
Même si le comportement des vrais et faux médecins et les effets de leurs thérapies se ressemblent beaucoup, il y a quand même une différence entre Sganarelle et les médecins dans « La Malade imaginaire ». Le déguisement de Sganarelle a pour but de se moquer des gens naïfs et surtout de critiquer les vrais médecins dont l'art est, selon Dom Juan, « une des grandes erreurs qui soit parmi les hommes » (l. 26).

*Interview de Michel Henry (correspondant du journal Libération à Marseille) avec Alèssi Dell'Umbria, auteur d'un livre sur l'histoire marseillaise. Dans l'interview, les deux hommes parlent de l'évolution de la région Provence depuis les années 60.*

**« La Provence, ce n'est plus qu'un produit, une étiquette »**

[…]

**La région PACA a-t-elle une identité ?**
Mais de quelle région parle-t-on ? Récemment, on a eu droit à une polémique sur le nom. Moi, j'aime bien PACA. Ça fait logo, et ça dit bien la réalité des choses. La Provence, il y a longtemps que ce n'est plus qu'un produit, une étiquette. Et pour vendre un produit, il faut un logo.

**A-t-elle une unité ?**
Les régions obéissent à un découpage administratif qui ne correspond guère à la réalité des circulations humaines. Celles-ci s'organisent autour des villes, et que voit-on ? Les trois principales villes, Toulon, Nice et Marseille, s'ignorent, se tournent résolument le dos. La Provence est un pays disloqué, désarticulé, inféodé. S'il y a une unité, elle existe en termes de marketing : la Provence solaire et balnéaire. Dans les années 60, le territoire européen a été découpé en zones de compétences. Pour la Provence, cela consistait à devenir le bronze cul de l'Europe.

**Et au niveau culturel ?**
La culture d'un pays est toujours liée à sa langue. De toutes les régions de l'espace occitan, c'est celle qui a le plus perdu sa langue. Le provençal n'existe plus que dans les marges, de façon presque clandestine. La culture ? C'est, d'une part, une stratégie d'*entertainment*, la Provence des festivals. Et d'autre part, des villes qui ne vivent qu'en commercialisant les reliquats de leur passé : voyez Arles ou Avignon. Pour le reste, la culture d'en bas, des indigènes, est en voie de disparition accélérée, et dans les zones rurales encore plus. La région ne vit plus qu'en représentation. […] Ici, le pays a disparu. Il ne reste plus qu'un environnement.

**Donnez-nous un exemple.**
Un ouvrier des carrières de Fontvieille *[Bouches-du-Rhone, …]* me racontait récemment – en provençal ! – comment, en quelques décennies, tous les liens communautaires autour des pratiques de chasse ou de cueillette ont disparu, simplement à cause du fait que l'espace s'est retrouvé clôturé. Les gens des villes qui achètent clôturent : rien ne doit troubler leur quiétude estivale. Ils s'enferment dans leur Provence solaire. Le rapport à l'espace s'en trouve complètement bouleversé. Un berger du Var m'a dit avoir rencontré les mêmes problèmes, à cause des clôtures qui ferment les passages habituels des troupeaux, les drailles.

[…]

**Récemment, Jean-Claude Gaudin, maire UMP de Marseille, a créé la polémique en déclarant, après un match de foot Algérie-Égypte : *« Nous nous réjouissons que les musulmans soient heureux du match, sauf que, quand après ils déferlent à 15 000 ou à 20 000 sur la Canebière, il n'y a que le drapeau algérien et il n'y a pas le drapeau français, cela ne nous plaît pas. »***

Mais c'est au contraire assez plaisant de voir Marseille assumer un tel statut d'extraterritorialité ! Il y a là quelque chose d'intéressant, une faille dans l'édifice verrouillé de l'Hexagone. Certains de ces jeunes sont algériens, c'est normal de voir des immigrés s'enflammer pour l'équipe du pays d'origine, non ? Mais beaucoup sont nés à Marseille. Pour eux, l'Algérie n'est pas un pays réel, mais une sorte de référence utopique. Parce qu'ils ne se sentent pas français.

Est-ce pour autant une forme de communautarisme ? Non, parce qu'au quotidien un Arabe marseillais est plus proche d'un Marseillais d'origine italienne, provençale ou corse, que de quelqu'un qui vient de débarquer d'Algérie. Beaucoup de ces jeunes disent : on n'est pas français, on n'est pas algériens, on est marseillais. Moi-même, je ne me sens pas français. Je me sens marseillais. C'est la seule appartenance qui a un sens pour moi. Au quotidien, je parle français (à la marseillaise), occitan et italien. Avec quelques mots d'arabe.

[…] *(656 mots)*



**Annotations :**

| | | |
|---|---|---|
| l. 2 | Paca | l'acronyme de la région Provence-Alpes-Côte d'Azur |
| l. 9 | des circulations humaines | *all. :* die Mobilität der Menschen in diesem geographischen Raum |
| l. 11 | disloqué, e | dérangé, e, séparé, e |
| l. 11 | désarticulé, e | qui a perdu son unité |
| l. 11 | inféodé, e | *ici :* être dépendant, e |
| l. 17/18 | dans les marges | *ici :* dans les zones rurales |
| l. 20 | le reliquat | *all. :* Überbleibsel |
| l. 21 | l'indigène *m.* | un natif |
| l. 25 | la carrière | *all. :* Steinbruch |
| l. 26/27 | communautaire | *adj.* de communauté |
| l. 28 | clôturé, e | *all. :* eingezäunt |
| l. 29 | la quiétude estivale | le calme, la tranquillité en été |
| l. 30 | le Var | un département dans la région de Provence |
| l. 32 | la draille | *all. :* Trampelpfad |
| l. 34 | UMP | un parti politique français de droite (L'Union pour un mouvement populaire) |
| l. 36 | déferler | *all. :* strömen |
| l. 37 | la Canebière | la grande et longue avenue au centre de Marseille |
| l. 39/40 | le statut d'extraterritorialité | *all. :* Rechtsstatus, für den nicht das lokale Recht, sondern ein Recht außerhalb des Landes gilt |
| l. 40 | la faille | *all. :* Bruch, Spalte, Schwachstelle |
| l. 45 | le communautarisme | *all. :* Parallelgesellschaft |

**Aufgabenstellung** Punkte

1. Exposez brièvement les sujets mentionnés dans l'interview. *(compréhension)* 14
2. Analysez l'image qu'Alèssi Dell'Umbria dresse de la Provence et de ses habitants. *(analyse)* 14
3. Dégagez les moyens rhétoriques dont l'interviewé se sert pour exposer ses idées. *(analyse)* 15
4. « La Provence, il y a longtemps que ce n'est plus qu'un produit, une étiquette. » (l. 3/4)
   Écrivez une lettre à Dell'Umbria dans laquelle vous exprimez votre accord et désaccord vis-à-vis de son jugement. Tenez compte de vos connaissances de la Provence comme région à facettes multiples.
   *(produktiv-gestaltende Aufgabe)* 17

## Lösungsvorschläge

1. Cet extrait est une interview entre un journaliste et Alèssi Dell'Umbria, un auteur qui a écrit sur l'histoire marseillaise. Cet entretien traitant du sujet « La Provence, ce n'est plus qu'un produit, une étiquette » indique déjà qu'on a une discussion critique sur l'identité, l'unité et la culture de la région PACA.
   Les deux hommes parlent de la Provence en tant que produit et se demandent si l'identité de la région existe seulement en termes de marketing, c'est-à-dire comme région touristique qui attire pour son soleil et ses plages.
   Ensuite, ils parlent de la relation forte entre la culture et la langue. Comme aujourd'hui l'occitan, la langue de la région, n'est plus parlé que de très peu de personnes cela a aussi mené à une perte culturelle de l'identité provençale. La culture de la région vit du marketing et de la commercialisation et c'est pourquoi l'héritage culturel ne montre qu'un côté représentatif, le côté « la Provence des festivals ». En outre, les indigènes de la région critiquent la clôture de leurs territoires ce qui menace la chasse et la cueillette.
   À la fin, les deux hommes discutent du sujet de l'immigration dans les grandes villes en Provence, particulièrement à Marseille. En tenant compte du sujet de l'identité de la région, Dell'Umbria parle de la relation des immigrés avec leur pays d'origine, la France, la ville de Marseille et leur identité culturelle.

2. Dans cette interview, Dell'Umbria se plaint du changement de l'image traditionnelle de la Provence. Pour lui, le terme de Provence ne reflète plus la situation actuelle de la région. C'est plutôt le terme « PACA » qui s'applique, car la région n'est plus qu'« un produit, une étiquette » (l. 5).
   D'après Dell'Umbria, il n'y a plus vraiment une Provence unie et donc pas d'identité commune non plus. Ce sont les intérêts administratifs et économiques qui prévalent et divisent la Provence. Cela se voit en regardant la relation entre les trois grandes villes de Provence qui ne s'intéressent pas les unes aux autres, mais « se tournent résolument le dos » (l. 10/11). La Provence est donc devenue « un pays disloqué, désarticulé, inféodé » (l. 11).
   La représentation marketing de « la Provence solaire et balnéaire » (l. 12) est la seule image qui unit toute la région. Mais la commercialisation de la région détruit toute l'identité provençale. Des espaces naturels doivent céder à l'intérêt des touristes et estivants pour que rien ne dérange leur « quiétude estivale » (l. 29). La stratégie d'« entertainment » (l. 19) et la « Provence des festivals » (l. 19) sert à satisfaire ceux qui aiment l'image stéréotype de la région. En plus, la langue occitane est sur le point de disparaître. Le bouleversement dans les structures de la Provence mène à la perte de tout un patrimoine culturel ayant marqué la région pendant longtemps.
   À part cela, Dell'Umbria donne encore une toute autre image de l'identité régionale : c'est celle des immigrés qui habitent Marseille. Ce sont surtout de jeunes Algériens qui sont pour la plupart nés à Marseille et qui ne se sentent ni Français, ni Algériens, mais Marseillais. Pour Dell'Umbria, c'est un exemple assez impor-

tant, parce que lui aussi a fait cette expérience. Il se sent Marseillais (l. 49) et « parle français (à la marseillaise), occitan et italien » (l. 50).

3. Dans l'interview, Dell'Umbria utilise plusieurs moyens rhétoriques pour souligner ses thèses. Tout d'abord, il se sert de questions telles que « Mais de quelle région parle-t-on ? » (l. 3) pour renforcer le déclin de la culture et de l'identité provençale. En plus, il pose une question réfléchie lorsqu'il parle de la perte de la langue occitane en tant qu'héritage culturel. C'est la question sur « La culture ? » (l. 18) à laquelle il donne déjà la réponse auparavant.
Pour montrer la réduction de la culture, de l'identité et de la langue à un minimum, Dell'Umbria se sert des accumulations comme par exemple dans la phrase « la Provence est un pays disloqué, désarticulé, inféodé » (l. 11). L'apogée de son argumentation se trouve dans la métaphore « le bronze cul de l'Europe » (l. 14) ce qui montre nettement que la Provence se réduit aux termes de soleil et de plage. Par ailleurs, l'auteur se sert aussi des deux termes « solaire et balnéaire » (l. 12) en tant que rime interne qui laisse supposer une intention ironique. En plus, l'auteur emploie aussi des anglicismes. Le terme « une stratégie d'*entertainment* » (l. 18 /19) fait allusion à une certaine clientèle touristique passant ses vacances à la mer Méditerranée.
Dans l'interview, on trouve aussi des contrastes pour souligner le fait que la région perd de plus en plus son identité culturelle en s'adaptant de plus en plus aux prédilections des touristes. C'est le terme d'« entertainment » (l. 19) et « en provençal ! » (l. 26) qui sont opposés et qui montrent l'incompatibilité des deux côtés. Pour renforcer cet aspect de marketing, Dell'Umbria utilise des parallélismes, tels que « La région ne vit plus qu'en représentation. […] Il ne reste plus qu'un environnement » (l. 22/23).
Au plus tard maintenant, le lecteur se rend compte que la Provence a perdu tout ce qui était jusqu'ici typique, identitaire.

4. ***Hinweis:*** *Bei dieser Aufgabe sollen Sie einen Brief an Dell'Umbria schreiben, in dem Sie zu seinen Argumenten zum Verfall der kulturellen Identität der Provence Stellung nehmen. Dabei sollte Ihr Brief sowohl zustimmende als auch ablehnende Argumente beinhalten. Am Ende gilt es, eine persönliche Stellungnahme zu verfassen, in der Sie Ihrer Argumentation eine Gewichtung geben.*

Monsieur,

Je viens de lire votre interview traitant le sujet « La Provence, ce n'est plus qu'un produit, une étiquette » et je vous écris dans l'intention de vous montrer que la Provence n'a pas perdu toute son identité culturelle.
Tout d'abord, je suis d'accord avec la description de la région PACA en tant que région touristique. Il est évident qu'on s'adapte aux prédilections des touristes pour qu'ils soient contents et pour qu'ils y retournent l'année suivante. Mais d'un autre côté, le tourisme est important pour le développement économique de la région. Cela crée de nouveaux emplois dans le secteur tertiaire.

Quant à la perte de l'identité culturelle, je suis partiellement d'accord avec vous. Par contre, ce qui me gêne, c'est la représentation absolue du dépérissement de la culture provençale. La Provence ne porte pas seulement cette image de soleil et de plage, mais il y a aussi l'image de la diversité des paysages, des peintres, des petits villages dans la montagne, des réserves naturelles, de la cuisine provençale et des monuments historiques. En fait, cela est seulement un petit extrait d'un éventail énorme de particularités culturelles qu'offre une région connue dans le monde entier.
Or, votre argument sur la clôture des passages habituels des troupeaux m'a fait prendre conscience que les indigènes doivent souvent vivre avec des restrictions et qu'il faut réagir pour ne pas détruire le secteur primaire de la région.
Quant à la perte de la langue occitane, cela est un phénomène plutôt universel qu'on retrouve aussi dans d'autres régions de France. Sur ce point, je ne suis pas d'accord avec vous, car c'est un problème de société. Si l'on veut contribuer au maintien de l'identité linguistique de la région, il faut avoir des lois qui règlent par exemple l'enseignement de l'occitan dans les écoles.
Quant à moi, je voulais justement vous montrer que votre représentation de la région ne correspond pas tout à fait à la réalité. Le tourisme de masse n'a pas contribué à la perte totale des valeurs et de l'identité de la région. Il a aussi mené à un certain degré de notoriété de la région dans le monde entier.

Avec mes meilleures salutations,
NN.

# Ihre Meinung ist uns wichtig!

Ihre Anregungen sind uns immer willkommen. Bitte informieren Sie uns mit diesem Schein über Ihre Verbesserungsvorschläge!

| Titel-Nr. | Seite | Vorschlag |
| --- | --- | --- |
| | | |
| | | |
| | | |
| | | |
| | | |
| | | |
| | | |
| | | |
| | | |

Bitte hier abtrennen

Lernen • Wissen • Zukunft
STARK

Bitte hier abtrennen

**Zutreffendes bitte ankreuzen!**

**Die Absenderin/der Absender ist:**

- ☐ Lehrer/in in den Klassenstufen: ____________
- ☐ Fachbetreuer/in
  Fächer: ____________
- ☐ Seminarlehrer/in
  Fächer: ____________
- ☐ Regierungsfachberater/in
  Fächer: ____________
- ☐ Oberstufenbetreuer/in
- ☐ Schulleiter/in
- ☐ Referendar/in, Termin 2. Staatsexamen: ____________
- ☐ Leiter/in Lehrerbibliothek
- ☐ Leiter/in Schülerbibliothek
- ☐ Sekretariat
- ☐ Eltern
- ☐ Schüler/in, Klasse: ____________
- ☐ Sonstiges: ____________

**Unterrichtsfächer:** (Bei Lehrkräften!)

____________

**STARK Verlag**
**Postfach 1852**
**85318 Freising**

**Kennen Sie Ihre Kundennummer?**
**Bitte hier eintragen.**

## Absender (Bitte in Druckbuchstaben!)

Name/Vorname ____________

Straße/Nr. ____________

PLZ/Ort/Ortsteil ____________

Telefon privat ____________ Geburtsjahr ____________

E-Mail ____________

## Schule/Schulstempel (Bitte immer angeben!)

22-VD5

Bitte ausfüllen und im frankierten Umschlag an uns einsenden. Für Fensterkuverts geeignet.

*(Bitte blättern Sie um)*